中央大学政策文化総合研究所研究叢書　12

中央ユーラシアの文化と社会

梅村　坦
新免　康　編著

中央大学出版部

まえがき

『中央ユーラシアの文化と社会』という書名が何を表現しようとしているのか．いささかの説明をしておきたい．

中央ユーラシアという地域概念は，広い意味での中央アジア，あるいは内陸アジアといってもよいが，かならずしも何か一つの定義にもとづいて，常に限定された地域をさすものではない．さしあたり，ユーラシア大陸沿海地域に育まれた文化・文明からは離れ，あるいはそれらに拘束されない歴史や文化・文明を見出すことのできる地域，とでも表現しておきたい．

さて，現代世界の把握については，20世紀の末以降，いくつかのキイタームをもって説明が試みられるようになった．誤解を恐れずに端的にいうならば，グローバル化という名をもって進められる価値の単一化，それとの対極に位置するような文化の多様性への認識，これを「統合化」と「多極化」と言い換えることもできよう．これ自体おおいに議論すべきことがらであり，一元論にも二元論にも集約しきれない，いくつもの価値基準が新しい評価を求めて立ち現われてきた．わたしたちはそんな時代に突入し，道を見失うのではないかという恐れに見舞われているようにさえみえる．ここで立ち止まって考えたいものである．

ふりかえってみれば，ソ連崩壊を大きな転機として——その前兆は東ヨーロッパにあり，一方で東アジアに「民主化」と「秩序維持」の葛藤が起こり，そして中央アジアとりわけアフガニスタンにその後の激動の引き金がすでに用意されていた——，変容は始まった．これはユーラシア全体，そして世界全部を揺るがす波動となった．

このように現在の世界を捉え，「中央ユーラシア」というキイワード，枠組みを設定してみると，それは地域概念としてだけではない意味を生み出していることに気づく．いわゆる国際関係の主人公として想定されてこなかった人びとがそこに住み，文化を持ち，歴史を築いているのである．地域を限ったことではないが，「人びと」という原点への回帰をもってして，世界の未来を語れないものだろうか．中央ユーラシアに視点を置き，そこからその周縁に存在している伝統的な諸文明あるいは大国の動態を見渡すという作業を通して，もう一度私たちの世界を点検することができるのではないか．

中央ユーラシアは，17世紀後半から18世紀半ばにかけての間に，ロシアと清という二大帝国によってほぼ「分割」された．海洋は西欧諸勢力のものとして，この両大国を包囲していた．19世紀の帝国主義時代をむかえると，内陸部に生存する地域，人びと（民族）は，知らぬ間にこうした二重の包囲網に絡めとられていたことになる．

これは，「中央ユーラシア」ということばが近現代において持つ意味であろう．大国の論理だけが通用する時代ではなくなった多極化の現在，二重の包囲網にはそれぞれ穴があいているのではないか．その穴を繕おうとするのか，しないのか．穴を拡大しようとするのか，しないのか．それは未来に向けた選択肢のひとつになるのかもしれない．

このような中央ユーラシアという地域の意味を見つめようという主旨で，研究プロジェクトの準備をはじめたのは2002年の秋であった．思い起こせば2001年の9.11事件のちょうど1年後，アフガニスタン，中央アジアが戦火に包まれるさ中，何か考えなければならないという思いがあったかもしれない．

つぎに，本書のタイトルに含まれる「文化と社会」という表現の中には，すでに述べてきたことだが，歴史という時間軸を想定しているつもりである．現在が歴史の連続の中から紡ぎだされてきたことに，あらためて言辞を弄する必要はないだろう．ただし，上述したような近現代のユーラシア世界が，人類の歴史，文化そして社会を背景にしてできあがってきたことを意識するだけで，現在への観察は奥深くなるはずであり，問題意識は鋭くなり，現代の混沌の中に光明を探そうとするときの頼りになろうというものである．

中央ユーラシアに繰り広げられてきた文化，文明の往来や伝播，その定着，展開の痕跡は時代を超えて存在する．それらを基にして築かれる社会・経済の仕組みと人びとの姿と思惟，そして変容の軌跡は，ひろい関心のもとで対象化する必要がある．

以上のような観点から，本書はⅠ部，Ⅱ部，Ⅲ部という構成をとった．

第Ⅰ部は「文化・文明の歴史諸相」という括り方の中で，古代・中世期を美術と思想という観点から考察する．

第1章，田辺勝美「アフガニスタン北部，オクサス流派の石灰岩製彫刻の研究――近年我が国に請来された作品の紹介と二，三の図像学的問題を中心に――」．長大な実証論文であるが，実証の手法から古代の東西あるいは南北の文化交流がいかに豊かな営みであったのかが浮かび上がってくる．こうした過去の意思が現在の世界にどのように反映され，また作品がいかなる影響をもたらしているのか，熟考をせまる．

第2章，保坂俊司「ナーナク思想形成における中央アジアのインパクト――ナーナクとバーブルの遭遇を手掛かりに――」は，イスラーム期以降の歴史の中で，インドと中央アジアが接触し結びつこうとするとき，生き生きとした人間の思想，思潮が触れあったにちがいない．そうした異文化どうしの接触の中で，インドの文化・文明は豊かな融和・統合を果たしてきたことを説くものである．

第Ⅱ部では「近現代中央ユーラシア世界の変容」というテーマによって，よりグローバルな視点からこの地域の位置づけを探る．

第3章，新免康「新疆におけるスウェーデン伝道団の活動とムスリム住民」は，清末～民国期の中国新疆（現：新疆ウイグル自治区）で活動を展開したスウェーデンのキリスト教伝道団とテュルク系ムスリム住民の関係の様相について検討し，当該地域の近代化プロセスの一断面にアプローチしたものである．漢人政権下におけるテュルク系ムスリムとヨーロッパ人キリスト教徒との接触と交流は注目すべき事象である．

第4章，侍建宇「古代帝国に組み入れられる現代国家――帝国型国家

(Empire-state）と現代中国の国家形態——」(原文中国語・相田雅美訳）は，国際関係論においても重要なテーマと見なされる中国国家の態様とその現代的変容について，とくに新疆など辺境部の位置づけという問題に焦点を当てながら論じることを通じて，「中華」とは何かという普遍的課題に挑戦した論文である．新免康による訳文校訂をへて日本語論文とした．

第Ⅲ部は「現代に生きる人々」に焦点をあてながら，現代中央ユーラシア研究がもつ可能性と課題について示唆することを目論む．

第5章，細田和江「パレスチナ・アラブ人によるヘブライ語小説——アントン・シャマスの『アラベスク』とヘブライ語をめぐる考察——」は，表題の作家と作品の分析を通じて，パレスチナの現実を生身の人間の問題として捉える試み．いわゆる大国の大義に翻弄されてきたパレスチナをみるとき，単にイスラームと非イスラームとに区分するような観点が如何に皮相かについて，あらためて気づかされる．

第6章，香月法子「多様化するゾロアスター教徒——改宗ゾロアスター教徒に対するパールシー・コミュニティの反応——」は，古代から連綿とつづくゾロアスター教徒の現在の姿を，世界的な視野を持ちつつ，豊富な文献と現地調査をふまえて描き出す．教徒人口が減少しているがゆえに生まれる対立や，必要となる自己アイデンティティ確立のための葛藤をかかえる教徒の実像をあきらかにする．

第7章，王瓊「漢語教育に対するウイグル人の意識——教員と大学生に対するHSK，MHKに関してのアンケート調査から——」は，現在の中国新疆ウイグル自治区における政府の言語政策について，現地で行ったウイグル人教師・学生へのアンケート調査をとりまとめたもの．政策実施の側からの文献情報はあっても，受容者側の生の声が伝わることは稀なことであり，言語環境をふまえたうえでの報告となっている．

第8章，梅村坦「現代カシュガルのウイグル人鍛冶職人集団——歴史的考察への予備作業——」も新疆ウイグル自治区を扱う．典型的なオアシスであるカシュガルについて歴史的な関心をはらいながら，都市部と農村部を結ぶ人的・物的ネットワークの結節点として鍛冶職人集団を見出し，1949年以後の動態と現状でのネットワークの機能の仕方について実地調査を行って分析を試みたもの．

これらの論文は，その対象も論点もまさしく多様性に富んでいるが，そのこと自体が中央ユーラシア地域の特色を示しているといえる．

日本列島が寄り添って離れることのできないユーラシア大陸について，私たちは，ともすれば海側だけからの目線で眺めてしまい，東アジアのみを中心に捉えがちである．しかしその東アジア地域は海側ばかりを見ているのではない．私たちから見ればその背後の方位にも，東アジアは目を向けて自己の位置をさだめているのであり，そのことに私たちは気づかなければならない．そこに立ち現われるのが中央ユーラシアであり，そこは複層的価値に満ちあふれているのである．

このようにしてユーラシアの立体性を感じ取る契機を，ささやかであっても，この書物が提供できるとすれば，この上のないことと思う．

2011年2月3日

著者を代表して

梅村　坦
新免　康

目　次

まえがき

第Ⅰ部　文化・文明の歴史諸相

第1章　アフガニスタン北部，オクサス流派の
石灰岩製彫刻の研究
——近年我が国に請来された作品の紹介と
二，三の図像学的問題を中心に——　…………　3
田辺勝美

はじめに　3
1．オクサス流派の遺跡と作品　5
2．我が国の所蔵品の紹介　10
3．図像学的考察　32
おわりに　84

第2章　ナーナク思想形成における
中央アジアのインパクト
——ナーナクとバーブルの
遭遇を手掛かりに——　………………………………　97
保坂俊司

はじめに　97
1．中央アジア・インド関連史　98
2．インド中世における宗教と社会　104

3．ナーナクとその時代　107
4．ナーナクの目指したもの　113
おわりに　116

第Ⅱ部　近現代中央ユーラシア世界の変容

第 3 章　新疆におけるスウェーデン伝道団の活動とムスリム住民 ……121
新免　康

はじめに　121
1．伝道団による拠点の確立と宣教活動　123
2．多様な活動——医療・教育・出版　132
3．ムスリム社会にとっての伝道団　141
おわりに　147

第 4 章　古代帝国に組み入れられる現代国家
——帝国型国家（Empire-state）と現代中国の国家形態—— ……161
侍　建宇
（相田雅美 訳）

1．現代中国は国民国家か　161
2．現代の帝国——帝国型国家と国際関係　166
3．現代の中華帝国型国家を演繹する
——同時に過去の中華帝国を論じる　180
4．「中原」から「辺境」を理解する
——現代中華帝国型国家の苦境　186
5．発展中の帝国型国家の苦境
——同時に中国の反テロリズムのロジックを論じる　191
6．結　論　196

第Ⅲ部　現代に生きる人々

第５章　パレスチナ・アラブ人による
ヘブライ語小説
――アントン・シャマスの『アラベスク』と
ヘブライ語をめぐる考察―― ……………………………209
細 田 和 江

はじめに　209
1．イスラエルのパレスチナ・アラブ人　210
2．アントン・シャマスの小説『アラベスク』が
描いた世界　217
3．ヘブライ語で書くこと　225
おわりに　229

第６章　多様化するゾロアスター教徒
――改宗ゾロアスター教徒に対するパールシー・
コミュニティの反応―― ………………………………235
香 月 法 子

はじめに　235
1．改宗ゾロアスター教徒とは　236
2．改宗ゾロアスター教徒によるパールシーとの
接触とパールシー保守派の反発　242
3．パールシー保守派と改宗ゾロアスター教徒
対立の要因　249
おわりに　256

第 7 章　漢語教育に対するウイグル人の意識
——教員と大学生に対する HSK，MHK に関しての
アンケート調査から——　……………………………271
王　　瓊

はじめに　271
1．調査の概要　273
2．新疆におけるウイグル人の漢語使用の現状　276
3．HSK と MHK の実施状況　281
4．HSK と MHK に対するウイグル人の評価　287
5．漢語と漢語教育に対するウイグル人の意識　291
6．母語と母語教育に対するウイグル人の意識　295
7．漢語・母語バイリンガルとその教育に対する
ウイグル人の意識　300
おわりに　307

第 8 章　現代カシュガルのウイグル人鍛冶職人集団
——歴史的考察への予備作業——　………………………317
梅村　坦

はじめに　317
1．調査の目的と枠組み　319
2．カシュガル市内のケトマン・バザール　321
3．職人集団の実態　326
4．鍛冶職人の生産経済と生活の将来　331
おわりに　338

あとがき

第 I 部
文化・文明の歴史諸相

第1章

アフガニスタン北部，オクサス流派の石灰岩製彫刻の研究

——近年我が国に請来された作品の紹介と二，三の図像学的問題を中心に——

田辺勝美

はじめに

アフガニスタンの仏教美術といえば，まずバーミヤーン（Bāmiyān）の東西二大仏と幾つかの洞窟の壁画を想起されるであろうが，実はそれら以前にガンダーラの仏教美術の影響を受けてバーミヤーンは無論，カーピシー（Kāpisī），カーブル周辺，ハッダ（Hadda）などヒンドゥー・クシュ山脈の南方地域，さらにその北方地域のバクトリア・トハーリスターン（Bactria-Tokharistan，オクサス河中流域）にて，仏教美術が栄えていたのである．

バーミヤーンについては，ごく最近まで，6～7世紀の壁画や摩崖仏しか知られていなかったが，愚かで狂信的なタリバーンによる二大仏の破壊の後に開始されたZ. タルジーによる発掘調査により，4～5世紀頃のストゥッコ製の仏頭などが出土して注目されている（Tarzi 2005, 2007）．すなわち，バーミヤーンがバクトリア・トハーリスターンと，カーピシー・ガンダーラの間の交易路の中継地点として重用されたのは，かつて桑山正進が主張した6世紀半ば以降の西突厥時代からではなく，それ以前のエフタル時代やササン朝ペルシア（クシャノ・ササン朝）の統治時代にすでに始まっていたことがほぼ明らかとなったのである（桑山 1990：340−49）．今後，発掘調査が進展

すれば，交易路の中継地点の繁栄はクシャン朝時代にまで遡る可能性もあろう．

一方，カーピシーについては，1～3世紀のクシャン朝時代に現ベグラム（Begram）に夏都が置かれたこともあって，アフガニスタン北部とガンダーラ・インドを結ぶ交易路の要衝として栄えたが，クシャン族仏教徒の寄進した片岩製仏教彫刻が，ショトラク（Shotorak），ハミ・ザルガル（Kham-i Zargar），パイターヴァ（Païtāva）などベグラム周辺の仏教寺院遺跡から多数，フランスの調査団やアフガン考古局によって発掘された（Meunié 1942 ; Hackin 1925/26 ; Deydier 1949/50 ; Mustamandi 1968 ; モタメディ 1978 ; Tissot 2006 : 307－41）．その一部はカーブル博物館に収蔵されていたが，タリバーンの略奪と相前後してその収蔵品の一部が海外に流出し，幸いにも我が国に請来されたものは文化財保護日本委員会が保管している（東京藝術大学 2002 : pls. 6－11 ; 静岡県立美術館 2007 : pls. 111－115）．さらに近年では，当地において新たな仏教寺院の盗掘が進み，その発掘資料が我が国にも請来されている．その中には，ガンダーラの仏教彫刻には見られない特殊な造形が見られるが，それについては筆者がすでに別稿で紹介し論究したので，それを参照されたい（田辺 2009a）．

首都のカーブル市周辺ではごく最近まで，グル・ダラ（Guldara）の仏塔，テペ・マランジャン（Tepe-Maranjan）の仏塔など郊外にある仏教遺跡が知られていたにすぎなかったが，近年カーブル市内および郊外で新たに仏教寺院遺跡が発見され，その一部はアフガン考古局によってすでに発掘された（Fussman/ Le Berre 1976 ; Fussman/Murad/Ollivier 2008）．これら新出の仏教寺院（Khwāja Safā, Tepe Nārenj, Kunjakaï）は5世紀から9世紀にかけて造営されていたといわれるが，これまで片岩製や石灰岩製の彫刻の出土例は報告されず，出土品はすべてストゥッコ（漆喰）像ないし粘土像である（Paiman 2005, 2006）．

ハッダについては，アフガニスタンの内戦中に，タペ・ショトール（Tape-Shotor）のような重要な仏教寺院遺跡が破壊され，その一部の作品

（粘土像）が消滅したり海外に流出した．ハッダの仏教寺院や仏塔の壁面装飾は一般にストゥッコ製塑像によって行われていたが，例外的に，片岩や白色石灰岩で制作された浮彫が用いられていたことが判明している（例 Chakhil-i-Ghoundi の階段蹴込みの浮彫群，日本経済新聞社 1963 : pls. 100－104 ; 水野他 1964 : pls. 106－67 ; 藤田 1971 : 83－84, pls. 4, 42－48 ; 栗田 1990 : 188, fig. 541 ; Zwalf 1996 : vol. I, 186－87, vol. II, pl. 205 ; Bopearacchi/Landes 2003 : 301, figs. 261, 263 ; Cambon 2004 : figs. 89－94 ; Tissot 2006 : 374－76）．石灰岩製の作品については以下１．で述べる一連の作品と少なくとも材質の点では共通するので，必要に応じて言及することになろう．

このような現況にあるアフガニスタンであるが，近年我が国に，アフガニスタン北部，あるいはウズベキスタン南部のいわゆるオクサス河中流域の遺跡から出土したと思われる貴重な作品が幾つかもたらされた．その中で筆者が実見することができた作品について，本章において若干の考察とともに紹介し，中央アジア南西部の仏教美術の研究の進展に供したいと思うのである．この地域から出土した彫刻はほとんどすべて白色石灰岩製であり，その点において，カーピシーやガンダーラの片岩製彫刻，ハッダやカーブル周辺のストゥッコ像や粘土像とは一線を画するものである．それゆえ，かつて樋口隆康博士は「オクサス流派」と命名されたのである（樋口 1969 ; 水野 1970 : 119－23, figs. 64－71）．これは誠に適切な名称であると筆者も思うので，本章でもこの名称を踏襲することにした．

１．オクサス流派の遺跡と作品

バクトリア・トハーリスターンの代表的仏教寺院遺跡に関しては，北バクトリアのウズベキスタン南部ではテルメーズ（Termez，胆蜜國）市周辺のカラ・テペ（Kara-tepe），ファヤーズ・テペ（Fayaz-tepe），アイルタム（Airtam）などが著名であり，白色石灰岩製の浮彫が断片を含めると比較的

図1　楽士像，石灰岩，アイルタム出土，2－3世紀，H：40cm，エルミタージュ美術館蔵

出典：Trever 1940 : pl. 48

図2　仏陀座像，石灰岩，ファヤーズ・テペ出土，2－3世紀，H：72cm，タシュケント，ウズベキスタン歴史博物館蔵

出典：筆者撮影

多数出土している（Trever 1940 : 151−58, pls. 46−49 ; Frumkin 1970 : 110−113, fig. 26 ; 藤田 1971 : 84−89 ; Stavisky 1996 : 145, 331, figs. 61, 98 ; 加藤 1997 : figs. 2−3, 19, 20, 30, 37, 38, 39, 40, 41 ; Stavisky 1997 : figs. 11, 19−22, 1998 : figs. 17−19, 29, 36−41, pls. 3, 15 ; 田辺 1998 : 6−42 ; 田辺／前田 1999 : pls. 154, 158, 159, figs. 78, 79, 114 ; 加藤 2002 : カラー図版 1−22 ; Mkrtychev 2002 : 105−08, 110, 113, pl. 6 ; 東京国立博物館 2003 : pls. 126, 128 ; 加藤 2007 : 53−113, 挿図参照 ; Leriche / Pidaev 2007b : figs. 25, 30, 42, 43, 49−52, pls. 14A, 15C, 15D ; 田辺 2008a : figs. 9−

図3　仏伝浮彫，石灰岩，クンドゥーズ近郊出土，2－3世紀，H：45cm，カーブル博物館旧蔵

出典：Fischer 1958 : f ig. 2

11)．特に，アイルタム出土の一連の浮彫（図1），ファヤーズ・テペ出土の仏陀座像（図2）は代表的な作品である．そのほか，テルメーズ旧市街の城壁内，仏教寺院遺跡，そのほかの建築遺構から発掘された彫刻や柱礎も多数存在する（Pugachenkova / Rempel' 1965 : 77－78, pls. 74, 75 ; Leriche / Pidaev 2007a figs. 9, 15, 16, 2007b : figs. 39－42, 49－52, pl. 15D）．これらの建築（柱礎，柱頭）や彫刻に用いられた白色石灰岩の採石場については，藤田国雄はザラフシャン川（Zaravshan），カフィルニガン川（Kafirnigan），スルハン川（Surkhandarya）の流域と指摘するのみで，石切場を特定していないが，P. ルリーシュとCH.ピダーエフはテルメーズ市から30kmほどオクサス河を遡った地（Khodjagoulsouar）にあったと述べている（藤田 1971 : 90 ; Leriche/Pidaev 2007b : 75）．

図4　カニシュカ1世立像，石灰岩，スルフ・コータル出土，
H : 133cm，カーブル博物館蔵

出典：筆者撮影

一方，アフガニスタン北部ではクンドゥーズ（Kunduz）市近辺，スルフ・コータル（Surkh-Kotal）のクシャン朝神殿やその近辺の仏塔，バグラーン（Baghlan），チャム・カラ（Cham Qala）の仏教寺院遺跡，チャカラク・テペ（Chaqalaq Tepe）などから，白色石灰岩製の仏教彫刻が少なからず出土している（Fischer 1958 ; figs. 2–5 ; Sculumberger 1960 : pls. V–VII, 1961 : pls. XVII–XIX, XXII, XXXIV ; Dagens 1964 : 36–39, pls. XXIII–XXVI ; 樋口 1969 : 42–47, figs. 1–5 ; 水野 1970 : pl. 57–1, 2 ; 藤田 1971 : 66–84 ; 桑山 1979 : 9–132–33 ; Schlumberger/Le Berre/Fussman 1983 : vol. I, planche, pls. 53–68 ; Fussman 1983 : figs. 5–13）．白色石灰岩はタリカーン（Taliqan）付近やダシュティ・クンドゥーズ（Dasht-i Kunduz）西方の丘陵で産出するという（藤田 1971 : 90）．仏教彫刻ではクンドゥーズ近辺から出土したといわれる仏伝浮彫3点（図3）が注目される．

図5　テペ・ザルガランの仏塔基壇の側面図，2－3世紀

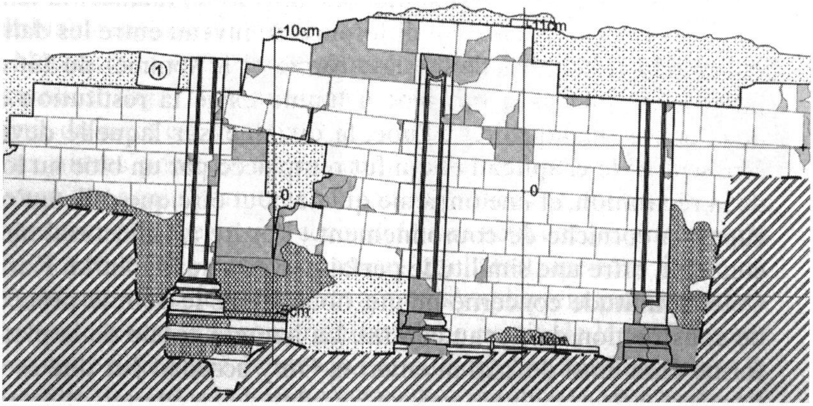

出典：Bernard 2006 : fig. 37

ガンダーラの仏伝浮彫とは形式的に異なるが，表現すべき挿話の選択，表現形式でもガンダーラのものと異なる独自性が見られる（Fischer 1958 : 237－38, figs. 2, 3, 4）．また，東京国立博物館には，クンドゥーズ近辺から出土したといわれる白色石灰岩製柱頭が3点収蔵されている（藤田 1971 : 66, pls. 1－3）．

一方，仏教以外の作品も存在する．スルフ・コータルのクシャン朝神殿からは，カニシュカ1世（Kanishka, 127/28－150/51年）やフヴィシュカ王（Huvishka, 150/51－187/88年）と見なされる肖像彫刻（図4）が出土している（Schlumberger/Le Berre/Fussman 1983 : vol. I, planches, pls. 58－62 ; 田辺／前田 1999 : pl. 97）．

さらに最近では，フランスの調査団によって，バルフ（縛喝國）の都城址の近くのテペ・ザルガラン（Tepe Zargaran）でクシャン朝時代の仏塔（図5）が発掘され，仏塔基壇を飾る白色石灰岩製のコリント式片蓋柱が数点，牡牛横臥像を描写した柱頭1点などが発見されている（Bernard et alii 2006 : 1217－29, figs. 33－37 ; Besanval/Marquis/Mongne 2009 : 213－22, figs. 1－10）．また，クシャン朝のカニシュカ1世が遺したギリシア文字碑文が発見されたラバータク（Rabatak）から出土したといわれる白色石灰岩製彫刻（図6，7）もO.

図 6　ブラフマー神，石灰岩，伝ラバータク出土，3－4 世紀，パキスタン，個人蔵

出典：Bopearachchi 2008 : figs. 14, 18

図 7　インドラ・ヴィシュヌ習合像（？），石灰岩，ラバータク出土，3－4 世紀，パキスタン，個人蔵

出典：Bopearachchi 2008 : figs. 14, 18

ボペアラッチーによって2点紹介されている（Bopearachchi 2008 : 34－39, figs. 14, 18 ；ラバータク出土碑文については，Sims-Williams/Cribb 1995/96）.

2．我が国の所蔵品の紹介

作品 I　柱頭（ペガサスと供養者）

白色石灰岩，高さ 18cm，幅 36cm，厚さ 14cm　馬事文化財団馬の博物館蔵

図8　柱頭：ペガサス像，石灰岩，2-3世紀，H:18cm，馬事文化財団蔵

出典：筆者撮影

これは柱頭の一部と見なすことができる白色石灰岩の長方形のブロック（図8）である．向かって右側には馬の前躯が表現されているが，これは天馬（ペガサス）を描写したものであろう．その翼はアカンサスの葉によって表現されているが，これは，アカンサスがギリシアやローマ系のコリント式柱頭の装飾に常に使用されていたことに関係し，バクトリア出土の角形片蓋柱の柱頭にもアカンサスが装飾されている例が多数実在する（スルフ・コータルのクシャン朝神殿や仏塔基壇の例参照．東京国立博物館にはアカンサスの葉の中に仏陀座像を描写した例が保管されている，藤田 1971 : pls. 1-3）．

アカンサスの葉の右側には二人の男子が立って，向かって左の尊像（仏陀釈　牟尼ないし弥勒菩薩，あるいはターバン，菩提樹，仏鉢などの象徴，欠損）に供養をしている．向かって右側の人物は両手で合掌し，礼拝している．もう一人の人物は花球（puṣpa-puṭa）を入れた衣の包み（衣裓，utsaṃgha）を両手で持って，散華しようとしている．両者とも，インド系のドーティー（腰巻き，dhoti）を着け，円形の頭光で荘厳されている．このような頭光はガンダーラの仏教美術では，仏陀や菩薩の頭部を荘厳するものであって，在家には

用いないものである．それゆえ，帝釈天や梵天，その他の天界や仏国土の天部を表したものかもしれない．在家に関係するとすれば，死後に仏国土に再生復活し菩薩になった場合には，頭光で荘厳される（ガンダーラのモハメッド・ナリ＝Mohhamed-Nari 出土の仏説法図浮彫，ラホール博物館蔵参照）．傍らの天馬が死者の霊魂を天界に運ぶ存在であることを考慮すると，このような「仏国土」や「極楽」の菩薩と見なすべきかもしれない．

向かって左の人物のように花球を持ち円形頭光で荘厳された菩薩形人物をクシャン族の供養者と隣り合わせに描写した珍しい彫刻が，クンドゥーズの南方のチャカラク・テペから京都大学調査団によって発掘されている（水野 1970 : pl. 57−1, 2）．それゆえ，本作品の二人の供養者は菩薩に相違ないが，菩薩には「在家菩薩」が存在することも忘れてはならない（クシャン像の在家菩薩像については，田辺 2008b）．

この作品を含む柱頭は恐らく三つのブロックよりなり，角形の片蓋柱の最上段（柱頭）を飾っていたが，ほかの二つの部分が欠損していると考えればよかろう．残る二つのブロックの中の一つは仏陀ないし菩薩の坐像で，もう一つは本作品と同じくペガサスが側面観で彫刻されていたに相違ない．中央の尊像を挟んで，左右の図像はほぼ対称的に描写されていたと想定することができる．

作品 II　柱頭（瘤牛と供養者胸像）

白色石灰岩, 高さ 19cm, 幅 48cm, 厚さ 20cm　浜松市　鈴木鐵男氏蔵

この作品（図 9）も作品 I と同じく白色石灰岩製の柱頭装飾の一部である．向かって左側には，インド産瘤牛の横臥像が表現され，その左には右手に花束（蓮華）を持ったインド系男子供養者の胸像を配している．これらの背後にはアカンサスの葉を連続的に描写している．瘤牛を柱頭の装飾に使用したのは，バクトリアにまだ残存していたアケメネス朝ペルシアの建築意匠（柱頭）を採用したからである．このアケメネス朝の建築意匠は二頭の同一種類の動物ないし怪獣を背合わせにして左右対称的に配した横臥像と決まってい

図9　柱頭：インド産瘤牛像，石灰岩，2－3世紀，H:18cm，鈴木鐵男氏蔵

出典：筆者撮影

る．牛を背合わせないし尻合わせにした横臥像を用いた柱はガンダーラの仏教彫刻にもしばしば見られる．本図では，背中に矩形や円文を連続的に配した敷物が懸けられているが，これはバクトリアの彫刻家の発案であろう．

この作品に酷似した瘤牛横臥像がテペ・ザルガランの仏塔からフランスの調査団によって発掘されている（Bernard et alii 2006 : 1198, fig. 22）．また，二頭の横臥した瘤牛を背合わせないし尻合わせにして左右対称的にしてアカンサスの葉の柱頭の装飾に用いた例が3点（2点は半分のみ），アフガニスタン北部のチャム・カラ（Cham Qala）から発掘されている（Dagens 1964 : pl. XXIV－1, 2 ; 水野 1970 : fig. 69）．

作品Ⅲ　三宝標識の礼拝図

白色石灰岩，高さ25.5cm，幅43cm，平山郁夫シルクロード美術館蔵

この作品（図10）およびつぎの作品Ⅳ（図11）は表現様式および高さ，幅が同一であるので，同一の彫刻家ないし工房によって制作され，同一の仏教寺院の荘厳に用いられたものであることが判明する．また，共通の特色として，表の面と裏面に図像が彫刻されている特異性を挙げることができる．さらに，側面に枘（凸）と枘穴（凹）があるので，これらは連続していた一連

図10－1　三宝標識の礼拝図，石灰岩，3－4世紀，H：25.5cm，平山郁夫シルクロード美術館蔵

出典：筆者撮影

の彫刻群の一部であったことがわかる．

表の面（図10－1）の図像は，三宝標識を合掌礼拝する僧侶を表したものである．三つの車輪を「知恵の輪」のように組み合わせ，それを祭壇の上に載せ，それを，背合わせした二頭の獅子が支えている．まったく同じように三つの車輪を連結した三宝標識はガンダーラの作品にも見られる（例，ローリヤーン・タンガイ出土品，インド博物館蔵，Inv. no. 5110, Marshall 1960 : pl. 37）．祭壇の形式はイラン系（ササン朝のコイン裏面参照）であり，二頭の獅子の背合わせのモティーフはアケメネス朝ペルシアの柱頭装飾に由来する．

画面の左右はコリント式の片蓋柱で枠取られているが，これはガンダーラの仏教彫刻の形式を踏襲したものである．柱身には垂直に，細長い長方形が刻み出されているが，これも，ガンダーラのコリント式片蓋柱の柱身の装飾に普通見られるモティーフ（inset oblong panel）である（Rowland 1936 : 399 ; Schlumberger 1960 : 155－57, pl. V－1 ～ 4）．ただし，この例は比較的形式化が進んだ状態を示している．この装飾モティーフはオクサス流派彫刻の編年に

図10－2　図10－1の裏面：アトラース像

出典：筆者撮影

とっては極めて重要であるので，以下の次節３．において詳説する．

彫刻の上縁には蓮弁が連続的に配されている．このような装飾法および蓮弁の表現様式と形式は，ラバータクから出土したといわれる白色石灰岩製のブラフマー像（４世紀？，個人蔵，パキスタン）の足台の蓮弁表現（図６）を想起せしめるので，これと作品Ⅳはラバータク（Rabatak）の近くの仏教遺跡から盗掘された蓋然性が極めて大きいと筆者は考えるのである（Bopearachchi 2008 : 35, fig. 14）．

裏面（図10－2）には，建物を両手で支えるアトラースが表現されている．アトラースは有翼で，うずくまっているが，筋肉，髭，頭髪など写実的に描写されている．両手で建物を支えてうずくまっているアトラースを描写した白色石灰岩製の彫刻がクンドゥーズの西方のシュロアビ（Shuroabi）から発見され，K. フィッシャーが報告している（Fischer 1958 : 250－53, fig. 5）．両者を比べると，本作品のほうが遙かにヘレニスティックであり，写実的に表現されていることがわかる．その特色はハッダの仏塔を飾っていたストゥッ

図11－1　シッダールタ太子のターバンの礼拝図，石灰岩，3－4世紀，H : 25.5cm，平山郁夫シルクロード美術館蔵

出典：筆者撮影

コ製の多数のアトラース像を彷彿とさせるのである（ギメ東洋美術館に部分的に復原，Cambon 2004 : figs. 53－60, 109－112）．それゆえ，ハッダ産とも見なすことができなくもないが，管見によれば，類例はハッダからは出土していない．

作品Ⅳ　シッダールタ太子のターバンの礼拝図

白色石灰岩，高さ25.5cm，幅43cm，平山郁夫シルクロード美術館蔵

作品Ⅲと同じく，両端はコリント式の片蓋柱で枠取られ，上縁は蓮弁で飾られ，側面には枘と枘穴がある（図11－1）．片蓋柱の縦長の長方形モティーフについてはすでに述べた通りである．画面中央には，クリーネ型の玉座と足台が配され，その上にはシッダールタ太子が出家前に戴いていたターバンが安置されている．出家踰城の後，太子は世俗的権力の象徴たるターバン（と頭髪）を取り去り空中に放ったところ，帝釈天の配下の天部がそれを受け取って住居の三十三天に持っていったと仏典は記す．ターバンの背後には，蓮弁で飾られた傘蓋（chatra，国王の象徴）が垂直に立てられている．その左

図11－2　図11－1の裏面：アトラース像

出典：筆者撮影

右には頭光で荘厳された男子が合掌礼拝している．服装はインドの王侯貴族風であるので，あるいは向かって右側が，頭髪が8字型であるから梵天で，左側が帝釈天であるかもしれないが，帝釈天に特有の円筒形冠は戴いていない．それゆえ，梵天帝釈天のペアでないとすれば，太子のターバンが安置されている三十三天の天部であろう．ペシャーワル博物館に類例が存在する（Ingholt/Lyons 1957 : 60－61, fig. 50 ; 栗田 1988 : pls. 169, 172）．また，スルフ・コータルの仏塔基壇のコリント式片蓋柱の柱頭にも，ターバンを安置した図像が見られる（Schlumberger 1961 : 91, pl. XXIVb）．

裏面（図11－2）には作品Ⅲの裏面同様，有翼のアトラースが左手を左膝に置き，右手を地面につけてうずくまっている．

この作品と作品Ⅲには釈尊の姿の代わりに三宝標識とターバンが描写されているので，まだ人間の姿をした仏陀像が創造されていなかった時代（西暦1世紀半ば以前）の作ではないかと考えるものもいるかもしれないが，そうではない．なぜならば，左右の片蓋柱の楯長の長方形のモティーフの形式は，仏陀像や菩薩像がガンダーラですでに創造された後の時代の特色であるから

図12　仏陀礼拝図，石灰岩，3-4世紀，H:25.5cm，東京都，個人蔵

出典：賀来達三氏提供

である．

作品Ⅴ　仏陀礼拝図

白色石灰岩，高さ26cm，幅43.5cm，厚さ11.5cm、東京都，個人蔵

作品Ⅲ，Ⅳと同じく，両端はコリント式の片蓋柱で枠取られ，上縁は蓮弁で飾られ，側面には枘と枘穴がある（図12）．さらに，上部の中央には長方形の枘があるので，この彫刻の上に別の彫刻を乗せていたと思われる．裏面には作品Ⅲ，Ⅳとは異なり，アトラースの図像は彫刻されてはいない．

画面中央には禅定印の釈尊座像，左右に礼拝供養する僧侶を配す．釈尊の頭光は極めて大きい．釈尊の顔貌，大衣の襞の紐状表現，左右対称的な波状の頭髪や肉髻（uṣṇīṣa）は，ガンダーラの仏陀像の影響を示している．特筆すべきは、この作品の蓮弁，釈尊や僧侶の衣は朱で彩色されていたことであり，朱の一部が残存している．

上縁の蓮弁やコリント式柱の形式から，本作品は作品Ⅲ，Ⅳと同じ仏教寺院に安置されていたことが判明する．

図13　花綱を担ぐエロース，3-4世紀，H：25.5cm，東京都，個人蔵

出典：賀来達三氏提供

作品Ⅵ　花綱を担ぐエロース

白色石灰岩，高さ26cm，幅68cm，厚さ14cm，東京都，個人蔵

本作品（図13）は作品Ⅲ，Ⅳ，Ⅴと上縁の蓮弁装飾，コリント式柱を共有するので，それらと同一の仏教寺院に安置されていたことが明らかである．裏面には図像は彫刻されてはいない．コリント式柱の枠は一つだけ見られるが、もう一つは別の彫刻にあると思われる．それゆえ，花綱を担ぐエロースは二人ではなく，数人以上がフリーズの中に連続して描写されていたに相違ない（ガンダーラの花綱を担ぐエロース像と同様）．また，花綱に鳥を止まらせるのもガンダーラの花綱を担ぐエロース像に例がある．

以上の4点の作品（図10,11,12,13）は材質が同一であり，また高さがほぼ25.5センチ前後であるので，同一の場所にあったことが判明する．さらにその表現様式が一致するから，同一の作者ないし同一の工房で制作されたことも間違いない．作品ⅤとⅥを扱ったアフガン人業者によれば，この2点はアフガニスタン北部のクンドゥーズ近辺から出土したという．このような出土地に関する情報や，アフガニスタン北部のラバータク出土といわれる作品（図6）の蓮弁装飾との類似点を考慮に入れると，これら4点の作品の出土地はアフガニスタン南東部のハッダではなく，アフガニスタン北部の仏

図14－1　菩薩と供養者夫妻像，石灰岩，2－3世紀，H：25cm，鈴木鐵男氏蔵

出典：筆者撮影

教遺跡であると推定して大過なかろう．

作品Ⅶ　菩薩と供養者夫妻像

白色石灰岩，高さ24cm，幅64cm，厚さ30cm，浜松市，鈴木鐵男氏蔵

アーチの下方に菩薩と供養者夫妻を描写した作品（図14－1）である．このようにアーチの下方に仏陀，菩薩，供養者などを配すのは以下の作品（図15，16）も同様であるが，ファヤーズ・テペ出土品（図2）に代表されるオクサス流派の仏教彫刻の特色の一つといえる．特にアーチの形式は酷似しているが，図2の例とは異なり，アカンサスの葉を梁の間に挿入し、より装飾的に仕上げている．両アーチの最上段の部分には古代のノミ痕が残っているので，本来の高さを示す．

中央の菩薩は円形頭光で荘厳され，頭髪は螺髪であるが，メソポタミアのグデア像の頭部を彷彿とさせるような環状に結髪されている．頭頂にはターバンの前立てのようなものがあって花文のような装飾が施されている．口髭は太く水平に描写されているが，これはクシャン族の口髭の特色である．耳飾りは開花文でかたどられており，右手は施無畏印を示す．手の平には輪幅相が見られる．首輪と胸飾りを着けているが，ガンダーラの菩薩像が必ず着けている聖紐（yajñopavīta）を欠く．これはバクトリアの菩薩像の特色の一

図14－2　図14－1の部分

出典：筆者撮影

つであることが，クンドゥーズやチャカラク・テペなどから出土した菩薩像と比較することによって判明する（水野 1964 : figs. 8, 9 ; Tissot 2006 : 100－102）．同じように聖紐を欠く菩薩像がカーピシーの仏教寺院から発掘された作品にも見られるので，この菩薩の像容はすでに水野清一が指摘しているように，カーピシーの菩薩像の影響と見なすべきであろう（水野 1964 : 128 ; 水野他 1964 : pls. 98, 101 ; Tissot 2006 : 309, 312, 321, 330, 334）．

向かって左にはクシャン族と思しき男子が菩薩に散華すべき蓮華を数個手にしている．口髭の形式は菩薩のそれに同じ．向かって右の女性は，山形の前立てがあり下縁が連珠文で縁取られた冠を戴いており，両手で散華すべき花球（puṣpa-puṭa）を支えている．このような豪華な頭飾りは，クシャン朝時代からクシャノ・ササン朝時代にかけてソグディアナなどウズベキスタンにおいて多産されたテラコッタ製女神像に見られる（Meshkeris 1977 : pls. Ⅲ－Ⅴ, XXVI ; イリヤソフ 1996 : 図21－23）．また，耳飾りも玉をちりばめた長い組

図15　菩薩と供養者夫妻像，石灰岩，2－3世紀，H：25cm，パキスタン，個人蔵

出典：賀来達三氏提供

紐を用いており，その下方にも玉飾りないし房飾りが垂れている．特に頭髪の一部を釣り針（図14－2）のように曲げているのが注目されよう．このファッションは中央アジア西南部（バクトリア）起源と思われるが，ウズベキスタン南部のディリヴェルジン・テペ出土の女神像にも見られるし，東方に伝播した例としては新疆ウイグル自治区のミーラン（Mīran）やダンダン・オイリック（Dandan-uilik），ファルハード・ベーグ・ヤイラキ（Farhād-bēg-yailaki）出土の壁画の女性像や女神像にも見られる（Bussagli 1978：25, 54, 56；創価大学 1991：fig. 115）．

なお，本作品と同一の作者によって制作されたと見なし得る白色石灰岩製浮彫（図15）がパキスタンに現存するが，残念ながらいまだ我が国に請来されるに至ってはいない．左右の供養者夫妻の像容は酷似しているが，中央に仏陀像を配すところが異なる．仏陀像の丸顔，左右対称的に整えた頭髪や肉髻，紐状の衣文などの表現様式は，カーピシー派の仏陀像のそれらの影響を明示している．

両作品とも，向かって左に男子（夫），右に女性（妻）を配しているが，この配置は中央の菩薩を基準にすれば，右を尊び，左を卑下するインド・アーリヤ族の価値観を反映している（田辺 2006：79－89, 95）．

図16　仏陀と弥勒の礼拝図，石灰岩，2-3世紀，H：約70cm，静岡県，個人蔵

出典：山崎宏文氏提供

作品Ⅷ　仏陀と弥勒の礼拝図

白色石灰岩，高さほぼ70cm，静岡県，個人蔵

本作品（図16）は上下二段にわたり，仏陀（上段）と弥勒菩薩（下段）を合掌供養する供養者を描写している．まず上段について述べると，釈尊は右手施無畏印，左手で大衣の端を持つ典型的な結跏趺坐の姿で小さな台座に坐っている．ガンダーラの仏陀座像では通常，クリーネ型獅子座に結跏趺坐するが，本図では粗末な台座を用いている点がガンダーラの仏陀座像とは決定的に異なる．ファヤーズ・テペ出土の仏陀座像（図2）でも，獅子座ではなく，

簡素な台座が用いられているので，バクトリアでは，獅子座がほとんど用いられなかったのであろう．二人の供養者は男性で，向かって右側の男子はターバンを戴くインド風王侯姿で描写されている．左の男子は丸髷を結っているが，上半身は裸体で，ショールを肩に掛けているようである．枠組みはコリント式の片蓋柱と台形の屋根で，左右にはエロースを配している．このような場所にエロースを配すのはガンダーラの仏教彫刻では見られない．特に注意すべきは片蓋柱の柱身に刻印された縦型の長方形装飾であろう．上述したファヤーズ・テペ出土品（図2）にも同種の装飾が施されているが，それは縁が二重線で描写されている．一方，作品Ⅲ，Ⅳ，Ⅴ，Ⅵの場合では，本作品と同じく単線であるので，形式学的な見地からは，後二者とほぼ同一の時期に制作されたことが推測されよう．二種類の描写形式を比較した場合，ファヤーズ・テペ出土品のほうが時代的には古く，本作品や作品Ⅲ，Ⅳ，Ⅴ，Ⅵはそれよりも新しい，遅いと見なすことができよう．

下段には，インド系アーチの下方に，左手に水瓶（kamaṇḍalu）を持った弥勒菩薩の立像が描写され，その左右に夫婦と思しき男女のペアが供養している．弥勒菩薩像は頭髪を8字型に結髪しているが，この髪型はガンダーラの弥勒菩薩像の典型的な結髪法である．首輪を着け，腕釧を右腕にはめ，胸飾りを着けているが，作品Ⅶと同じく，ガンダーラの弥勒菩薩像には必ず着く聖紐／聖索（yajñopavīta）が見られない（聖索と訳出したのは，服部／大地原 1969 : 317, 319）．

供養者の男子は長袖のチュニックと遊牧民のズボンを身に着けているので，明らかにクシャン族である．彼は蓮華を幾つか手にしている．一方，妻と思しき女性はガンダーラの貴婦人のような衣装を纏っているが，その上に，チャパンという「縕袍」で体を覆っている．

アーチ状の屋根には一対の鸚鵡が配されている．鸚鵡は人の言葉を覚えるので古代インドでは珍重され，高級娼婦が習得すべき64の技芸の一つに鸚鵡に人語を教えることが含まれるほどである（岩本 1959 : 362）．しかし，なぜ，この建築に鸚鵡を配すのか筆者にはわからない（兜率天の象徴？）．

図17－1　菩提樹下二仏併存図，石灰岩，2－3世紀，H：約41cm，滝谷昇氏蔵

出典：筆者撮影

作品Ⅸ　菩提樹下二仏並存図

白色石灰岩，高さ41cm，幅31cm，奈良市，瀧谷昇氏蔵

この浮彫（図17－1）には二人の仏陀が，一人は座像（paryaṅkāsana），もう一人は立像（sthānaka）で描写されているが，一つの台座（菩提座，菩提道場＝bodhi-maṇḍa）に二人の仏陀が同時に描写された実に希有な例である

図17－2　図17－1の部分（樹精）

出典：筆者撮影

（田辺 2009b）．中央の樹木は葉の形（ハート形）によってインド菩提樹（bodhi-druma, bodhi-vṛkṣa, aśvattha, pippala）であることが明白であるから，本作品の坐仏は釈迦牟尼が菩提樹下で降魔成道・解脱を成し遂げたことを明示している（満久 1985 : 10－15 ; 中村 1986 : 51－55）．

この主題はガンダーラの仏教美術では仏伝浮彫の一齣として描写されているが，このように仏伝浮彫から独立した形式で描写されているのは極めて珍しいといえよう（同様な形式の例がカーピシーから出土している，田辺 2009a）．また，ガンダーラの仏教彫刻に描写された降魔成道の場面では，釈尊は仏伝の記述に従って結跏趺坐し，触地印を採っているが，本作品では右手と右腕の部分が大破しているので，確認は難しい．また中国においては，菩提瑞像として結跏趺坐・触地印の釈尊座像が制作されたことが知られている（肥田 2004 ；久野 2004 ；北 2004）．しかしながら，本作品の場合は結跏趺坐ではあるけれども，上半身がいわゆる「端身」ではないので，触地印を採っているとは考えられない．

樹木の向かって右側の片隅には，立仏に向かって合掌する一人の人物の上半身（図 17－2）が描写されているが，恐らく菩提樹の樹精＝樹神（bodhi-vṛkṣa-devatā）であろう．上座部系（Theravāda）の法蔵部（Dharmaguptaka）の『四分律』巻31によれば，菩提樹の樹神は「篤信於佛」であり，二商人（トラプサとバッリカ）に釈尊の解脱を知らせ布施（蜜麨の献上）すべきことを説いたという（『大正新脩大蔵経』第22巻，781頁下；定方2002）．あるいは，『方廣大荘厳経』巻第八詣菩提場品第十九によれば，菩提樹には4人の「護菩提樹神」（bodhi-vṛkṣa-devatā）が棲んでいたというから，その中の一人であろう（『大正新脩大蔵経』第3巻，585頁下）．また，説出世（間）部の仏伝『マハーヴァストゥ（＝大事）』（*Mahāvastu avadāna*）の第2観察世間経（Avalokitasūtra）によれば，菩提樹には樹神が棲むとされ，J. J. ジョーンズは「菩提座の樹木に棲んでいた女神」と訳出している（Jones 1952 : 285）．この女神に相当するサンスクリット語は梵本『*Mahāvastu avadāna*』vol. Ⅱ（Senart 1890 : 303）では，「bodhimaṇḍasmiṃ devatā vṛkṣamāśritā（菩提場の樹木に棲む神）」と記されているが，devatāは女性名詞（divinity, godhead）で，本来は神性のもの，神に準じるものであって神自体ではないといわれる（宮坂 1983 : 23）．無論，樹木や森に棲むといわれるヤクシャ（夜叉）も「devatā」と呼ばれるから女神に限定されるわけではないが，通常は女性名詞であるところから，女神と訳される場合が多いだけである．平岡聡博士は最近出版された労作『梵文マハーヴァストゥ全訳』[1)]において，該当個所を「菩提座に近き木に依止せる精霊」と訳しておられるが，この精霊を「彼」と男性名詞として扱っている（平岡2010：下巻，42）．ただし，本作品の場合では明らかに女性の姿で描写されているので，ジョーンズ訳の通り，女神が適切な訳語であろう．

特筆すべきは菩提樹の幹にリボン・ディアデム（diadem，帯，鉢巻き）が結ばれている点であろう．このリボン・ディアデムの意義については次節3.(4)で考察する．

向かって左の坐仏は残念ながら右腕は欠損しているが，その右手の指の一つ（人差し指）が頬の下辺を押さえている．これはいわゆる我が国や中国，韓国の菩薩半跏思惟像に特有な半跏思惟（ardha-paryaṅka + manas-kāra）の

図18　菩提樹下安楽坐の仏陀座像，片岩，301年，カーピシー出土，H：約65cm，アメリカないしイギリス，個人蔵

出典：筆者撮影

仕草であるので，何かを思惟し熟慮，沈思黙考していると推定されよう．しかしながら，このような右手（人差し指）の仕草については，アメリカのG.ショーペン博士が，菩薩の思惟ではなく，裕福な在家の苦悩，心配，落胆などのごく普通の人間の心情を意味するという新説を2000年に発表している（ショーペン 2000：80–89）．しかしながら，筆者はこの新説に全面的に賛成するものではないので次節3．(3) において反論を試みる．

坐仏は身体をやや左廻りにひねって菩提樹を見つめている（凝視）．その

視線が向かうのは向かって右手の菩提樹であるので，坐仏はすでに得た「無上正等正覚（解脱）＝anuttara-samyak-saṃbodhi」の中身を熟慮しているように思われる．その左手は大衣の端を摑んでいるが，これはガンダーラの釈迦牟尼仏陀像に普通に見られる左手の仕草である．また，大衣の裾にはギリシア美術由来のΩ型襞が用いられている．そのような襞はアフガニスタン北部，スルフ・コータルのクシャン朝神殿から発掘されたカニシュカ1世像（図4）の外套の裾襞にも認められる（Schlumberger 1960 : pl. Ⅶ-1～3, 1961 : pl. XIX ; Schlumberger/Le Berre/Fussman 1983 : pls. 53-68）．

坐仏の頭髪と肉髻（uṣṇīṣa）の表現は，ガンダーラの釈迦牟尼仏陀像にしばしば見られる梯子状結髪（ladder-mode）でなされている（Wheeler 1949 : 11）．この形式の結髪はガンダーラの釈迦牟尼仏陀像においては，ギリシア風の波状結髪より明らかに形式的には遅いので，比較的遅い制作年代を推定する一つの重要な手がかりになろう（ただし，ファン・ロハイツェン・ド・レーウはグプタ美術の螺髪の影響と見なすが謬見であろう，van Lohuizen-de Leeuw 1949 : 127, pl. XV-fig. 23）．

つぎに坐仏の結跏趺坐（paryaṅkāsana）と上半身の描写について述べておこう．仏伝によれば釈迦牟尼は成道においては常に結跏趺坐をしていると記されているが，それは次節3.(2) で引用するサンスクリット語の経典からも明らかなように，背筋をピンと垂直に伸ばした姿勢，いわゆる「端身」とペアとなっている（田辺 2009a）．すなわち結跏趺坐はそのような端身とペアをなすのが原則（端坐）である．しかしながら，本作品の坐仏は上半身を半身の体勢にしており，決して端身を採用していない．このような上半身の体勢は，明らかに上半身を左廻りにややひねって菩提樹を凝視するためになされている．そのためには，結跏趺坐を崩して右膝を立てれば比較的楽に行うことができる（例：安楽坐＝sukhāsana，輪王坐＝mahārājalilāsana，勇猛坐＝vīrāsana）．事実，南方のカーピシー地方の仏教寺院遺跡から出土した片岩製の仏陀座像数点には，そのように結跏趺坐を崩し，右膝を立てた姿の釈迦牟尼仏陀（図18）が描写されている（Freschi 2000 : 48-51 ; Bopearachchi 2008 :

36, figs. 15–16 ; 田辺 2009a:figs.5, 7, 10, 11)．この坐法は中世インドの密教経典（『Sādhanamālā』,『Vajrāvalī』,『Kriyāsaṃgrahapañjikā』,『仏説造像量度経続補』など）に言及されている輪王坐ないし勇猛坐の原初形態である（密教経典のテキストの詳細は田辺 2009a)．しかしながら，本作品では結跏趺坐を依然として崩していない．それは，左の大腿部と脚を覆う大衣を通して折り曲げた右脚と脚が描写されていることによって明らかである．

このようなわけで，坐仏の上半身と下半身には造形上の矛盾が存在するのであるが，それは坐仏に菩提樹を凝視せしめる必要性があったから，この彫刻の作者が敢えてこのような異例な姿勢で描写したに相違ない．

つぎに，右側の立像について述べよう．この像容は，坐仏をそのまま立像に転写したものにほかならない．頭髪と肉髻の梯子状結髪，右手人差し指の思惟の仕草，左手で大衣の裾を掴んでいる点，襞の紐状の描写などは，坐仏と比べてまったく変化がない．また，立仏の視線も凝視するように，右側の菩提樹に注がれている．このような観察法は龍象視（象王視＝nāgavilokita, nāgāvalokita, 右回りに全身を回す, または全身で振り向くこと）という（宮治 1992 : 93–94)．

以上より，これら二体の仏陀像は同一の仏陀，すなわち世尊／釈尊たる釈迦牟尼仏陀（如来）を描写したものであると断定して間違いない．ただし，坐仏と立仏の配置は仏教の「右繞」の原則から見ると，逆であると思う．次節３.(2)で詳述するように，釈尊はまず七日間結跏趺坐して菩提樹を眺めた後，立ち上がって菩提樹を再び龍象視したと『マハーヴァストゥ』は記しているから，座像は向かって右，立像は左に配すべきであろう（Senart 1897 : t. Ⅲ, 281 ; Jones 1956 : vol. Ⅲ, 268–69 ; 田辺 2009b : 92–98 ; 平岡 2010: 下巻，262)．しかしながら，菩提樹を中央に置くとすれば，龍象視する釈尊を向かって左に配することはできない．それゆえ，このような逆の配列になったのであろう．

では，なぜ，このような，あたかも「半座を分かつ」かのような二仏併存像が制作されたのであろうか（「半座を分かつ」については，岩井 2004)．それは，釈尊の降魔成道後の行動を記した仏伝を参照すれば明らかになるので，

図19　菩薩とクシャン族供養者，石灰岩，3－4世紀，H：21cm，東京，個人蔵

出典：賀来達三氏提供

次節3.(2)において詳述する．

作品X　菩薩とクシャン族供養者

白色石灰岩，高さ21cm，幅70cm，厚さ20cm，東京都，個人蔵

類例がまったくない極めて珍しい作品（図19）である．筆者は初見した時には，作域が粗雑であるので，即座に贋作と断定したくらいである．しかしながら，この作品の厚さは20センチであることを冷静に考慮すれば，真作と見なさざるを得ない．筆者のガンダーラ仏教彫刻の贋作に関する長年の知見に従えば，厚さ20センチの石で贋作浮彫を作るわけはないのである．なぜならば，そのような厚さでは彫刻が極めて重くなり持ち運びに不便になるだけで，贋作者にとってメリットがまったくないからである．このようなわけで現在は真作と見なしているので，本章において敢えて紹介することにしたのである．

この作品の図像の特色としては左右の獅子の描写を挙げることができるが，このように犬のような顔をした獅子像はバクトリアの獅子像（舌を出す例と出さない例の二種類あり）の特色である（Stavisky 1998：37, fig. 17, 49, fig. 30；Mkrtychev 2002：105, fig. 2, 106, fig. 1, 112, fig. 1）．

中央の菩薩座像は本来ならば，弥勒菩薩であろうが，弥勒菩薩の特色もない．恐らく弥勒菩薩を描写しようとしたのであろうが，そうでなければ，この菩薩は在家菩薩（gṛhī-bodhisattva）であって，彼はここに描写された供養

者一家の一人であろう．さらに，この菩薩像の胸部には，ガンダーラの菩薩像に必ずある聖紐（yajñopavīta）を含む二，三の紐飾りもまったくない．ただし，作品Ⅶの解説ですでに指摘したように，バクトリアの菩薩像は聖紐を欠くのが特色であるので，聖紐がないからといって図像学的に疑わしいとはいえない．

供養者がクシャン族であることは向かって左の三人の男子，向かって右の端の少女の服装（チュニックとズボンを着ける）によって判明する．向かって右側の成人女性（主婦）は胸にギリシアのアプロディーテー女神に由来する十字形のケストス（cestus，結婚適齢期の娘に授ける紐）を着けている．

このように，本作品にはガンダーラの仏教彫刻と比較すれば，理解に苦しむ描写が幾つか認められるが，それらは，この作品がバクトリア（オクサス河中流域）の地方流派によって，3～4世紀という比較的遅い時期に制作されたと想定すれば，納得できるものであろう．

3．図像学的考察

本節においては，下記の4点の問題に限定して考察を行う．そのほか，アケメネス朝起源の動物背合わせの柱頭形式，アカンサスの葉の中に人物を配す柱頭（Figuralkapitell），なども扱うべきであるかもしれないが，そうすると，さらに多くの紙数を必要とするので，本章では割愛することにした（これらの問題については，von Mercklin 1962 : 25−30, Abb. 109−129）．

(1)　縦長の装飾帯モティーフ（inset oblong panel）と編年

作品Ⅲ，Ⅳ，Ⅴ，Ⅵ，Ⅷの浮彫の左右に表現されているコリント式片蓋柱の柱身には，縦に細長い長方形の文様（inset oblong panel）が刻まれている（Rowland 1936 : 399）．作品のⅢ，Ⅳ，Ⅴ，Ⅵの場合は鮮明ではないが，作品Ⅷの場合で明白な如く，この長方形は厳密にいうと長方形ではないのである（以下，疑似長方形と記す）．なぜならば，上端の部分が直線ではなく，内側に湾曲しているからである．このように上端部分が必ずないし原則として湾曲しているのが，バクトリアの片蓋柱に刻出されたこの文様の特色なのである．また，擬似長方形の部分すべてが凹形に窪んでいるのも特色である．この二つの特色を兼備した好個の例はスルフ・コータルのクシャン朝神殿遺跡やその近くの平野部にあった仏塔基壇を飾っていた片蓋柱（図20）に見られるのである．また，ファヤーズ・テペ出土品（図2）やテペ・ザルグラン出土のもの（図5）も同様である．いずれも縦長であるが，その長さこそ異なっていても，すべてに共通するのは二重線で縁取られていることである．これらの例はスルフ・コータルのクシャン朝神殿がクシャン朝のカニシュカ1世によって創建されているから，2世紀の中葉に制作されたと見なして間違いなかろう．

図20　コリント式片蓋柱，石灰岩，2-3世紀，H : ca. 130cm，スルフ・コータル，カーブル博物館旧蔵

出典：筆者撮影

1）　疑似長方形文の西方起源

では，この擬似長方形の装飾は，どのようにしてバクトリアで創造されたのであろうか？　これに関しては，バクトリアのバルフ古城やスルフ・コータルのクシャン朝神殿，仏塔などを発掘したフランスの遺跡調査団団長故ダニエル・シュルムベルジェ博士が興味深い見解を発表している．同博士によ

図21　バールベックの円形神殿天井の浮彫（復原図）

出典：Wiegand 1921 : Taf.67/68

れば，これらの装飾帯は，シリアやレバノンのローマ建築の装飾文に由来するというのである（Schlumberger 1960 : 155−56, fig. 2, pl. V）．確かにバールベックやパルミュラとかエフェソス（小アジア）のローマ系建築の装飾を見ると，細長い長方形（二重線で枠取りされているアーキトレーヴ＝額縁）の内側を様々な植物文などで充塡した例が現存している（Wood 1753 : pls. XXII−XXVI, XLVII−XLVIII ; Wiegand 1921 : pls. 26, 91−95 ; Tanabe 1986 : pls. 14, 15, 67, 71; Stierlin 1986 : pls. 43, 44 ; Schmidt-Colinet 1992 : Taf. 58, 62, 63, 64, Beilage 54, 59, 61, 62）．さらに，このような装飾帯とはやや異なった形式の装飾帯として，両端が内

図22　ヘスン・ハニの柱の格間装飾（復元図），W : 80cm

出典：Krencker/Zshietzschmann 1938 : Taf.60

側に湾曲したものが存在する．その例として同博士はレバノンのバールベック（Baalbek）やシリアのヘスン・ニハ（Hössn Niha）の建築の天井を形成するアーキトレーヴ（フリーズ・コーニスを乗せる水平の梁）の装飾文を挙げている．それらはバールベックでは，バッカス神殿（Bacchustempel）と円形神殿（Rundtempel），祭壇のある建物（Altarhof）などの天井壁面の装飾に見られるが，バッカス神殿や円形神殿の例（図21）では，長方形枠の左右が内側に半円状ないし三日月状に湾曲しているのである（Wiegand 1921 : Taf.67/68, 1923 : 17, fig. 31, pls. 34, 36, 41）．同様な装飾帯はヘスン・ニハの神殿のアーキトレーヴの装飾文（図22）にも見られる（Krencker/Zschietzschmann 1938 : text 122–24, fig. 168, Tafeln 60）．アーキトレーヴの長方形枠のこのような湾

図23　アーキトレーヴの装飾，石灰岩，ガルニ出土，1－2世紀

出典：Arakelyan 1976 : pl. XXXVIII

曲は，長方形枠の両端が円形の開花文と接し，その円文によって切り取られた結果であると，シュルムベルジェ博士は推定しているが，その蓋然性は極めて大きいと筆者も思う．

このような西アジアのローマ建築装飾文は，ローマ帝国が占領したアルメニアのイェレヴァン（Yerevan）の南東ほぼ32kmの地にあるガルニ（Garni）のギリシア風神殿のアーキトレーヴ（図23）にも見られるのである（Arakelyan 1976 : pls. XXXIII, XXXVIII）．二重の枠の内側に植物文が施されているのはバールベックの場合と同様である．この神殿は，ローマ皇帝ネロに帰属したアルメニアのパルティア系国王のティリダテス1世（63－100年）ないし，その後継者が建立したといわれる（Arakelyan 1951 : 7－15, figs. 1－3, pls. 1－7）．事実，この神殿を含む要塞の内側の遺跡，古墓などからローマ皇帝（オクタヴィアヌス，ハドリアヌス，マルクス・アウレリウスなど）の発行した銀貨や銅貨が発見されている（Arakelyan 1957 : 14－18, 83－85, pls. XX－XXI）．それゆえ，この建築装飾は1世紀後半から2世紀頃のものであろう．また，トルコ西部のエ

図24　三宝礼拝図，片岩，2－3世紀，ローリヤーン・タンガイ出土，H：42cm，コルカタ，インド博物館蔵

出典：名古屋大学大学院博士課程後期課程　上原永子氏撮影

フェソスにはローマ帝政期の建築が幾つか残るが，その中で，エフェソスの創健者クティスティス・アンドロクロス（Ktistes Androclus）の霊廟（帝政ローマ後期）を囲む壁には，上下をほぼ円で区切られた疑似長方形文――図2，5，16などのバクトリアの例の祖型ともいえる――が彫刻されている（Scherrer 2000：127, fig. 1）．

このようなローマ建築のアーキトレーヴの装飾帯が知られているので，筆者はシュルムベルジェ博士と同じく，バクトリアの擬似長方形文は，クシャン朝時代，すなわち1世紀後半から2世紀にかけて西アジアないし小アジア・コーカサスのローマ文化圏からバクトリアに伝播した建築装飾文に由来すると結論したい．無論，そのまま受容したのではなく，半円形の湾曲を上端のみに限定し，さらに内側の植物文装飾を廃止し，その代わりに窪み（凹）にするなど著しく改変した蓋然性が大きいと考えられる（ただし，エフェソス

図25　凱旋門の側壁，3世紀初期，パルミュラ

出典：Schmidt-Colinet 1995 : Abb. 81b

の例の原型に影響された場合は改変の度合いはもっと少なくなろう）．バクトリアの場合と異なった方法でそれを採り入れたガンダーラの例（図24，ローリヤーン・タンガイ出土，インド博物館蔵）を一つ参考のために挙げておこう（Foucher 1905 : 431, fig. 219 ; Marshall 1960 : pl. 37, fig. 59）．この例では縦長の長方形装飾帯の中にパルミュラの場合（図25）と同じく唐草文が描写されているのである．いずれの場合にせよ，外枠を二重線でかたどる点は変化がなく，西方のローマ系建築（例：パルミュラの凱旋門）のアーキトレーヴの植物文装飾法と同様である（Rawson 1984 : 44, fig. 21）．

このようなわけで，バクトリアの擬似長方形装飾文は，二重線で枠取られたものが最も古い形式となろう．それらの例（図2，5，20）はすでに挙げた通りで，カニシュカ1世（127/28−150/51年）の時代ないしフヴィシュカ王（150/51−187/88年）の時代（2世紀中葉から後半）に存在した形式である．これに対して作品Ⅷ（図16）はやや遅れるであろうし，さらに作品Ⅲ（図10−1）とⅣ（図11−1）はそれよりも遅れるであろう（3世紀ないし4世紀前半）．

2）　ハッダ，ガンダーラの作例

上述したこのような型式学的編年はヒンドゥー・クシュ山脈の南方のハッダやガンダーラにおいても認められる．例えばハッダ出土の最も著名な石灰

図26　ナンダの出家図，石灰岩，2世紀，ハッダ出土，H : 30cm，大英博物館蔵

出典：Zwalf 1996 : pl.205

岩製浮彫は，シッダールタ太子の従兄弟のナンダの出家を描写したもの（図26）であるが，左右の柱には擬似長方形の装飾が二重線で刻出されているので，スルフ・コータルの例に型式学的には最も近いといえよう（Zwalf 1996 : vol. II, fig. 205）．ただし，上端のみならず，下端も湾曲している点が後者とは異なる．両端が内側に湾曲している例は上述したバールベックやガルニ，さらに帝政ローマ後期のエフェソスの諸例の形式に最も忠実に従っているといえよう．それゆえ，型式学的にはこのハッダ出土品（図26）のほうが，スルフ・コータル出土品など（図20）よりも古い型式であるといえよう．事実，本作品（図26）の出入り口の枠組み（アーキトレーヴ＝額縁）にはヘレニスティックな葡萄唐草文が施されているが，これはパルミュラのローマ系建築の出入り口の枠組み（図27）の装飾法に一致している（Wood 1753 : pl. XXVI ; Colledge 1976 : pls. 9–11 ; Rawson 1984 : 44, 53, figs. 21, 28 ; Tanabe 1986 : pls. 68, 80, 81）．この点からも，ハッダの例（図26）が仏教美術における最古の疑似長方形装飾文であると結論できよう．ただし，この最古の形式を踏襲した後代の作品は極めて少ない（東武美術館 1998 : pl. 81, ペシャーワル博物館蔵品,

図27　出入り口の枠組み（額縁）装飾，石灰岩，2－3世紀，H：120cm，パルミュラ博物館蔵

出典：Tanabe 1986 : pl.68

Inv. no. 2718）．

以上，本節で考究した擬似長方形装飾文はバクトリアではなく，ハッダで創造され，仏教の北方伝道とともにバクトリアに伝播し，そこでスルフ・コータル型に変貌した，と現段階では結論づけることができよう．

しかしながら，一つ問題がある．ハッダにおける石灰岩の使用はバクトリアに比べて遅いのである（クシャン朝時代以前には遡らない）．京都大学調査団が発掘したラルマ（Larma）の仏教寺院では，仏塔の外装などに石灰岩が使用されており，藤田国雄によれば，それらはハッダ近辺の山から切り出されたものであるという（藤田 1971 : 83, 111, 113, 117－18, figs. 116－18）．これに対して，バクトリアにおいては，石灰岩を柱礎や柱頭の素材として一般的に

用いる慣習は，グレコ・バクトリア王国の首都アイ・ハーヌムの都市遺跡の発掘結果が示すように，すでに前3世紀の終末に始まっていたのである（コリント式柱の柱頭，柱礎，ドラムなど，Bernard 1973 : texte et figures, 10, planches, 21-53 ; Veuve 1987:15, pls.17, 18, 37, 38）．その後この伝統がクシャン朝時代まで存続していたのである（Pugachenkova 1966 : 44, 131-33, figs. 22, 79 ; Pugachenkova/Rtveladze 1978 : 197-99, figs. 130, 131, 133, 144 ; Schlumberger/ Le Berre/Fussman 1983 : vol. I, 86, vol. II, pls.6, 10, 16, 17, 47, XXX-XXXV）．

一方，ガンダーラではクシャン朝時代には彫刻は一般に片岩で制作されていたが，それ以前，西暦1世紀の前半頃には石灰岩（kañjūr）が仏塔の基壇，欄楯（vedikā，仏塔周囲の玉垣）に使用され，一部には図像が浮き彫りされた（インド・スキタイからインド・パルティア時代のタキシーラのシルカップの建築参照，Marshall 1951 : vol. I, 119, 142, 158, 163, 167, 191, vol. III, pls. 28, 29, 30, 34-c）．この石灰岩の使用がハッダに伝播した可能性も否定できない．石灰岩を建築や彫刻に使用するのは，藤田国雄が推測しているように，大理石の代用品としてであろう（藤田 1971 : 83）．そうであるとすれば，石灰岩の使用はギリシア人が居住した地域ならばどこでも始まったであろう．それゆえ，バクトリア，ハッダで互いに無関係に始まった可能性も無視できない．

さらに，この擬似長方形装飾文について付言するならば，両端が内側に湾曲した「ハッダ型式」は以後，ガンダーラの片岩浮彫やハッダのストゥッコ像では一般化した．なぜ，この形式が好まれ一般化したかといえば，ガンダーラに伝播していたインド系の欄楯形式に影響されたからではないかと筆者は推定している（Faccenna 1993 : 162-72, figs.31-33, 37, pls. 82, 83 ; 小谷 1995 : 115-26, figs. 4, 5, pl. II ; ; Faccenna 2001 : fig. 52, pls. 69, 70 ; 東京国立博物館 2002 : pls. 3, 4, マトゥラーの例）．その欄楯は上下に円文ないし円形の開花文を施しているので，柱身の上下が半円形に内側に湾曲するのである．つまり，既述したバールベックやガルニの例と形式的に同様な現象がガンダーラに存在したのである．ただし，このインド系の柱の細い長方形の文様は，面取りされてい

図28　ビーマラーンの舎利容器，金，2世紀，ビーマラーン出土，H：6.7cm，大英博物館蔵

出典：Zwalf 1996 : vol. I, color pl. XVI−659

るので凹型の溝ではなく，凸型である点が決定的に異なる．それゆえ，このインド系のモティーフがそのまま疑似長方形装飾文に変化したのではない．

このように筆者は推定するのであるが，なぜそのようになったのか，その理由の如何にかかわらず，この疑似長方形装飾文はガンダーラでは一般化し，その影響はバクトリア（後期，3−4世紀，クシャノ・ササン朝時代，カラ・テペ出土の柱頭参照）にも及んでいる（加藤 2002 : pls. 1 ; Leriche/Pidaev 2007b : pl. 15C）．この疑似長方形装飾文はその後ローマ字のHを横倒しした形に似た形式へと大きく変貌（衰退）を遂げて終わるのである．

3)　ビーマラーンの舎利容器

この疑似長方形装飾文に関して述べておかねばならない著名な資料がハッダの西方ほぼ30kmの地にあるダルンタ（Darunta）地域のビーマラーン（Bimaran）の第2仏塔から発掘された金製舎利容器（図28）である（大英博物館蔵，Zwalf 1996 : vol. I, 348–50, vol. II, 346–48, pl. 659 ; 田辺／前田 1999 : pls. 145–49）．円筒形の側面にはインド系アーチが連続的に描写され（homme arcade 形式という），その内側に仏陀，梵天，帝釈天などが配されている．そしてアーチを支える柱すべてに，「ハッダ型式」ではなく，バクトリア系の疑似長方形装飾文が用いられている．この舎利容器は従来，ハッダを含むガンダーラで制作されたと見なされてきたが，M. L. カーターの近年の研究によれば，それはバクトリアの工芸家の作であるという（Carter 1997 : 76, 84）．その主たる論拠はティリャ・テペ（Tillya-tepe）出土の金属工芸品（クシャン朝時代以前）で，バクトリアには金属工芸の長い伝統（イスラム期まで至る）があったと想定している．この疑似長方形装飾文の起源と型式を考慮すれば，カーター説は正鵠を射ていると思う．従来，この舎利容器の制作年代に関しては激しい論争（紀元前1世紀説，後1世紀説，後2–3世紀説）があったが，筆者はこの特殊な文様を根拠にして，カニシュカ1世ないしフヴィシュカ王の時代（127/28–187/88年）にバクトリア系の工芸家によって制作されたと推定したい（論争については，Zwalf 1996 : vol. I, 349–50 ; Carter 1997 : 71–75）．なぜならば，この容器の疑似長方形装飾文が，カニシュカ1世創建のスルフ・コータルの神殿の基壇に配されたコリント式片蓋柱のそれに完全に一致するからである．

最後に，ハッダとバクトリアの中間に位置するカーピシーの仏教彫刻の左右の枠には，この装飾文はほとんど用いられてはいない事実を指摘しておかねばならない．なぜ，このような異例な，例外的な事態が生じたのであろうか？　それは，カーピシーの仏教浮彫では，左右にコリント式片蓋柱で枠を設けることをほとんど行わなかったという特殊性に起因すると，筆者は想定したい．浮彫の左右に枠としてのコリント式片蓋柱を設けないならば必然的に，疑似長方形装飾文を用いることもなくなるのである．

(2) 作品Ⅸ（図17−1）：菩提樹を眺める釈尊に関する仏典の記述

以下においてはつぎの二つの著名な梵本の仏伝を参照することにする．それら以外にも，降魔成道およびそれ以後の釈迦牟尼の行動を記した経典は例えば梵本『*Buddhacarita*』やその漢訳（『佛所行讃』）とチベット訳のようなものが存在するが，本作品（図17−1）の図像学的な問題を解決する根拠とはなり得ないので割愛する（割愛したその他の関連経典については，Johnston 1936 : 214−15 ; 梶山他 1985 : 167 ；田辺 2009）．

1）『マハーヴァストゥ』

まず最初に，小乗・大衆部（Mahāsaṃghika）系の説出世（間）部（Lokottaravāda）に属する梵本『マハーヴァストゥ』（*Mahāvastu*）における解脱前（降魔成道直前）と解脱後（成道後）の釈迦牟尼仏陀の過ごし方を見てみよう（本節の梵文，漢文の下線は筆者による）．

「第1 Avalokitasūtra（観察世間経）」では，釈尊が菩提樹下に近づき，吉祥草で座をしつらえた後，解脱・成道への準備が完了したことが示されている．

> bodhiyaṣṭīṃ purimajinacittīkareṇa triṣkṛtyo pradakṣiṇīkṛtvā nisīdi paryaṅkamābhujitvā ṛjukāyaṃ praṇidhāya pratimukhaṃ smṛtim-upasthāpayitvā ṛju prācīnābhimukho（Senart 1890 : 268）
>
> （拙訳：釈尊は過去仏たちのことを想起して，菩提樹の周囲を三回右遶した後，結跏趺坐（端座）して坐り，背筋をピント伸ばし上半身を直立（端身）して，身体を真東に向けて熟慮した）

pratimukhaṃ smṛtimupasthāpayitvā（熟慮して）という語句は極めて訳しがたいもので，最近，京都文教大学教授平岡聡博士は「念を目の当たりに固定して」とサンスクリット語原文に忠実に訳出しておられるが，筆者は故岩本裕博士の旧訳（これからのことを熟慮して）のほうが仏教学者以外には理解しやすいと考えて上記のように意訳した（岩本 1974：60, 110 平岡 2010：下巻，9）[2)].

さらに「第2 Avalokitasūtra（観察世間経）」では，解脱・成道を達成した後の行動が下記のように述べられている．

Punaraparaṃ bhikṣū tathāgato anuttarāṃ samyaksaṃbodhimabhisaṃbodhitvā saptāhapūraṃ ekaparyaṃkenātināmesi//（Senart 1890 : 348）

（拙訳：また，弟子たちよ，如来が無上正等正覚を得た時，七日間ずっと独り結跏趺坐して時を過ごした）（平岡 2010 : 下巻，348 を参照）

bhikṣū は複数呼格であるから，本来は bhikṣavaḥ と表記されるべきであるが，『マハーヴァストゥ』では bhikṣūḥ ないし bihkṣavo と記される（Edgerton 1953, vol. I, 88－89）．

このように，解脱（無上正等正覚）を得た時の坐法は『マハーヴァストゥ』が著された5～6世紀頃には，結跏趺坐と決まっていたようである．なぜならば，同経典には過去仏の一人の燃燈仏（Dīpaṅkara）が成道したときにも，やはり下記のように結跏趺坐したと述べられているからである．

Bodhisatvo tatpadume paryaṅkena niṣaṇṇo taṃ ca padumaṃ saṃkucitaṃ kūṭāgāre saṃsthitaṃ（Senart 1882 : 228）

（拙訳：菩薩がその大蓮の上に結跏趺坐して坐ると，その蓮は菩薩を包み込んで花弁を閉じ，多数の蓮の中にあたかも高層ビルのように突出していた）（平岡 2010:上巻，146 を参照）

さらに，同経典の「ラーフラの出家物語」のつぎの章には「降魔成道後の七日間」が述べられているが，その冒頭に，

bhagavānanuttaraṃ samyaksaṃbodhimabhisaṃbuddhitvā tatraiva bodhimūle tṛṇasaṃstarake niṣaṇṇo paryaṃkamabhidyanto prītisukhena saptāhaṃ āsati (Senart 1897 : 272).

(拙訳：世尊は最勝無上の正等覚菩提を完璧に悟った後，ほかならぬそこにある菩提樹の根元の藁草の座に坐って，七日間結跏趺坐を崩すことなく，歓喜と安楽のままに住した)（平岡 2010 : 下巻，373 を参照）

この一週間が過ぎた後（第二週間目），釈尊は座から立ち上がって菩提樹を熟視したという．

atha khalu bhagavāṃ saptāhasyātyayena siṃhāsanāto utthāya bodhidrumaṃ nāgavilokitena vilokyanto animiṣāye dṛṣṭīye prītisukhena dvitīyaṃ saptāhaṃ anāhāro asthāsi bodhidrumaṃ animiṣāye dṛṣṭīye nirīkṣanto (Senart 1897 : 281)

(拙訳：それから世尊は七日後に獅子座から立ち上がり，菩提樹を龍象視（象王視）し，瞬きもしないでじっと見つめ続けた．歓喜と安楽のままに，続く第二番目の七日間を，食事も摂らずに，菩提樹を瞬きもしないでじっと見つめ続けた)[3]

（平岡 2010 : 下巻，377 を参照）

なぜそのようにしたかというと，釈迦牟尼仏陀は，魔王マーラに打ち勝って解脱を得た過去を振り返って思惟しているのである．その思惟は菩提樹を観ながらなされたと下記のように説明されているのである．

bhagavān saptāhaṃ prītisukhena bodhidrumaṃ animiṣāye dṛṣṭīye nidhyāyitvā (Senart 1897 : 281)

(拙訳：世尊はその七日間，歓喜と安楽のままに，菩提樹を瞬きしないで凝視し，思惟した)[4]（平岡 2010 : 下巻，377 を参照）

上記の内容によれば，釈尊は菩提樹を坐ってではなく立ったままで熟視し続けたことになろう．ただし，以上のサンスクリット原文に相当する漢訳『佛本行集経』(隋の闍那崛多訳，587-591年）によれば，釈尊は再び結跏趺坐をしたとある．

『佛本行集経』巻第三十一，昔與魔競品第三十四の後半には，釈迦牟尼が解脱し，十二因縁を悟った後のことが述べられているが（Tuneld 1915：49)，その後，下記のような行動をとっている．同経巻第三十一，二商奉食品第三十五上にはつぎのように記されている．

> 爾時世尊．従彼獅子座上而起．離菩提樹．相去不遠．還跏趺坐．七日不動．以解脱行．用為安楽．七日諦觀．於菩提樹．目不暫捨復作念是
> (『大正新脩大蔵経』第三巻，799頁下)
> (拙訳：それから世尊は獅子座から立ち上がって菩提樹から離れた．余り遠くない所で再び結跏趺坐をして七日間動かなかった．解脱したことにより心は安らかに気楽になった．そこで七日の間，菩提樹をじっと見つめながら，瞬きもせずにこのようなことを熟考した)

漢訳では，釈迦牟尼仏陀が菩提樹から少し離れた所に移動したと記されているが，サンスクリット語にはそのような記述はない．サンスクリット語原文では，獅子座と記された座は藁草を敷き詰めた吉祥座，金剛座で，菩提樹の根元にあったと明記されている．それゆえ，そこから移動しないで菩提樹を観ることもできなくはないが，漢訳のように菩提樹から少し離れれば一層よく見ることができよう．漢訳はそのように配慮して訳出したか，あるいは『佛本行集経』のプラークリットないしサンスクリット語原典にそのように書かれていたか，いずれかであろう．いずれにせよ，以上の仏伝が記すところを勘案すれば，作品（図17）の向かって右側に立っている仏陀像がそれに相当しよう．獅子座から立ち上がって菩提樹を凝視し，右手を頰に触れているのは解脱を得た経緯やその内容を思惟していること（nidhyāyitvā）を意味

していよう．また，その観察法は龍象視と記述されているが，これは既述したように「身体全体を右に回す」動作であるので，立仏の「右廻り」の動作とは一致しよう．この彫刻の作者はあるいはここに引用した『マハーヴァストゥ』の記述を参照したのかもしれない．

2）『ラリタヴィスタラ』と『方廣大荘厳経』

つぎに大乗仏教的色彩が濃厚であるが，小乗系の内容も含んでいるといわれる梵本『*Lalitavistara*（ラリタヴィスタラ）』（500−600年頃成立，外薗 1994：103）を見てみよう．その第19章は釈尊が苦行を放棄した後，菩提樹に至るまでを述べた部分であるが，藁草を敷き詰めた「座」に上った有様をつぎのように記している．

> Paryaṅkamābhujya tasmiṃstṛṇasaṃstare nyaṣīdat/prāṅmukha ṛjukāyaṃ praṇidhāya abhimukhāṃ smṛtimupasthāpya（Lefmann 1902 : 289 ; Vaidya 1958 : 210）
> （拙訳：結跏趺坐して，その藁草を敷き詰めた座に坐った．顔を東に向け，背筋をピント伸ばし上半身を直立して，熟慮をした）

また同経典の第24章（二商人の奉食）の冒頭には，つぎのように記されている．

> iti hi bhikṣavo 'bhisaṃbuddhastathāgato devairabhiṣṭūyamānaḥ paryaṅkamabhindannanimiṣanayano drumarājaṃ prekṣate sma/ dhyānaprītyāhāraḥ sukhapratisaṃvedī saptarātraṃ bodhivṛkṣamūle 'bhināmayati sma（Lefmann 1902 : 369; Vaidya 1958 : 268）
> （拙訳：そのように，比丘たちよ，完璧な悟りを開いた如来は神々によって讃歎されながら，結跏趺坐を崩すことなく，樹王（菩提樹のこと）を瞬きすることなく凝視した．禅定の喜びを食物とし，幸せをかみしめながら，七夜の間（一週間）

菩提樹の根元で時を過ごされた）

さらに同経典の第24章はトラプサ（Trapusa）とバッリカ（Bhallika）という二人の貿易商（sārthavāha 薩宝）の布施を述べたものであるが，釈迦牟尼仏陀の成道後の第三週間目の行動についてつぎのように記している（この二人の商人の布施については，定方 2002）.

tṛtīye saptāhe tathāgato 'nimiṣaṃ bodhimaṇḍamīkṣate sma（Lefmann 1902 : 377）

（拙訳：第三週間目には，如来は瞬きもしないで菩提樹を凝視し続けた）

『ラリタヴィスタラ』ではこのように，釈迦牟尼仏陀が結跏趺坐をしたまま菩提樹を凝視し続けたと記されているから，作品Ⅶ（図17－1）の坐仏は，この経典に対応するといえよう.

以上『ラリタヴィスタラ』第24章に記されている観樹の挿話は，その漢訳の一つといわれる『方廣大荘厳経』巻第十，商人蒙記品第二十四にも見られる.

世尊初成正覚．無量諸天皆悉称讃如来功徳．爾時世尊観菩提樹王目不暫捨．禅悦為食無余食想．不起干坐経於七日（拙訳：世尊は初めて解脱を得た．多数の天子たちは皆ことごとく如来の功徳を賞賛した．そのとき，世尊は樹王たる菩提樹を瞬きもせずにじっと見つめた．禅定の喜びを食べ物としたので，ほかの食べ物は思いもしなかった．坐（結跏趺坐のこと）から立たない状態が七日間続いた）（『大正新脩大蔵経』第3巻，599頁中）.

同じような内容が偈頌の部分にも認められる（於七日中観樹王　人中獅子青蓮眸　観樹跏趺而不動）（同上，下）.

また，『ラリタヴィスタラ』の漢訳の一つといわれる『普曜経』巻第七観樹品第二十一の冒頭と末尾にも，類似の挿話が略記されている．

如来正座一心観樹．目未曽瞬禅悦為食（中略）宿夜七日観道場樹（拙訳：如来は正座＝結跏趺坐して一心に菩提樹（＝道場樹）を観た．一瞬たりとも瞬きもせず禅定を食として（中略）七日間ずっと菩提樹を観続けた）（『大正新脩大蔵経』第3巻，524頁下）．

道場樹はサンスクリット語「bodhivṛkṣa」の漢訳で，その下に開悟の座（菩提座）たる道場（bodhi-maṇḍa），道樹（下）（bodhi-maṇḍa）や道場菩提樹下（bodhi-maṇḍa）が存在する（荻原 1979 : 933 ; 平川 1997 : 1160−61）．

所以宿夜七日不従座起常観察樹．彼七昼夜観於佛樹．化七千億人令発道心（拙訳：昼夜を問わず七日間ずっと座から立たずに菩提樹を観察し続けた所以は，その七日間に夜昼となく菩提樹（＝佛樹＝bodhi-vṛkṣa）を観続けることによって七千億の人々を教化して仏道へ向かう心を抱かせようとしたためである）（『大正新脩大蔵経』第3巻，526頁中）．さらにその後，
時佛乃従獅子座起．其心和安其身柔軟．所行知時在佛道場．観其道樹猶如獅子而無所畏（拙訳：それから仏陀は獅子座から立ち上がった．心は穏やかで，身体も柔軟であった．かの所行（caryā, abhisaṃskāra）を知ったときには，仏陀は菩提座にあった．それゆえ，菩提樹を観つめたのであるが，その有様は畏れを知らない獅子の如くであった）（同上）．

以上の文献上の考察により，この作品（図17−1）の典拠は，小乗・大衆部系の説出世（間）部の経典といわれる『マハーヴァストゥ』と，大乗仏教系といわれる『ラリタヴィスタラ』という仏伝文学などであった蓋然性が極めて大きいことが判明したと思う．後者は大乗仏教系といわれるが，小乗・上座部系（Theravāda）の根本説一切有部（Mūlasarvāstivāda）との関係や『マハーヴァストゥ』との共通点も指摘されているように，小乗部派の経典の一部

が混入している蓋然性が大きいといわれる（外薗 1994 : 103-10）．

3）バクトリアの仏教

バクトリアの仏教については，7世紀に当地を訪れた玄奘が『大唐西域記』巻第一において伝えている（『大正新脩大蔵経』第51巻，872頁下 ; 水谷 1971 : 38-39, 41, 43）．それによると，バクトリアの中心地の縛喝國（現バルフ＝Balkh）には僧侶が3,000人おり，皆小乗仏教を学習していたという（『大唐大慈恩寺三蔵法師伝』巻第二のバルフの条でも同様，『大正新脩大蔵経』第50巻，228頁上，中）．また，縛喝國の南方の揭職国（Durrah Gaz 渓谷）では僧侶は300人で，説一切有部に属していたという．さらに，南方のバーミヤーンには僧侶が数千人で説出世（間）部の経典を学習していたという．このように，アフガニスタン北部や中部では7世紀においてすら小乗部派仏教が圧倒的に優勢であったから，それ以前のクシャン朝時代ではなおさらのことであったであろう．

それは，オクサス河北方の北バクトリア側の史料によって裏づけられる．テルメーズ市の郊外に残る仏教寺院遺跡カラ・テペから出土したカローシュティー文字銘やブラフミー文字銘を解読・分析したV. V. ベルトグラドーワによれば，小乗・大衆部系の説出世（間）部が住んでおり，『マハーヴァストゥ』からの引用を示す経文断片も発見されたという（Vertogradova 1987 : 19, 30, 1995 : 41 ; Stavisky 1996 : 177）．

クンドゥーズ市（近郊）で出土したといわれる水瓶の銘には小乗・上座部系の法蔵部（Dharmaguptaka）に布施された旨が記されている（塚本 1996 : 976）．

このように，彫刻の図像的内容と，その典拠となった経典の整合性は，当地に栄えていた仏教の実情からも，仏教史的見地からも裏づけられるのである．

以上に引用した経典の記述を参照すれば，作品Ⅶの二人の仏陀は釈尊にほかならず，その図像は菩提樹を結跏趺坐して眺めた釈尊と，そこから立ち上がって菩提樹を眺めた釈尊を同一画面に描写した異時同図であることが判明しよう．異時同図はインド古代派（ボード・ガヤー，バールフット，サーンチーなど）の表現形式としてはよく知られているが，ガンダーラの仏教彫刻ではカーピシー出土の「燃燈仏授記浮彫」やスワートのブトカラ仏教寺院遺跡出土の「成道後から五比丘との邂逅に至る釈尊座像」（スワート博物館蔵，Inv. No. 7206）を除けばほとんど例がない希有なものである（Jansen/Luczanits 2009 : 226, pl. 165）．

(3)　作品 IX（図 17-1）：釈尊像の「右手の仕草」の意味

中国，韓国，我が国にはいわゆる菩薩半跏思惟像など，右足を折り曲げて左大腿に乗せて腰掛けに坐り，「右手を頬ないし額に近づけたり触れたりして沈思瞑想しているポーズ」をとっている菩薩座像が少なくない（田村／黄 1985）．このような右手の仕草は思惟（沈思黙考）のポーズであり，それはまさに衆生に対して慈悲深い弥勒ないし観音のような菩薩（Bodhisattva）の特質を意味すると解釈され，そのような菩薩座像の源流・起源はガンダーラにあると見なされてきた．

しかしながら，このような伝統的な解釈に対して，作品 IX の解説ですでに言及したように，G. ショーペン博士は少なくともガンダーラの半跏思惟菩薩像に関しては，菩薩説を否定し，それらは「金持ちの寄進者や支援者を理想化した肖像」であるという新説を提示した．同博士は卓越したサンスクリット語学者であり，仏教にも造詣が深いことで著名であるが，サンスクリット語「kare kapolaṃ dattvā cintāparo vyavasthitāḥ」（彼はその手に頬を置いて（不安げにもの思いにふけりながら）たたずんだ，あるいはそこに坐った）という常套句と，いわゆる「菩薩半跏思惟像」が護符飾り（amulet）を着けた聖紐（yajñopavīta）を着けている点を根拠として，従来「菩薩半跏思惟像」ないし観音菩薩（蓮華手菩薩）と呼ばれてきた特定の菩薩座像を不特定の在家供養者像と比定したのである（ショーペン 2000 : 80-98）．

そして，思惟，熟考，慈悲などを意味すると伝統的に解されてきた問題の右手の仕草は，そのような高級なものではなく「心配，不安，落胆，困惑，残念，意気消沈」などといった比較的低級な，あるいは極めて人間的な心情を意味すると主張している．以下において，この大胆不敵にして挑戦的な新説の当否を，作品Ⅸ（図17-1）と図18の図像と仏典の記述を総合して究明したい（本節のパーリ文，梵文，漢文史料の下線はすべて筆者による）．

1）『*Saṅghabhedavastuvinaya*』と『根本説一切有部毘奈耶破僧事』

まず最初に，ショーペン博士が依拠した仏典を紹介しよう．上述したサンスクリット語の常套句はショーペン博士のいう通り，根本説一切有部（Mūlasarvāstivāda）系の律（vinaya）や『アヴァダーナ・シャタカ（*Avadāna śataka*）』や『ディヴィヤ・アヴァダーナ（*Divyāvadāna*）』に頻繁に現れる（ショーペン 2000 : 83）．

根本説一切有部律の関係個所を，梵本『*Saṅghabhedavastuvinaya*』（5～6世紀）と漢訳『根本説一切有部毘奈耶破僧事』（義浄訳，7世紀後半）を併記して挙げておこう．まず最初に，バールガヴァ仙人（Bhārgava）の物語を述べよう．

出家した太子がバールガヴァ仙人の住処を訪ねると，仙人は頬杖をついて考え込んでいた．そこで太子はその理由を尋ねるのである．

Tato bodhisattvo muṇḍah kāṣāyavastraprāvṛtaḥ itaś cāmutaś ca paryaṭan bhārgavasya ṛiṣer āśramapadam anuprāptaḥ; tasmiṃś ca samaye bhārgavaṛiṣiḥ kare kapolaṃ dattvā cintāparo vyavasthitaḥ; sa bodhisattvena tathā vidho dṛṣtaḥ; uktaś ca《maharṣe kim arthaṃ kare kapolaṃ dattvā cintāparas tiṣṭhasi》iti; sa kathayati《mamāsminn āśramanapade tālāḥ sauvarṇaiḥ puṣpaphalair āsan; te yathā paurānāḥ saṃvṛittāḥ》iti（Gnoli 1977 : 93）

（拙訳：そこから，剃髪し　褐色の袈裟を纏った菩薩（太子）は，あちらこちら放浪したあげく，バールガヴァ仙人の庵に至った．その時バールガヴァ仙人は頬杖をついて考え込んでいた．菩薩（太子）はそのような仙人の姿を見た．そして

「大仙よ，あなたはなぜ頬杖をついて考え込んでいるのですか」と尋ねた．すると仙人は「この私の庵には以前ターラー樹が黄金の花と果実をつけていた．しかし今やご覧のごとくターラー樹は過去のものとなってしまった（花も果実も落ちてしまった)」と答えた)

漢訳：爾時菩薩既剃頭被袈裟已．於林野中處處遊行．至婆伽婆仙人所．見其仙人以掌支頬思惟而住．菩薩問曰．大仙．何故作此思惟．仙人報曰我之住處有多羅樹．於先之時生金花金菓．忽於今時花菓自落．我於今時思念此事（『大正新脩大蔵経』第24巻，118頁上–中）

この梵文においては，「我於今時思念此事」の部分が欠落している．一方漢訳では，二番目の「kare kapolaṃ dattvā cintāparas tiṣṭhasi」は逐語訳ではなく，「作此思惟」と簡略して訳出している．

つぎに，太子の父親シュッドーダナ王（Śuddhodana）の物語を挙げよう．プラセーナジット王（Prasenajit）から，「太子が成道した」という内容の手紙を得てシュッドーダナ王は喜び，消息を知るべく使者を太子のもとに遣わしたが，皆そこで出家して誰も戻ってこなかった．そこで国王は憂え，それを見た大臣のウダーイ（Udāyi，優陀夷）がその理由を国王に尋ねた．

sa tatraiva pravrajitaḥ; dvitīyo dūto'nupreṣitaḥ; so'pi tatraiva pravrajitaḥ; svākhyātatvād dharmavinayasya yaṃ yaṃ dūtam anupreṣayati, sa tatraiva pravrajati; rājā kare kapolaṃ dattvā cintāparo vyavasthitaḥ: yaṃ yam eva dūtam preṣayāmi sa tatraiva pravrajati svākhyātatvād dharmavinayasya;

udāyinā dṛṣṭa uktaś ca; deva kasyārthe tvaṃ kare kapolaṃ dattvā cintāparas tiṣṭhasīti; sa kathayati: udāyin katham ahaṃ na cintāparo bhavāmi?（Gnoli 1977:184）

（拙訳：その使者はそこで（仏陀となった太子のもとで）出家してしまった．そこで二番目の使者を遣わした．彼もまたそこで，（仏陀によって）見事に説かれた仏法と戒律に従って出家してしまった．このように国王が遣わす使者は誰もが出家してしまう．そこで国王は頬杖をついて考え込んでしまった．私が遣わす使者は誰もがそこで（仏陀によって）見事に説かれた仏法と戒律に従って出家してしまう（と思いながら）．大臣のウダーイは国王の悩む姿を見て，「王よ，あなたは何故頬杖をついて考え込んでいるのですか」と尋ねた．国王は「ウダーイ（ン）よ，どうして私が考え込まないでいられようか」と答えた）

漢訳：時浄飯王得書読巳．情甚欣悦．以手掌頬黙然而住．面有憂色．時王大臣．名烏陀夷．見王愁悩仰白王言．大王．何故以手掌頬心生憂悩黙然而住．告烏陀夷曰．我今云何得不憂悩（『大正新脩大蔵経』第24巻，143頁上）

この後，ウダーイは成道した太子の実状を調べ，国王に報告すべく太子の許に赴くのである．

つぎは，理髪師のウパーリ（優波離，Upāli）の出家に関する挿話である．ウパーリは卑しい生まれであるが，何とかして出家し阿羅漢になりたいと悩んでいた．その悩みを知った舎利佛がウパーリを訪ねるのである．

Adrākṣīd āyuṣmān śāriputraḥ upālinaṃ kalpakam atīva saṃvignam; dṛṣṭvā ca punar yenopālī kalpakas tenopasaṅkrāntaḥ; upasaṅkramya upālinaṃ kalpakam idam avocat: kasmāt tvam upālin atīva saṃvignaḥ kare kapolaṃ dattvā cintāparas tiṣṭhasīti; sa kathayati: katham ahaṃ bhadanta śāriputra na cintāparo bhavāmi yatredānīm amī kumārāḥ kulavibhavayauvanopetāḥ sphītāny antaḥpurāṇi sphitāni ca kośakoṣṭhāgārāṇy apāsya pravrajitāḥ; aham asminn alaṅkāramātre sakto 'nayena vyasanam āpatsye? yady ahaṃ na nīcakulotpannaḥ syām aham api svākhyāte dharmavinaye pravrajya udyujeyaṃ, ghaṭeyaṃ, vyāyaccheyam oghānām uttaraṇāya, yogānāṃ samatikramaṇāyeti

(Gnoli 1977 : 205－06)

(拙訳：尊者シャーリプトラ（舎利弗）は理髪師のウパーリが大変動揺しているのを見た．そして再び見た後，理髪師ウパーリのところにやって来た．彼に近づいて「ウパーリ(ン)よ，おまえはなぜそのようにひどく動揺し，頰杖をついて考え込んでいるのかといった．するとその理髪師は「尊者シャーリプトラよ，どうして考え込まずにいられようか．今日，彼ら少年たちが良家の裕福な若者たちとともに，多数の後宮（女，妻）や，多数の財宝の詰まった宝庫を捨て去り出家したというのに，この私はこの虚飾に満ちた俗世にどっぷり浸かり，悪行によって破滅的結末を迎えるでしょう」と答えた)

漢訳：具寿舎利子．知鄔波離心之憂悩既知見巳．詣鄔波離所．到巳語鄔波離言．何故拓頰而懐憂悩．時鄔波離白舎利子言．大徳．我今云何不生憂悩．今見賢王及五百釈子．悉捨王位国城妻子．無量無辺珍宝衣服．今皆棄捨出家修道．我今貪著必堕悪道．大徳．我若不生卑族之中．於佛所説毘奈耶中．必得出家勤加精進證羅漢菓（『大正新脩大蔵経』第24巻，145頁下)

漢訳ではこの前の部分にウパーリが悩む有様を「右手拓頰作是念」と表現しているが，梵本には対応部分がない．

つぎに『ディヴィヤ・アヴァダーナ』の例の中の一つ(第35経 Cūḍāpakṣāvadāna）を挙げておこう（Cowell/Neil 1970 : 483－84)．

Buddho Bhagavañ Śrāvastyāṃ viharati sma Jetavane 'nāthapiṇḍadasyārāme/Śrāvastyām anyatamo brāhmaṇaḥ prativasati/tena sadṛiśāt kukāt kalatram ānītam/sa tayā sārdhaṃ krīḍati ramate paricārayati/tasyāpatyaṃ jātaṃ jātaṃ kālaṃ karoti/athāpareṇa samayena tasya patnī āpannasattvā saṃvṛittā/sa kare kapolaṃ dattvā cintāparo vyavasthitaḥ/tasya nātidūre vṛddhayuvatiḥ prativasati/tayā dṛṣṭaḥ/sā kathayati/kasmāt tvaṃ brāhmaṇa kare kapolaṃ dattvā cintāparo vyavasthitaḥ/sa kathayati/mamāpatyaṃ jātaṃ jātaṃ kālaṃ karoti mama cedānīṃ patnī āpannasattvā saṃvṛittā/yad apy anyad apatyaṃ janayiṣyati tad api kālaṃ kariṣyati/

（拙訳：仏陀世尊はあるとき，シュラーヴァスティーの，給孤独長者の園林にある祇園精舎に住んでいた．シュラーヴァスティーには一人のバラモンが住んでいた．彼は同じ階級の良家から妻を娶った．彼は妻と共に楽しく暮らし，愉しみ，辺りを散策していた．彼の妻は過去に何人か子供を産んだが，子供はいつも死んでしまった．そののち彼の妻は，また妊娠した．バラモンは頰杖をついてもの思いに耽った．それほど遠くない所に一人の産婆が住んでいた．産婆はもの思いに耽るバラモンを見て尋ねた．「バラモンよ，あなたはなぜ，頰杖をついてもの思いに耽るのか？」．バラモンは答えた．「私の妻は子供を宿すが，生まれた子供は皆死んでしまう．今，また妻は妊娠した．しかし，もう一人生まれても，また死んでしまうであろう」）（平岡　聡　2007 : 322 を参照）．

2） Kare kapolaṃ dattvā cintāparo vyavasthitaḥ

以上で述べたように，「頰杖をついてもの思いに耽る」行為は，ショーペン博士の指摘通り，心配，苦悩，不安など比較的低級な心情（cintā）に関係していることは疑問の余地がない．

一方，袴谷憲昭博士は「弥勒菩薩半跏思惟像考」という興味深い論考において，従来「半跏思惟菩薩座像」と呼ばれたものは，「在家菩薩像」であると断定する注目すべき見解を発表した（袴谷 2002a）．これは上述したショーペン博士の「kare kapolaṃ dattvā cintāparo vyavasthitaḥ」の解釈を肯定し採用したものであって，同博士の「理想化した」という抽象的な評価を仏教的コンテクストにおいて一歩押し進めて，大乗仏教の在家菩薩（gṛhī-bodhisattva）であると極めて具体的に解釈したのである（袴谷　2005）．そして，我が国の先学によって強調された右手の仕草の意味「思惟」(manasi-kāra, dhyāna）とショーペン博士のいう「cintā＝苦悩・心配・不安」との間の意味の乖離を，思惟の中には苦悩，心配，落胆などが含まれるからという理由で，解消・調和しようとした．ただし，このような解釈は主観的で客観的な論拠に乏しいから，少なくともガンダーラの菩薩像や仏陀像に関する限り，肯定できかねる．なぜならば，ガンダーラの仏教徒や彫刻家が袴谷博士のように考えた証拠は絶無であるからである．

いずれにせよ，ショーペン博士が主張している「kare kapolaṃ dattvā (cintāparo) vyavasthitaḥ」を再現したような菩薩形単独像はガンダーラでは極めて少ない．大半のインド人王侯貴族風な姿（菩薩形）の座像では，右手の人差し指を額に触れているか，あるいは右手を額近くに挙げているのであって，頬には軽く触れる程度である．頬を右手で支えるような「頬杖をつく」ような仕草をしている作例はむしろ少ないのである．

さらに，右手で頬を支えるような仕草（kare kapolaṃ dattvā cintāparo vyavasthitaḥ＝頬杖をつく）と右手の人差し指で額ないし頬に触れる，あるいは額を指さすような仕草とは区別して考察すべきである．なぜならば，サンスクリット語の 'kapola' は頬（cheek）であって額（forehead）を意味する言葉ではない（Monier-Williams 1964 : 251）．事実，「kare kapolam √dā＝place, put」（to rest the cheek on the hand）という定型句がある（Monier-Williams 1964 : 473–74）．T. W. Rhys Davids/W. Stede の『パーリ語辞典』(1925) にも 'kapola' については頬としか記していない（Rhys Davids/Stede 1925 : 187）．O. Böhtlingk/R. Roth 編『Sanskrit-Wörterbuch』第２巻にも頬だけで，顎や額の意味はない（Böhtlingk/Roth 1856/1858 : 69）．額を意味するサンスクリット語は 'lalāta', 'rarāta', 'alika', 'alīka', 'bāla' など多数あり，顎も 'hanu', 'civuka', 'civih', 'civuh' など幾つかある（Monier-Williams 2003 : chin, 93, forehead, 284）．

このようなわけで，ショーペン博士が 'kapola' は額や顎も意味すると強弁しているが，言語的には根拠の乏しい独断であることが判明する（ショーペン 2000 : 84）．ただし，ショーペン博士のいうが如きの——頬を右手ないし左手で支えて不安げに物思いに沈んでいる——手の仕草（頬杖をつく）が，インド古代派やガンダーラの仏教彫刻に見られるのは確かである．

図29　魔王マーラ像，砂岩，前1世紀，バールフット出土，コルカタ，インド博物館蔵

出典：筆者撮影

3）　魔王マーラをめぐって

インド古代派の作例については，前1世紀のバールフットの降魔成道図浮彫の魔王マーラ像（図29）を挙げることができる．この作品では魔王マーラは左手で頰杖をつき，右手に棒を持って地面に1本の線を描いているのである．ここでは，パーリ本『ジャータカ（*Jātaka*）』の序「ニダーナ・カター（*Nidānakathā*）」の関係箇所を引用しておこう．

Tasmiṁ samaye Māro devaputto „ettakaṁ kālaṁ anubandhanto

otārapekko pi imassa kiñci khalitaṁ nāddasaṁ, atikkanto dāni esa mama vasan“ ti domanassappatto mahāmagge nisīditvā soḷasa kāraṇāni cintento bhūmiyaṁ soḷasa lekhā kaḍḍhi（Fausbøll 1962 : 78）（拙訳：そのとき，天子魔王は「これだけ長い時間，太子につきまとい，太子につけ込む隙を捜したが，何ら欠点を発見できなかった．太子には自分の力が及ばない」といって，落胆し意気消沈して大道に坐り込み，16の理由を考えながら，地面に16本の線を引いた）（藤田 1984 : 89，中村 1985 : 90, 340 を参照）．

下線部の「落胆し意気消沈して坐り込み，物思いに耽りながら地面に線を描いている」魔王マーラの姿はまさに，この浮彫の魔王マーラ像（図29）に一致しよう．ただし，「頬杖をつく」という定型句は同経典のどこにも見られない．しかしながら，このポーズはショーペン博士のいう「kare kapolaṃ dattvā cintāparo vyavasthitaḥ」に相当しよう．

一方，ガンダーラについては，菩薩半跏思惟像といわれる尊像に関する限り，このような魔王マーラの仕草（頬杖をついて心配・苦慮する）に一致するものはほとんどない（ただし，バラモン苦行者像にはあり，宮治 1985 : figs. 5, 11 ; Lee 1993 : fig. 2 ; Quagliotti 1996a : figs. 1–6, 1996b : figs. 4–5）．上述した ‘cintāparas’ は Monier-Williams の『梵・英辞典』によれば，‘lost in thought’（もの思いに耽る）という意味の形容詞であるが，‘cintā’（thought, care, anxiety）は動詞語根の√cint（think, reflect, care for, take into consideration）から派生した女性名詞である（Monier-Williams 1964 : 318）．それゆえ，魔王マーラの場合は釈迦牟尼を出家から翻心できないことを煩悶し，懊悩し，意気消沈し，不安に駆られているから，ショーペン博士や袴谷博士の解釈は間違ってはいない．事実，魔王マーラの苦悩を記した仏典には「kare kapolaṃ dattvā（cintāparo）vyavasthitaḥ」という常套句が明記されている．以下にその一例を根本説一切有部の律（vinaya）に記されている挿話（魔王マーラの三人の娘による太子の誘惑（失敗）の結果）を梵本（拙訳を付す）および漢訳を引用して紹介しておこう．

(a)　梵本『*Saṅghabhedavastuvinaya*（破僧事）』(Gnoli 1977 : 115)

tā rūpayauvanamadamattā divyavastrālaṅkāravibhūṣitā bodhisattvasya purastāt strīsādhyāni vidarśayitum ārabdhāḥ ; tato bodhisattvenopāyakauśalena tathādhiṣṭhitā yathā vṛddhāḥ saṃvṛttāḥ; yena māras tenopasaṅkrāntāḥ; māras tās tathāvidhā dṛṣṭvā viṣaṇṇaḥ kare kapolaṃ dattvā cintāparo vyavasthitaḥ《ko 'sāv upāyas syād yena śākyasya śuddhodanaputrasya tapovighnaṃ kuryām》iti;

（拙訳：(魔王マーラの）三人の娘たちは，若さと美貌に喜び溢れていたが，素晴らしい衣装と装身具で身を飾り，菩薩（シッダールタ太子）の面前にやって来て，女の性的魅力を，手練手管を駆使して見せびらかし始めた．そこで，菩薩は巧みな手段（善巧方便）を用いて，そのような姿の娘たちを老婆のような姿に変えてしまった．彼女たちは魔王マーラの処に戻って行った．魔王マーラは，そのように変わり果てた娘たちを見て，打ちのめされ，意気消沈してしまった．彼は「頬杖をついてもの思いに耽り」，釈迦族の浄飯王の息子の修行を邪魔する方法は何がよいのだろうかとつぶやいて（魔衆の軍勢を集めた))．

(b)　『根本説一切有部毘奈耶破僧事』(義浄訳，635-713年，『大正新脩大蔵経』第24巻，123頁中)

種種天衣荘厳其身．令往菩薩所．至菩薩前．作諸諂曲擬生惑乱．菩薩見已．化此三女皆成老母．即便還去．魔王見此更増．懊悩以手支頬諦思此事．我復云何．令此浄飯之子生於障礙．

以上のほか，『*Saṅghabhedavastuvinaya*』の幾つかの挿話に「kare kapolaṃ dattvā cintāparo vyavasthitaḥ」という常套句が見られる（Gnoli 1977 : 93, 115, 184, 205)．

さらに根本説一切有部以外の律にも，「kare kapolaṃ dattvā（cintāparo）vyavasthitaḥ」に相当する表現が多数見られる（ショーペン 2000 : 83)．ここでは，その中の「雑事」と「薬事」から例を若干引用しておこう．これらの諸律は『根本説一切有部毘奈耶破僧事』同様，義浄が漢訳したものである．

いずれの場合も，天変地異や不可思議なことが起こった後の人々の苦慮や，あるいは疑心暗鬼となったときの心理状況を述べたものである．

(1)『根本説一切有部雑事』巻第三（『大正新脩大蔵経』第24巻，216頁中）
　時彼国王見是事已．以手支頬懐憂而住．

(2) 同上（『大正新脩大蔵経』第24巻，217頁上）
　時婆羅門．既見長者懐憂而住．問言長者．何縁以手支頬似憂容．

(3)『根本説一切有部雑事』巻第四（『大正新脩大蔵経』第24巻，14頁上）
　時諸仙衆見是事已．以手掌頬．黙然愁思．

(4) 同上（『大正新脩大蔵経』第24巻，20頁上）
　百種諸苦悩害身心．由懐憂故．以手拓頬愁嘆而住．

このように，漢訳に多少の差異はあるものの，手（掌）を以て頬を支える仕草（頬杖をつく）が心配，苦悩，憂慮，落胆，意気消沈などに関係していることには変わりない．これらの漢訳に対応するサンスクリット語ないしプラークリット語の原本が知られていないので，確認はできないが，恐らく原本には「kare kapolaṃ dattvā cintāparo vyavasthitaḥ」が存在したと推定して間違いなかろう．

しかしながら，根本説一切有部以外の部派に属するほかの経典に記された同一の挿話に関しては，この常套句「kare kapolaṃ dattvā（cintāparo）vyavasthitaḥ」（懊悩以手支頬諦思此事）は見当たらない．以下に漢訳を含む幾つかの経典の記述を略記しよう．最初に，既述した「ニダーナ・カター」の関係箇所を挙げておこう．

Tasmiṁ samaye Taṇhā Aratī Ragā ti tisso Māradhītaro „pitā no na paññāyati, kahaṁ nu kho etarahīti“ olokayamānā taṁ domanassappattaṁ bhūmiṁ likhmānaṁ disvā pitu santikaṁgantvā „kasmāsi tāta dukkhī domanasso“ ti pucchiṁsu（Fausbøll 1962 : 78).

（拙訳：そのとき，タンハー（妄執），アラティー（不快），ラガー（貪欲）という名前の魔王の三人の娘たちは，「我が父の姿が見えない．一体，父は今どこにいるのか」と辺りを見渡していると，落胆し意気消沈して地面に線を描いている彼の姿を見つけたので，父の処に行って，「父よ，あなたはなぜ苦しみ，落胆しているのですか」と尋ねた（藤田 1984 : 90 を参照）．

この記述には「kare kapolaṃ dattvā（cintāparo）vyavasthitaḥ」に相応する逐語訳的語句は見当たらないが，「domanassappattaṁ」や「dukkhī domanasso」がそれに相当しよう．また，地面に坐っていたとは明記していないが，「落胆し意気消沈して地面に線を描いていた」のであるから，当然坐っていたことが判明する．

つぎに，梵本『ラリタヴィスタラ（*Lalitavistara*）』の関係箇所を P. L. ヴァイディヤの校訂本に従って挙げておこう．

Atha kalu māraḥ pāpīyānidaṃ vacanaṃ śrutvā bhūyasyā mātrayā duḥkhito durmanā anāttamanāḥ praduṣṭamanāstāṃ svaduhitrīnāmantrayate sma（Vaidya 1958 : 240 ; Lefmann 1902 : 330）

（拙訳：そのとき，魔王マーラ・パーピーヤーンはこの言葉（偈）を聞いて，この上なく苦しみ，意気消沈し，気力も失せ，気分を害され，性根も腐りはてたが，自分の娘たちに話しかけた）

ここでも，「kare kapolaṃ dattvā（cintāparo）vyavasthitaḥ」の逐語訳のような語句はなく，その代わりに，「duḥkhito durmanā anāttamanāḥ」が用いられている．

また，梵本『マハーヴァストゥ（*Mahāvastu avadāna*）』に記されている魔王マーラによる太子への最初の誘惑（ナイランジャナー河＝尼連禅河の辺でなされた）の挿話でも，誘惑ないし説得に失敗した魔王マーラについては，「tatas ca durmano yakṣo tatraivāṃtarahāyithḥ」（下線筆者）（そして，意気消沈したヤクシャ（魔王マーラ）は即座にそこから姿を消した）と記されている（Senart 1890 : 240 ; Jones 1952 : 227）．同じく，意気消沈を表すために「durmanas」という言葉が用いられている．

このように，これら根本説一切有部以外の部派の経典では「kare kapolaṃ dattvā」が欠落しているが，「cintāparo vyavasthitaḥ」は「anāttamanāḥ」や「durmanas」に相当するから，魔王マーラが苦悩，懊悩，落胆，意気消沈などをしていることには変わりない．

つぎに漢訳経典について幾つか紹介する．まず『太子瑞応本起経』（漢訳207年）では，老婆になった娘は魔王の処に帰ることができなかった．そこで魔王は怒り狂ったと簡単に述べている（其三王女化成老母．不能自復．魔王憤怒．更召諸鬼神．『大正新脩大蔵経』第3巻，477頁中）．

『過去現在因果経』（漢訳443−453年）では，太子の誘惑に失敗して帰ってきた娘たちを見た魔王マーラは，太子の精神力・意志が堅固であることを悟って，思惟をしたとある（魔王既見如是堅固．心自思惟，『大正新脩大蔵経』第3巻，640頁中）．そして武力を用いて太子を攻撃することを決意するのである．しかしながら，その武力攻撃も失敗した．そこで，魔王マーラは「慚愧に耐えなくなり，傲慢さを捨て去り，来た道をたどって天宮に帰っていったとある（魔心慙愧．捨離憍慢．即便復道．還帰天宮，同上641頁上）．思惟は『広辞苑』によれば，「考え巡らすこと，心を集中させること」とあるが，これは上述した ‘cintāparo’ に匹敵しよう．同書では太子についても「思惟」という言葉が用いられているので，必ずしも懊悩や心配だけを意味するものではないが，魔王の場合には苦悩や不安が伴っていると解釈すべきであろう．

つぎの『衆許摩訶帝経』（漢訳10−11世紀）では，三人の娘の失敗を知った魔王マーラの心中に激しい苦悶が生じたと述べている（魔王見已恨事不成心生熱悩，『大正新脩大蔵経』第3巻，950頁）．そして，魔衆の軍勢を集めて太子の攻撃に向かうが，失敗する．

一方，『佛本行経』降魔品（漢訳420−478年）では，太子が菩提樹の下で解脱を得ようとしていること（今即當成大道）を聞いて落胆，憂愁しているこ

図30　降魔成道図，片岩，2－3世紀，H：47cm，スワート出土，スワート博物館蔵

出典：東武美術館 1998 : pl. 90

とが記されているが，三人の娘が失敗した後には，心配どころか激怒しているのである（審諦視魔女　形体衰老悴　如花被重霜　魔王見女老　懐恚如熾炎，『大正新脩大蔵経』第4巻，76頁中）．

『佛所行讃』破魔品（漢訳412－421年または420－439年？）では，太子の樹下瞑想を知って悩む魔王マーラのことが記されている（法怨魔天王　独憂而不悦　不審何憂感，『大正新脩大蔵経』第4巻，25頁上）．そして，三人の娘の失敗後も悄然としていた（魔王承前疑　心口自相語，同上25頁下）．

このように，上述した諸経典には魔王マーラの手の仕草に関しては何も述べられてはいない．しかしながら，魔王マーラは思惟したり，懊悩したので，「kare kapolaṃ dattvā（cintāparo）vyavasthitaḥ」（懊悩以手支頬諦思此事）を娘の失敗後のマーラの姿には適用してもよかろう．事実，これらの経典の記述に対応すると思われる降悪魔成道図（図30，スワート博物館蔵，V729）が知られている（東武美術館 1998 : 119, pl. 90）．この作品には魔王マーラと娘たちが描写され，魔王マーラは向かって左隅に明らかに左手で「頬杖をついて」坐っている（ただし，バールフットの例とは異なり，棒は見当たらない）．恐らく，

魔王マーラの心中には不安，苦悶，懊悩があったのであろう．さらにペシャーワル博物館蔵品にも，三人の娘と苦悩する魔王マーラの座像が描写され，魔王マーラは左手で「頬を支えている」ような仕草をしている（栗田 1988 : fig. 232, acc. no. 2042 ; マトゥラーの降魔成道図でも左手使用，肥塚／宮地 2000 : pl. 76）．

以上のほかに，『普曜経』（漢訳 308 年）巻第六の降魔品第十八，『佛本行集経』（漢訳 587－592 年）巻第二十七の魔怖菩薩品第三十一上，第二十八魔怖菩薩品中，『方廣大荘厳経』（漢訳 683 年）巻第九の降魔品第二十一に，魔王マーラの娘による誘惑が記されているが，娘たちの失敗を知った魔王マーラが，心配したり，苦悩したとは記されていない（『大正新脩大蔵経』第 3 巻，186 頁，781 頁中－784 頁中，592 頁中－593 頁中）．恐らく，魔王マーラは娘たちの不首尾にそれほど落胆せず，即座につぎの策略を考えたのであろう．それは手下の魔衆の武力を用いて菩提樹下で瞑想する太子を恫喝攻撃することであったが，配下の魔衆とともに自分も太子に近づいて脅迫したが，翻心させることはできなかった．その結果，魔王マーラは意気消沈し，大地の六種振動の音に恐れおののき，悶絶し地べたに倒れた（魔王是時神気挫悪無復威勢．聞大地声心生惶怖悶絶頓躃，『方廣大荘厳経』巻第九，成正覚品第二十二，『大正新脩大蔵経』第 3 巻，595 頁上，時其波旬．聞大地声．心大恐怖．悶絶躃地，同上 791 頁中：躃＝倒）．それゆえ，魔王マーラが頬杖をついて心配したとは記されていない．

4）　ガンダーラの降魔成道図

一方，ガンダーラの降魔成道図では，魔衆が地面に倒れて苦しんでいる姿を描写したものがある．この光景は魔王マーラと魔衆の完全なる敗北を意味する．釈尊を取り巻く多数の怪奇な軍勢の中に，インド人王侯風の人物が画面向かって左隅に，額に右手を近づけて思案している浮彫（図 31）がある（Freer Gallery 蔵品，Lippe 1970 : pl. 11, fig. 11）．この人物の右手は頬杖をついているのではなく，右手を額近くに挙げて考え込んでいるので，図 30 の魔王マーラの手の仕草とは異なる（　杖をついて釈尊の説法を聴く比丘の例，Rosenfield 1967 : fig. 82 ; Lippe 1970 : pl. 14, fig. 14）．この人物については，こ

図31　降魔成道図，片岩，2－3世紀，H : 67cm，フリーア博物館蔵

出典：Lippe 1970 : pl. 11

れは 'cintāparo vyavasthitaḥ'（思惟に耽った）の魔王マーラを描写したという見解がある（宮治 1985 : 74, fig. 9 ; 中川原 1988 : 57－59, pl. 3 ; Quagliotti 1996a : 14, fig. 6）．しかしながら，この座像は閻浮樹（jambu）の下で最初の思惟・瞑想する（四門出遊，衆生への憐憫，救済）太子を描写したとする異論もある（Rosenfield 1967 : 241 ; Lee 1993 : 313, fig. 3）．

ここで，この問題の王侯風人物像の比定を行うために，梵本「*Saṅghabhedavastuvinaya*」(a) とその漢訳の一つ『根本説一切有部毘奈耶破僧事』(b) の巻第五の挿話（降魔成道）の最終部分を見てみよう．これはこの不可解な人物像の比定にとっては極めて重要であるので，関係部分を以下に引用する．いずれも，太子が無上智（悟り）を得て魔王マーラに対

して勝利を決定的にした直後の情景である．

（a）　tadā mārasya pāpīyaso hastād dhanuḥ srasto, dhvajaḥ patitaḥ, bhavanaṃ ca kampitam; tato māraḥ pāpīyān ṣaṭriṃśadbhūtakoṭiparivāro duḥkhī, durmanā, vipratīsārī, tatraivāntarhitaḥ ;（Gnoli 1977:119）
（拙訳：そのとき，魔王マーラ・パーピーヤスの手から弓が滑り落ち，軍旗は大地に倒れ，天地が振動した．それゆえ，魔王マーラ・パーピーヤスと配下の三億六千万の大魔衆軍は，苦しみ，意気消沈し，いたく後悔した．そして，魔王マーラ・パーピーヤスはそこで忽然と姿を隠してしまった）

（b）　干時魔王罪者．弓従手落幢便倒地．宮殿皆動．魔王與諸三十六拘胝眷属．心生懊悩而懐悔恨．便自隠没（『大正新脩大蔵経』第24巻，124頁中）．

これらの叙述によれば，魔王は弓を手に持っており，それが地面に落ちたことがわかる．そして心の中で懊悩し悔恨したことがわかる．しかしながら，三人の娘が失敗した後のように，「kare kapolaṃ dattvā cintāparo vyavasthitaḥ」（懊悩以手支頬諦思）という文言はない．つまり，魔王マーラは直ちに魔衆を引き連れて太子の許から退散し，太子の故郷カピラヴァストゥに赴き，「太子は苦行がたたって亡くなった」という流言飛語を飛ばした．そして，それを聞いた浄飯王を始め宮殿の人々は筆舌に尽くしがたい苦悩に陥ったのである．

mārakāyikābhir devatābhiḥ kapilavastunagare ārocitam : sākyamunir bodhisattvo duṣkaracaryāṃ caritvā vajrāsanam abhiruhya tṛṣṇasaṃstare kālagataḥ iti ; yat śrutvā rājā śuddhodanaḥ antaḥpurakumārāmātyagaṇasahīyo mahatā duḥkhadaurmanasyena santaptaḥ, kapilavāstvaś ca janakāyaḥ（Gnoli 1977 : 119）
（拙訳：魔王マーラに供奉する神々（魔衆）によって，カピラヴァストゥの城内につぎのような流言飛語が飛ばされた．釈迦牟尼菩薩は苦行と遊行を成し遂げた後，金剛座に上がり，草を褥にして亡くなった，と．それを聞いて，シュッドーダナ王をはじめ，王宮にいた王族，大臣，従者や，カピラ城内に留まっていた庶民やあらゆる生きとし生けるものは皆すべて大いなる苦悩と絶望に打ちひしがれた）（漢訳：往劫比羅城告衆人曰．釈迦牟尼菩薩．修諸苦行登金剛座．於草鋪上今已捨命．時浄飯王及諸宮人群臣百寮．聞是語已．大苦悩心如比所焼，『大正新脩大蔵経』第24巻，124頁中）．

一方，この降魔成道図（図31）の画面にはマーラの手から落ちた弓も描写されていない．このようなわけで，この場面に左手で頬杖をついて不安げに思案する魔王マーラが登場する文献的根拠はほとんどない．むしろ，息子の死を聞いて落胆苦悩するシュッドーダナ王のほうが描写されるに相応しいことを，関連する仏伝は示唆しているのである．

さらに，ほかの漢訳仏伝にも魔王マーラの思惟や苦悩は記されていないのである．『佛本行経』破魔品では，魔衆が完全に撃破された後，魔王の軍旗は倒され折れたと述べるに留める（魔王大幢即摧折　魔退魔敗声流通，『大正新脩大蔵経』第4巻，78頁中）．

以上の考察によれば，この降魔成道図浮彫（図31）に描写されたインド人王侯風人物の座像を，魔王マーラと比定する論拠は関連経典には見当たらない．

ガンダーラの仏教彫刻における「降魔成道図」に関する限り，魔衆の兵士が倒れている，すなわち魔王マーラと太子の最後の決戦後の場面においては，魔王マーラの座像を描写していないものが圧倒的に多い（Ingholt / Lyons 1957 : fig. 63, 66 栗田 1988 : figs. 227, 228, 229 ; Klimburg-Salter 1995 : 166 ; Zwalf 1996 :　pls. 185－88 ; 東京芸術大学 2002 : pl. 7）．

このようなわけで，この座像は太子死亡の流言飛語を聞いて悲嘆にくれる父親シュッドーダナ王と解釈するのが仏伝の記述に従う限り，魔王マーラ説より妥当であるといえよう．

しかしながら，この人物はシュッドーダナ王では絶対にあり得ない．なぜならば，この人物の頭上には，閻浮樹が恰も傘蓋のように描写されているからである（ローゼンフィールド，リッペ両博士は沙羅双樹（sal tree）と比定するが誤り，Rosenfield 1967 : 241 ; Lippe 1970 : 18 ; 古代インド美術の閻浮樹の描写例，ガンダーラやマトゥラーの樹下観耕図についてはFoucher 1905 : 340–348, figs. 175–176 ; Schlingloff 1987, figs. 18–29．特に閻浮樹下で瞑想するシッダールタ太子座像参照，東京国立博物館 2002 : pl. 7）．また，魔王マーラでもない．なぜならば，魔王マーラの像容と決定的な相違（胸飾りの存在と剣を欠く）が認められ，さらに魔王マーラが閻浮樹下で思惟する挿話は存在しないからである．

すなわち，この王侯風人物は「降魔成道」とは無関係の「閻浮樹下の観耕（樹下観耕）」のシッダールタ太子にほかならない（ラホール博物館蔵品にも同様に半跏思惟のポーズを示す太子像を描写した作品がある，Ingholt / Lyons 1957 : fig. 161 ; Lee 1993 : fig. 1 ; 宮治　1985 : figs. 6, 7）．閻浮樹下の瞑想・禅定は太子の最初の瞑想・思惟であり，解脱・成道へ至る修行の最初の一歩（解説・成道の遙か昔の予示）であるから，終局的な解脱・成道の場面である「降魔成道」の場面に敢えて挿入したと解釈できるので，上述したローゼンフィールド博士の比定が正鵠を射ていることが判明しよう（Durt 1982 : 95）．これは「降魔成道図」に「樹下観耕」を挿入した実に希有なる「異時同図」なのである．そして，太子の右手（魔王マーラは左手）の仕草は思惟・瞑想であって，心配，苦悩，落胆のような心情を意味する左手で「頬杖をつく仕草」ではないことも明らかであろう．ただし，閻浮樹下の太子の姿については梵本『マハーヴァストゥ』第9章や『ラリタヴィスタラ』第11章などの経典では太子は樹下（叢林）で結跏趺坐し瞑想・禅定（paryaṅkena niṣīdati sma, vanam-āśrito dhyānacintāparo, samādhi, dhyāyati）していると記されている（Senart 1890 : II, 144 ; 平岡 2010 : 上，371 ; 外薗 1994 : 534–542, 888–895）．それゆえ，図31のように両足を足台に置いた「王侯坐法（bhadrāsana, “European position”）」とは矛盾するという反論が生じるであろう（Saunders 1960 : 129–130, figs. 46, 48 ; Rosenfield 1967 : figs. 23, 24–a）．しかしながら，この矛盾は，図31の場合は既存の菩薩半跏思惟像を借用したと解釈することによって解消されよう（宮治 1985 : figs. 14, 16, 17, 19, 20）.

5）　太子の妃選び図

さらに，この例と同じように，異なった内容・時期の挿話を同一場面に描写したと思われる例がもう一つあるので，参考のためにそれを採り上げよう．それはほかでもない，太子の妃選びの挿話である．シッダールタ太子は17歳頃になっても，異性に興味をまったく示さないので，王家の血筋が絶えることを憂慮した家臣たちが，父親のシュッドーダナ王に相談した結果，太子の妃選びが行われるようになった．家臣たちは太子のところに赴き，どのような娘が望ましいのかと尋ねた．太子は7日後に返答するといって考えた．太子の思案に関して『ラリタヴィスタラ』（現在の内容になったのは5～6世紀）はつぎのように述べている．

> Kumāro ’vocat. saptame divase prativacanaṃ śroṣyatheti. tato bodhisattvasyaitad abhavat...（中略）...sa punar api mīmāṃsyopāyakauśalyam āmukhīkṛtya sattvaparipākam avekṣamāṇo mahākaruāṇṃ saṃjānayya tasyāṃ velāyām imā(ṃ)gāthā(m)abhāṣata（王子は答えたり，「七日後に［御身らは］返答を聞き給うべし.」と．それから，菩薩に，かくの如き思念が生じたり（中略）しかし，彼は，再び熟慮し，善巧方便を領解して，「衆生を教化せん」と考え，大悲を起こして，そのとき，かくの如き偈を説けり）（外薗 1994 : 550, 552, 900）.

一方，『ラリタヴィスタラ』の漢訳の一つ『普曜経』（漢訳308年）には「釈迦族たちは集まって議論した結果，太子に，妃にはどのような女が適切か考えるべきであると進言したところ，それから七日後につぎのようなことが太子の心に浮かんだ（皆共集会思議此事．以語太子．今當思惟．劫之七日菩薩心念)」と記されている（『大正新脩大蔵経』第3巻，500頁上）．また，その異訳

図32　太子の妃選び図，片岩，2－3 世紀，H : 31cm，ペシャーワル博物館蔵

出典：栗田 1988 : pl. 107

『方廣大荘厳経』（漢訳 683 年）には，「七日後に自分の意中の女を伝えるといって，太子は思惟し，七日後に大悲心を起こして衆生を救済しようと考えて，大臣に告げた（劫後七日當述斯意．菩薩思惟（中略）爾時菩薩過七日巳．起大悲心思惟方便欲度衆生．告諸大臣．而説頌）」とある（『大正新脩大蔵経』第 3 巻，561 頁中）．

このように漢訳両経典によれば，太子は妃選びのために七日間，思惟（熟慮）したことが判明しよう．

このような太子の思案を描写したといわれる浮彫（図 32）が三点ほど知られている（宮治 1985 : fig. 8 ; 栗田 1988 : pls. 105, 106, 107）．それらの浮彫には，中央に太子，その向かって右にはゴーパー（太子妃となる）と国王の家臣が

描写されている．さらに向かって左側には，腰掛けに腰掛けて左手で「頬杖をついている」インド人王侯風人物が描写されている．この人物が，上述した「思案する太子」と解釈されているわけである（宮治 1985 : 72-73）．

また，『ラリタヴィスタラ』や『普曜経』などよりも古い漢訳仏伝（『修行本起経』巻上「試藝品第三」，『太子瑞応本起経』巻上，『異出菩薩本起経』，いずれも2～4世紀に漢訳されている）を見ると，太子が世俗の楽しみ（特に性愛）を求めないことで悩むのは父親であることがわかる（『大正新脩大蔵経』第3巻，465頁中，474頁下-475頁上，619頁上）．また，妻を娶るようにいわれて悩む太子のことは一切記されていないのである．それゆえ，上述した『ラリタヴィスタラ』の記述が果たして2～3世紀にまで遡るか極めて疑わしいのである．さらに，『ラリタヴィスタラ』およびその漢訳経典（『普曜経』，『方廣大荘厳経』）には「太子が苦慮した」とは記されていないのである．

一方，太子の妃選びに関しては，坐って思案する人物がいるのである，それはほかでもない国王のシュッドーダナである．国王はゴーパーの父親に嫁にくれと申し出たが，父親は太子が武芸の修練を積んでいない軟弱な男と見なし拒絶した．その拒絶が王に伝えられた．また，釈迦族の若者も同様な見方をして太子に近づかなかったことも国王はすでに知っていた．そこで，国王はさらに悩んだのである．『ラリタヴィスタラ』では次のように記されている．

> (etarhi apy evam iti) pradhyāyan niṣaṇṇo 'bhūt（[今もまた，かくの如し]と愁思しつつ，国王は坐せり）(外薗 1994:562, 905)．

この経典によれば，問題の浮彫において悩んで坐ったのは太子ではなく，国王ということになろう．しかしながら，『ラリタヴィスタラ』の漢訳『普曜経』には「国王が坐った」という記述は見られない（王自念言：『大正新脩大蔵経』第3巻，500頁下）．また，その異訳『方廣大荘厳経』では，「王聞此事．愁憂不楽．窮作是念」とあり，やはり，国王が坐ったとは記されていない（『大正新脩大蔵経』第3巻，562頁中）．このように「坐った」とは記されていなくとも，悩み心配したのは父親の国王であったことに変わりはない．このように，問題の人物像をシュッドーダナ王と見なせば，その左手の仕草は，苦悩や心配を意味する「頰杖をつく」ものないしそれに準じるものと解釈することが許されよう（比留間 1986 : pl. 77，宮殿の一室で苦悩する王侯（シュッドーダナ王ないし太子？）を描写している）．

以上，頰杖をつく人物像の比定には，太子か父親のシュッドーダナ王か，魔王マーラかなど，未解決の問題が若干存在するけれども，左手で「頰杖をつく」人物はいずれも不安にかられ，心配し，苦悩していると解釈することが妥当であるから，ショーペン博士や袴谷博士の解釈のように，「kare kapolaṃ dattvā cintāparo vyavasthitaḥ」という定型句の造形化と見なしても大過ないと思われる．

6）　ショーペン・袴谷説の否定

しかしながら，以上に挙げたような特定の仏伝とは無関係に制作されたガンダーラの仏三尊像の左右の脇侍菩薩，単独の菩薩（半跏思惟）座像（図33, 34）に見られる右手の仕草に関しては，ショーペン・袴谷説の「kare kapolaṃ dattvā cintāparo vyavasthitaḥ」を適用するのは絶対に間違いであると思う．その右手の仕草はいずれも図31の思惟・瞑想するシッダールタ太子の右手の仕草と形式的に一致する．以下において，なぜ間違いであるかということを論証しようと思う．

これらの菩薩像（図33, 34）は往々，右手の人差し指を額近くに挙げているか，あるいは額に軽く触れている（Foucher 1918 : 211, fig. 408 ; 高田 1964 : pls. Ⅳ, V, figs. 1–4 ; 宮治 1985 : 14, 16, 19 ; Lee 1993 : figs. 4–6 ; Quagliotti 1990 : figs. 1, 3, 6–8 ; Rhi 2006 : figs. 7. 15, 7. 16）．いうまでもなく，このような右手人差し指の仕草はまさに，本章で挙げた図17–1の仏陀（釈尊）像のそれに類似するといえよう．無論，これらの釈尊像の場合には額ではなく，頰に右手人差し指で触れているという相違はあるが，意味は同一であって，決して

図33　菩薩半跏思惟像，片岩，2－3世紀，H：67cm，松岡美術館蔵

出典：松岡美術館 1994：pl. 9

図34　菩薩半跏思惟像断片，片岩，2－3世紀，H：68cm，ベルリン，インド美術館旧蔵

出典：von Le Coq 1922：Taf.3

「頬杖をつく」ポーズではないと思う．なぜならば，上述したパーリ語，サンスクリット語，漢訳の仏伝の記述によれば，「kare kapolaṃ dattvā cintā paro vyavasthitaḥ」なる定型句を，図17－1の釈尊に適用した例は一つもないからである．この作品の釈尊が沈思黙考する状態はまったく別の語句を用いて表現しているのである（3.(2)で引用した仏伝参照）．

さらに，カーピシーから最近出土した数点の「菩提樹下，安楽坐の釈尊座像」（図18）にも，右手の人差し指で頬に触れる仕草が描写されているが，その典拠となったサンスクリット語，パーリ語，漢訳の仏伝には「kare kapolaṃ dattvā cintāparo vyavasthitaḥ」なる定型句はまったく記されて

いないのである．この定型句の代わりに，梵本『*Mahāparinirvāṇasūtra*（大般涅槃経）』，『*Mahāvadānasūtra*（大因縁経）』，『*Catuṣpariṣatsūtra*（四衆経）』，『*Saṅghabhedavastuvinaya*（破僧事）』，『マハーヴァストゥ』，『ラリタヴィスタラ』では「pratimukhaṃ smṛtim upasthāpya（繫念思惟＝熟慮して）」という定型句が使用されているのである（田辺 2009）．このように，図17-1,18の典拠となった仏伝には，苦悩，落胆，心配といった語句や「頰杖をつく」という定型句はまったく記されていないのである．

無論，上述した菩薩や仏陀の右手（の指）の位置は若干相異なっているのも事実である．しかしながら，その造形表現上の相違については，図17-1はバクトリアで，図18はカーピシーで，図31，33,34はガンダーラで制作されたという地理的および彫刻の流派的な相違に起因すると解釈すればまったく問題はなかろう．

結局，このような新資料（図17-1，18）や図31,33,34のような浮彫を参照すれば，ガンダーラやカーピシーやバクトリアの菩薩半跏思惟像や仏陀像の右手人差し指一本の仕草は，頰を支える左手の仕草（頰杖をつく）と同一視すべきではないことが判明しよう．後者では，顎や頰を左手全体で支えているのであるが，前者では，右手人差し指一本で額を指さしたり，頰や額に軽く触れているにすぎないのである．右手人差し指だけを額に触れている場合には，手（kara）ではなく，指（aṅguliṃ, aṅguriṃ, karaśākhāṃ, karapallavaṃ）を触れるというのが普通であろう．ショーペン博士は‘kara’は基本的に手を意味するが，指から手首まで含むから，指を額に触れたり，頰や額に近づける仕草も「kare kapolaṃ dattvā」が意味すると述べているが，上述したように強弁に過ぎよう．このような仕草をサンスクリット語でいうとすれば，‘kare (haste, aṅgulyāṃ) kapolaṃ (lalātam, rarātaṃ) upasthāpayati (spṛśati)’であろう[5]．それゆえ，頰杖をつく「kare kapolaṃ dattvā」を直訳すれば「手の中に頰を置く」となる．つまり，手で頰を支える場合にはこの動詞語根√dāの使用が相応しいが，手を頰に軽く触れる場合には，√dāを用いないであろう．このようなわけで，頰に右手の指を軽く触れる行為は，左手で頬・顎を支える本来の「頬杖をつく」仕草とは明らかに異なる仕草である．それゆえ，そのような仕草を不安や内心の葛藤（頬杖をつく）と結びつけるショーペン博士の解釈は根拠が乏しいといわざるを得ないのである．

このようなわけで，ガンダーラの菩薩半跏思惟像は，仏陀の説法を聴聞して不安になったり，心配したり，苦悩したり，落胆しているのではなく，深遠な真理を理解しようとして精神を集中して傾聴（listening attentively）しているか，思索している，すなわち，思惟している状態（作意思念＝cintā manaskāra, cintāmanaskāraprayukta）を描写したものであると解釈するのが妥当であると結論するものである（*Lalitavistara*, ch. 3, 26, 外薗 1994：316, 734）．その右手人差し指の仕草は，上述したバールフットの魔王マーラ像（図29）の左手の仕草（kare kapolaṃ dattvā cintāparo vyavasthitaḥ＝頬杖をつく）とは画然と区別されるべき仕草なのである．

結局，ショーペン・袴谷説はガンダーラの該当菩薩像の右手人差し指の仕草の実態を十分に把握しないで，文献だけで性急に即断してしまったのである．また，ガンダーラの仏陀座像の中に，本章で言及した思惟のポーズをした例が存在することも知らないで考察した．このような欠陥のある新説であったが，「頬杖をつくポーズ」の文献的根拠を解明した功績は不朽であろう．惜しむらくは，その解釈をガンダーラの菩薩半跏思惟像すべてに安易に適用したことである．その結果，その新説は飛躍しすぎた極論に堕してしまったのである．

筆者による以上の如き批判的考察の結果，現存するガンダーラ，中国，朝鮮，日本の菩薩半跏思惟像すべての右手の仕草は通説のいう通り，思惟を表すものであって，ショーペン博士のいう「苦悩，心配，落胆」（左手の仕草）などとは無縁のものであると結論するものである．このような人間的感情は，裕福な在家供養者に外観が酷似している菩薩像には適用できるかもしれないが，解脱を得た仏陀釈尊にはそのまま適用すべきではなかろう．この点をショーペン博士はまったく考慮していないのである．

しかしながら，袴谷博士の在家菩薩の肖像と見なす見解は傾聴に値すると思う．ただし，右手人差し指の仕草だけで，ガンダーラの菩薩思惟像すべてを在家菩薩像であると見なすのは，論証不足であろう（円形頭光の問題など）．今後の研究によって多くの研究者を納得させる論拠が提示されるのを大いに期待したい．

（4）　作品IX（図17－1）：菩提樹のリボン・ディアデム

インド菩提樹の幹にはリボンが結びつけられ，その先端部分は末広がりになっており，その部分に横畝文が刻まれている[6)]．このようにリボンの先端部分に横畝文を施すのはササン朝ペルシア（3～7世紀）の国王像（図35）などに見られるリボン・ディアデム（ribbon-diadem，王権の標識，鉢巻き）の特色である（Göbl 1971 : Vanden Berghe 1984 ; Schindel 2005 : 221－22, fig. 4）．

ササン朝ペルシアは3世紀の半ば頃，クシャン朝からバクトリアを奪い，さらにヒンドゥー・クシュ山脈の南方のカーピシー・カーブル地方までも征服して版図に組み込んだ．初代の国王アルダシール1世（Ardashir I, 224－241年）によるバクトリアへの侵略・征服も想定されるが（『魏書』によると231年頃），ヒンドゥー・クシュ山脈以南をも占領する決定的な侵略は第二代目の国王シャープール1世（Shahpur I, 241－272年）による東征であり，それを記念した「シャープール1世騎馬犀狩図浮彫」がバクトリア南部のラギ・ビビ（Rag-i Bibi）から近年発見された（Grenet 2006 ; Grenet/Lee/Martinez/Ory 2007）．シャープール1世はイラン南部のナクシェ・ルスタムにギリシア語とパフラウィー語の銘文（262年頃作成）を残しているが，それによると，ササン朝ペルシアはアフガニスタンのほぼ全土を征服し，パキスタンの「ペシャーワルへの門」まで（カイバル峠西方？）を版図に含めたことが判明する（Honigmann/ Maricq 1953 : 101－05）．それは恐らく，クシャン朝のカニシュカ2世（Kanishka II, 227-246年）ないしヴァーシシュカ（Vasishka, 246－267年）の治世下のことであったに相違ない（在位年はクシャン朝のカニシュカ紀元を西暦127年と見なすH. ファルク説に従って起算，Falk 2001）．

図35　シャープール１世（騎馬戦勝図部分），３世紀半ば，ナクシェ・ルスタム，イラン

出典：筆者撮影

このような歴史的背景を考慮すれば，このインド菩提樹に結ばれたリボンの由来をササン朝文化の東漸と結びつけるのは理に適っていよう．特に仏教の聖なる菩提樹と，それに匹敵するようなササン朝ペルシアの神聖なる建造物ともいえる，リボン・ディアデムを結んだ聖火壇との並存が考察のポイントとなる．

ササン朝ペルシアの聖火壇に結びつけられたリボン・ディアデムは，本来アケメネス朝由来の伝統的なイランの玉座（獅子座）に結ばれていた王権（諸王の王）の標識（royal diadem）であった（Pfeiler 1973 : fig. 1）．ササン朝ペルシアの開祖アルダシール１世は，この玉座と，ゾロアスター教の象徴たる聖火壇を組み合わせて独特の祭政一致を顕示する合成図像（図36）を創った（Lukonin 1970 : pls. XXII, XXIII, fig. 1）．その後，シャープール１世の時代に聖

図36　王座と拝火壇の合成像，アルダシール１世銀貨・裏，D : 2.3cm，筆者蔵

出典：筆者撮影

図37　オルムズド１世銀貨表・裏, D : 2.5cm

出典： de Morgan 1923/36 : fig.379

火壇は玉座と分離され，独立した単独のモティーフとしてコインの裏面に刻印されるに至ったが，ホルムズド１世 (Hormuzd I, 272−273 年) の御世にリボン・ディアデムが聖火壇の柱身 (図37) に転移するに至った (de Morgan 1923/36 : 306, fig. 379 ; Gyselen 2004 : 75, no. 10, 102, no. 114−15 ; Schindel 2005 : 228, fig. 6)．その後，バフラム２世 (Bahram II, 276−293 年) およびナルセー王 (Narseh, 293−303 年) のコイン裏面に刻印された一部の聖火壇に用いられたが，つぎのホルムズド２世 (Hormuzd II, 303−309 年) のコインにおいて一般化し，以後，カワード１世時代 (Kavad I, 484−531 年) まで継続した．このように聖火檀の柱身にリボン・ディアデムを結びつけるのは，ササン朝ペルシア発行のコインの裏面の図像に限られるわけではなく，ゾロアスター教の神殿などに安置された聖火壇においても行われていたことが知られている

図38　ヴァースデーヴァ１世金貨・表，D : 2.2cm，個人蔵

出典：筆者撮影

図39　ヴァースデーヴァ２世（?）金貨・表，D : 2.7cm，筆者蔵

出典：筆者撮影

(Naumann 1970 : 74, figs. 4−8.).

特に注意すべきは，各国王が発行したコインの裏面に刻印された聖火壇は，国王自身が創設した聖火を意味することである（Maricq 1964 : 58）．それゆえ，そこに結ばれたリボン・ディアデムは聖火壇と聖火が国王の持物であることを明示しているのである．無論，そのほかに花綱と同じく「神聖」を象徴していることはいうまでもない（Stoye 2007, 2010）．

一方，インド菩提樹については，上述した『ラリタヴィスタラ』および『方廣大荘厳経』巻第十に述べられているように，「すべての樹木の王（druma-rājan＝樹王）」と仏教徒によって見なされていた蓋然性が大きい．リボン・ディアデムそのものはクシャン朝の国王のコイン裏面に刻印されたゾロアスター教系の神々が手にし，国王に王権神授を行っているので，クシャン朝版図内の人々の間では周知の存在であったと思われる（Rosenfield 1967 : pl. Ⅱ−33, 55, Ⅴ−93, 96−98, Ⅵ−105−110, 118−119, Ⅶ−125−128, Ⅷ−151−154, Ⅹ−205−208, Ⅺ−209−229, Ⅻ−230−233 ; Göbl 1984 : pls. 164−172）．このようなわけで，インド菩提樹がいわば「樹王」であることを明示するために，王という観念と密接に結びついたササン朝ペルシア系のリボン・ディアデムを菩提樹に結

図40　アルダシール１世銀貨・表，D : 2.7cm，中近東文化センター蔵

出典：筆者撮影

図41　シャープール１世銀貨・表，D : 2.7cm，筆者蔵

出典：筆者撮影

んだと結論することができよう．

一方，ササン朝ペルシアに侵略されたクシャン朝が発行した金貨の表に刻印された国王立像が手にする小さな三叉戟を飾るリボン・ディアデムは，ヴァースデーヴァ１世（Vasudeva I, 190−227年）の金貨（図38）において初出した．その場合，リボンの両端は三叉戟の片側に垂れていた．それが，時代が下るヴァースデーヴァ２世（？）ないしササン朝ペルシアのアルダシール１世発行の模倣金貨（図39）においては，リボン・ディアデムの両端は三叉戟の左右に対称的に垂れ下がるように変化した（Cribb 1990 : 191, pl. V−57 ; Errington/Curtis 2007 : 83, fig. 74−3, 4）．インド菩提樹の幹に結ばれたリボンは後者の左右対称的形式に相応するものであるから，もし三叉戟を飾るクシャン朝系のリボン・ディアデムが影響を及ぼしたとすれば，本作品（図17−1）におけるその描写はヴァースデーヴァ１世の没年（227年）以降であると推定できよう．

以上の比較考察より判明したことは，二仏併存像（図17−1）のインド菩提樹の幹に巻きつけたリボン・ディアデムには，これら二つの先行例が影響した蓋然性が極めて大きいということであろう．特にリボンに横畝文が描写

されているのは，ササン朝ないしクシャノ・ササン朝の聖火壇のリボン・ディアデムの影響を示すと推定できる．そのリボン・ディアデムは無論，本来国王の頭部や身体を飾る標識であったが，初代のアルダシール1世（図40）やつぎのシャープール1世（図41）の時代から，末広がりの先端部分（図35）に常に横畝文を刻んで表現していたことが判明している（Göbl 1971 : pls. 1ff）．しかしながら，上述したように，横畝文を刻んだリボン・ディアデムを結んだ聖火壇はホルムズド1世（図37）以降にコインに刻印されているから，本作品（図17-1）に描写されるのは，この国王の在位年代（272-273年）以降であろう．付言するならば，ササン朝ペルシア系の横畝文を配したリボン・ディアデムはガンダーラの仏教彫刻にも採り入れられ，ギメ美術館蔵や東京国立博物館蔵の菩薩像の頭光部分に描写されている(栗田 1990 : pls. 7, 9)．

同じようにリボン・ディアデムを菩提樹の幹の左右に結んだ例が上述したカーピシー産の仏教彫刻(図18)にも見られる(田辺 2009 : figs. 5, 7, 10, 11, 23)．これは降魔成道後の釈尊の座像を描写したものである．カーピシー出土のこれらの浮彫はすでにクシャノ・ササン朝の支配下にあったクシャン族仏教徒の寄進によるものである．それは，この浮彫（図18）の下部に刻まれたカローシュティー文字銘にそれを寄進した年代（74年）が明記されていることによって明らかである．H. ファルクの研究によれば，74年はカニシュカ紀元（西暦127年）の74年であるので，単純に西暦に換算すれば，201年である（Falk 2001:2009）．しかしながら，カニシュカ紀元を用いた場合，100年以後の年代は，100を省略して記したことが知られているから，301年とも解釈できる（van Lohuizen-de Leeuw 1949 : 235ff., 1986 : 1）．この二つの年代と上述したヴァースデーヴァ1世ないし2世（?，アルダシール1世?）のコイン（図38，39）の年代，ササン朝ペルシアのリボン・ディアデムの影響の年代を考慮すれば，カニシュカ紀元の74年は西暦301年が妥当ということになろう．すなわち，この浮彫（図18）はクシャノ・ササン朝がバクトリアからカーピシーを支配していた西暦300年前後におけるカーピシー派仏教彫刻の掉尾を飾る作品なのである．

結局，リボン・ディアデムの考察により，本作品（図17-1）の制作年代は3世紀後半から4世紀前半ということになろう．

おわりに

現在までに出土したオクサス流派の彫刻の数は，ガンダーラやカーピシーの彫刻に比べると少ない．しかしながら，その図像には様式的にも図像学的にもバクトリアの独自性が認められる．無論，外部からの影響も大きな部分を占める．特に，ガンダーラの仏教美術の影響が極めて大きいのは当然であろう．それには，北インドのマトゥラー，ガンダーラ，アフガニスタン東南部のハッダ（ジェララーラバード），カーピシー（ベグラム），バクトリアを結ぶ交易路の存在が関与している．そのほか，アケメネス朝やローマ帝国の建築装飾の影響も無視できない．前者は同朝による前5～4世紀の直接統治の結果であり，後者はクシャン朝時代における紅海・インド洋経由によるインド・ローマの海上貿易の余波であろう．ただし，バクトリアに栄えたグレコ・バクトリア王国のギリシア文化がどの程度，クシャン朝時代まで継承されていたかという問題（グレコ・イラン式文化に対する貢献度）については，評価が難しい．今後，新資料の出土をまって最終的な評価が下されるであろう．

最後に彫刻の図像，様式に関しては，カーピシーの片岩彫刻との総合的な比較研究が今後なされるのが望ましい．それには，アフガニスタン北部，ウズベキスタン南部における考古学的な発掘調査に関する情報，およびアフガニスタン内における現地民の盗掘によって古美術市場にもたらされるであろう新資料の把握が重要となろう．

1)　脱稿直前に平岡聡博士から本書を恵贈された．本稿で引用した梵文の訳においては，同博士の新訳とは大いに異なっているが，サンスクリット語の知識の乏しい筆者が辞書を片手に苦心して和訳したものなのでそれなりの愛着があり，拙訳をそのまま掲載した．本章の読者のために平岡博士の訳書の頁数を記しておいたので，ぜひ参照されたい．

2)　梵本『四衆経』(*Catuṣpariṣatsūtra*)や『大般涅槃経』(*Mahāparinirvāṇasūtra*)や『大因縁経』(*Mahāvadānasūtra*)には，「pratimukhaṃ smṛtim upasthāpya」という形で現れている．『大般涅槃経』を和訳した岩本裕博士は「これからのことを熟慮して」と訳出している(岩本 1974 : 60)．『大般涅槃経』と『大因縁経』を独訳した Cl. Weber は「Er vergegenwartigte sich Achtsamkeit vor rade (geoistigen) Auge」と訳出している（Weber 1999 : 125, 184, 283)．『四衆経』を英訳した R. Kloppenborg は「having placed mindfulness in front of him, made himself conscious of this(sic) thoughts」と英訳している（Kloppenborg 1973 : 100, ch.7, note 1)．恐らく，『観弥勒菩薩上生兜率天経』(『大正新脩大蔵経』第14巻，420頁下）に記す「繫念思惟」に相当しよう（浅井 1988 : 24)．龍谷大学の入澤崇教授のご示教による．

3)　「utthāya」=standing up，√utthā=stand up, rise より派生した不変化詞．「animiṣāye」と「dṛṣṭīye」はプラークリット語の具格の格変化をしている(Edgerton 1953 : vol. I, 69, 9. 37, 75, 10. 91)．dṛṣṭī(女性名詞)=seeing, viewing, beholding．stood=asthāsi, aor. √sthā (stand on the feet, stay, remain, be present, exist) の意味については，Monier-Williams 1964 : 1262 middle column 参照．
√sthāの特殊な形式のアオリスト asthāsi については Edgerton 1953 : vol. I, 158-32. 54, 236 right column 参照．
nirīkṣanto は，nir √īkṣ=look at, perceive の現在分詞単数主格．

4)　nidhyāyitvā は動詞 ni √dhyai=meditate, remember, think attentively の絶対分詞．また，梵本『*Buddhacarita*』の漢訳の一つ『佛所行讃』には「佛於彼七日　禅思心清浄　観察菩提樹　視目不瞬」とあり，菩提樹を熟視したことが述べられているが，そのサンスクリット語原文は失われ現存していないので，確認ができない．サンスクリット語テキストから14世紀にチベット語に訳された経典によれば，そのような記述はなく，「自らの心に見入ってまばたきもせずに坐りつづけられた」と記されている（梶山他 1985 : 167)．Johnston 1936 : 214, note 94 も菩提樹を眺める点を否定している．

5)　(upasthāpayati は動詞語根 √upasthā=approach の使役形三人称単数現在，spṛśati は動詞語根 √spṛś=touch の三人称単数現在形，haste は hasta (手) の処格，aṅgulyām は aṅguli (指) の処格)．また「dattvā」の動詞語根√dāは「place, put」を意味する (Monier-Williams 1964 : 473)．

6)　ガンダーラ (カーピシーを除く) やインドの作品にはこのようなリボン・ディアデムを結びつけた菩提樹は見られないが，梵天勧請，降魔成道，初転法輪の場面に描写された聖樹（尼拘律＝ニグローダ樹など）には，花輪のようなもの（華鬘）が樹木の枝から吊り下がっている例が幾つか知られている（栗田 1988 : pls. 245, 249, 251, 264, 280）. これらは仏教徒が仏塔などに散華する花球（puṣpa-puṭa，花を糸で繋げた飾り）と同じような意味を持つ装飾であろう．なお，サーンチーの第一仏塔の周囲の塔門やバールフット（フリーア美術館蔵品など）の仏塔の玉垣に描写された菩提樹などの聖樹の枝にも同様な花輪（華鬘）が結ばれている．天部がそのようなものを手にしている図が実在し，それらが散華供養の代物であることが判明する（Fergusson 1873 : pls. XXIV－XXVI ; Coomaraswamy 1938 : pl. XXIV ; Lippe 1970 : figs. 6－7 ; .宮治 1979 : 99, pls. 8, 9, figs. 1－b, d, 7 ; 肥塚／宮治 2000 : pls. 47－49, figs. 25, 26, 31, 32）.

参考文献

浅井和春（1988）「菩薩半跏像　鶴松院」『国華』1116 : 21－31 頁.

岩井昌悟（2004）「「半座を分かつ」伝承について」『原始仏教聖典資料による釈尊伝の研究』【9】，個別研究Ⅰ，中央学術研究所 : 141－172 頁.

岩本　裕（1959）「カーマ・スートラ」辻直四郎他『インド集』世界文学大系 4 : 361－370.

岩本　裕（1974）『佛伝文学・佛教説話』仏教聖典選第二巻，読売新聞社.

イリヤソフ, J. Y.（1996）「テラコッタおよび装飾品」創価大学『ダルヴェルジンテパ DT25 1989 ～ 1993　発掘報告書』: 109－124 頁.

荻原雲来（編）（1979）『梵和大辞典』講談社.

小谷仲男（1995）『クシャン王朝と漢・六朝時代西域との交流』富山大学人文学部.

梶山雄一他訳（1985）『ブッダチャリタ』講談社.

加藤九祚（1997）『中央アジア北部の仏教遺跡の研究』シルクロード学研究第 4 巻，シルクロード学研究センター.

加藤九祚（2002）（編著）『ウズベキスタン考古学新発見』東方出版.

加藤九祚（2007）『アイハヌム』東海大学出版会.

北　進一（2004）四川省蒲江県飛仙閣石窟第六〇号龕造像の図像解釈と問題点について」『奈良美術研究』創刊号 : 119－126 頁.

久野美樹（2004）「広元千仏崖，長安，龍門石窟の菩提瑞像関係像」『奈良美術研究』創刊号 : 113－118 頁.

栗田　功（1988）『ガンダーラ美術』Ⅰ佛伝，二玄社，改訂増補版，2003 年，二玄社.

栗田　功（1990）『ガンダーラ美術』Ⅱ佛陀の世界，二玄社，改訂増補版，2003 年，二玄社.

桑山正進（編）（1979）『ヒンドゥー＝クシュ南北の古代美術』朝日新聞社.

桑山正進（1990）『カーピシー＝ガンダーラ史研究』京都大学人文科学研究所.

肥塚隆／宮治昭（編）（2000）『インド』(I)，世界美術大全集東洋編 13，小学館.

定方　晟（2002）「二商人奉食の伝説について」『東海大学紀要文学部』76：77-120頁.
静岡県立美術館（2007）『ガンダーラ美術とバーミヤン遺跡展』展覧会図録.
ショーペン，グレゴリー著・小谷信千代訳（2000）『大乗仏教興起時代インドの僧院生活』春秋社.
創価大学（1991）『南ウズベキスタンの遺宝』創価大学出版会.
高田　修（1964）「ガンダーラの菩薩思惟像の起源」『美術研究』235：65-74頁.
田辺勝美（1998）『シルクロード諸国における仏教文化財保存・修復の現状調査』外務省.
田辺勝美（2006）「新出楼蘭壁画に関する二，三の考察」『古代オリエント博物館紀要』26：67-106頁.
田辺勝美（2008a）「ウズベキスタン南部出土の佛陀像とクシャン族供養者像—クシャン族佛教徒の「肖像」表現の意義について—」『國華』1349：5-18頁.
田辺勝美（2008b）「ガンダーラ美術の図像学的研究（2）クシャン人在家菩薩像について」『古代オリエント博物館紀要』28：91-125頁.
田辺勝美（2009a）「ガンダーラ美術の図像学的研究（4）成道後の釈尊安楽座像と新出カーピシー派彫刻の制作年代」『古代オリエント博物館紀要』29，掲載予定.
田辺勝美（2009b）「アフガニスタン北部出土白色石灰岩製彫刻の図像学的研究—菩提樹下二仏併存図をめぐって—」『中央大学政策文化総合研究所年報』13：85-111頁.
田辺勝美／前田耕作（編）（1999）『中央アジア』世界美術大全集東洋編15，小学館.
田村圓澄／黄壽永（編）（1985）『半跏思惟像の研究』吉川弘文館.
塚本啓祥（1996）『インド仏教碑銘の研究』I，TEXT，NOTE，和訳，平樂寺書店.
東京藝術大学美術館（2002）『アフガニスタン　悠久の歴史展』展覧会図録.
東京国立博物館（2002）『インド・マトゥラー彫刻展』展覧会図録.
東京国立博物館（2003）『アレクサンドロス大王と東西文明の交流展』展覧会図録.
東武美術館（1998）『ブッダ展　大いなる旅路』展覧会図録.
中河原育子（1988）「降魔成道図の図像学的考察」『密教図像』6：51-73頁.
中村　元（1985）『ブッダのことば　スッタニパータ』岩波書店.
中村　元（編）（1986）『仏教植物散策』東書選書.
日本経済新聞社（1963）『アフガニスタン古代美術展』展覧会図録，東京.
袴谷憲昭（2002）「弥勒菩薩半跏思惟像考」『木村清孝博士還暦記念論集』春秋社：449-462頁.
袴谷憲昭（2005）「出家菩薩と在家菩薩」『村中祐生先生古稀記念論集』山喜房佛書林：3-18頁.
服部正明／大地原豊（訳）（1069）「ヴァーガヴァタ・プラーナ」長尾雅人（編）『バラモン経典』，世界の名著，1，中央公論社：293-330頁.
樋口隆康（1969）「西域仏教美術におけるオクサス流派」『佛教藝術』71：42-62.

肥田路美（2004）「菩提瑞像関係史料と長安における触地印如来像」『奈良美術研究』創刊号：104－111頁.

平岡　聡（2007）『ブッダが謎解く三世の物語』（『ディヴィヤ・アヴァダーナ』全訳）大蔵出版.

平岡　聡（2010）『ブッダの大いなる物語』（梵文『マハーヴァストゥ』全訳），上下二巻，大蔵出版.

平川　彰（編）（1997）『佛教漢梵大辭典』霊友會.

比留間恒寿（1986）『犍馱邏の美』里文出版.

藤田国雄（1971）「アフガニスタンにおけるクシャン朝仏教美術に関する二，三の問題」『東京国立博物館紀要』7：55－155頁.

藤田宏達（1984）『ジャータカ全集』１，春秋社.

外薗幸一（1994）『ラリタヴィスタラの研究』上巻，大東出版社.

満久崇麿（1985）『仏典の植物』八坂書房.

水谷真成（訳）（1971）『大唐西域記』平凡社，中国古典文学大系22.

水野清一（1964）「アフガニスタンの美術」水野清一他（1964）：119－130頁.

水野清一他（1964）『アフガニスタン古代美術』日本経済新聞社.

水野清一（編）（1970）『チャカラク・テペ』京都大学.

宮坂宥勝（1983）「YAKSA考」『インド古典論』（上）筑摩書房：22－38頁.

宮治　昭（1979）「ストゥーパの意味と涅槃の図像」『佛教藝術』122：89－116頁.

宮治　昭（1985）「ガンダーラにおける半跏思惟像の図像」田村／黄（1985）：63－114頁.

宮治　昭（1992）『涅槃と弥勒の図像学』吉川弘文館.

モタメディ遙子（1978）「アフガニスタン出土の燃燈佛本生譚の諸遺例」『佛教藝術』117：20－40頁.

Arakelyan, B. (1951), *Garni I, Rezul'taty raskopok 1949－1950*, Erevan : Izdatel'stvo AN Armyanskoi SSR.

Arakelyan, B. N. (1957), *Garni II, Rezul'taty raskopok 1951－1955*, Erevan : Izdatel'stvo AN Armyanskoi SSR.

Arakelyan, B. N. (1976), *Ocherki po Istorij Iskusstva Drevnei Armenij*, Erevan : Izdatel'stvo AN Armyanskoi SSR.

Bernard, P. (1973), *Fouilles d'Aï Khanoum*, I (Campagnes 1965, 1966, 1967, 1968), texte et figures, planches, Paris : Edition Klincksieck.

Bernard, P. (2006), 《Ⅳ. Le stupa de Tepe Zargaran (fig. 32 à 39)》, *Comptes Rendus de l'Académie des Inscriptions & Belles-Lettres,* avril-Juin, fascicule Ⅱ, pp. 1217－1229.

Besenval, R., Ph., Marquis, and Mongne, P. (2009), 《Le rêve accompli d'Alfred Foucher à Bactres. Premiers résultats des campagnes menées depuis 2004 par la

Délégation archéologique française en Afghanistan et la Mission archéologique française en Bactriane d'Afghanistan en collaboration avec l'Institut afghan d'Archéologie》, in P-S. Filliozat and L. Leclant (eds.), *Bouddhismes d'Asie, Monuments et Littératures*, Paris : AIBL-Diffusion de Boccard, pp. 211–242.

Bopearachchi, O. (2008), 《Les premiers souverains kouchans : chronologie et iconographie monétaire 》, *Journal des Savans* (janvier-juin), pp. 3–56.

Bopearachchi, O. and Ch. Landes, (eds.) (2003), *De l'Indus à l'Oxus Archéologie de l'Asie Centrale*, Lattes : Musée de Lattes.

Bussagli, M. (1978), *La Peinture d'Asie Centrale*, Genève : Editions d'Art Albert Skira A.S.

Böhtlingk, O. and R. Roth (1856/58) : *Sanskrit-Wörterbuch*, Band 2, St. Petersburg : Kaiserliches Akademie der Wissenschaften.

Cambon, P. (2004), 《Monuments de Hadda au Musée National des Arts Asiatiques Guimet》, *Monuments Piot*, t. 83, pp. 131–184.

Carter, M. L. (1997), "A Reappraisal of the Bīmarān Reliquary", in R. Allchin, B. Allcin, N. Kreitman and E. Errington (eds.) *Gandharan Art in Context*, New Delhi : Regency Publications, pp. 71–93.

Colledge, M. A. R. (1976), *The Art of Palmyra*, London : Thames and Hudson.

Coomaraswamy, A. K. (1938), "The two reliefs from Bharhut in the Freer Gallery", *Journal of the Indian Society of Oriental Art*, Vol. 6, pp. 149–162.

Cowell, E. B. and R. A. Neil, (1970), *The Divyāvadāna A Collection of Early Buddhist Legends*, Amsterdam : Oriental Press NV.

Cribb, J. (1990), "Numismatic Evidence for Kushano-Sasanian Chronology", *Studia Iranica*, t. 19, pp. 151–193.

Dagens, B. (1964), 《Fragments de sculpture inédits》, in B. Dagens, M. Le Berre and D. Schlumberger (eds.), *Monuments préislamiques d'Afghanistan*, MDAFA, t. XIX, Paris : Librairie C. Klincksieck, pp. 11–39.

de Morgan, J. (1923/36), *Manuel de Numismatique Orientale de l'Antiquité et du Moyen Age*, Paris : Librairie Orientale Paul Geuthner.

Deydier, H. (1949/50), "L'Inscription du bas-relief de Kāpiçī-Bēgrām et la Chronologie de l'Art du Gandhara", *Oriental Art*, Vol. II, No. 3, pp. 110–115.

Durt, H. (1982), "LA "Visite aux Laboureurs" et la "Méditation sous L'Arbre *Jambu*" dans les Biographies Sanskrites et Chinoises du Bouddha", in L.A. Hercus et al. (eds.) *Indological and Buddhist Studies*, Delhi : Sri Satguru Publications, pp. 95–120.

Edgerton, F. (1953), *Buddhist Hybrid Sanskrit Grammar and Dictionary*, vol I : Grammar, New Haven : Yale University Press, Reprint 1972, Delhi : Motilal

Baranasidass.

Errington, E. and V. S. Curtis (2007) (eds.), *From Persepolis to the Punjab*, London : The British Museum.

Faccenna, D. (1993), *Pānr I*, Roma : IsMEO.

Faccenna, D. (2001), *Il fregio figurato dello stūpa principale nella'area sacra buddhista di Saidu Sharif I (Swat, Pakistan)*, Roma : IsIAO.

Falk, H. (2001), "The *yuga* of Sphujiddhvaja and the era of the Kuṣāṇas", *Silk Road Art and Archaeology*, Vol. 7, pp. 121–136.

Falk, H. (2009), "Signature phrases, Azes dates and Nakṣatras and some New Reliquary Inscriptions from Gandhāra", *Annual Report of the International Research Institute for Advanced Buddhology at Soka University for the Academic Year 2009*（『創価大学国際仏教学高等研究所年報』), Vol. 13, pp. 13–33.

Fausbøll, V. (1962), T*he Jātaka together with Its Commentary*, London : Messers. Luzac & Company, LTD.

Fergusson, J. (1873), *Tree and Serpent Worship*, second edition, London : W. H. Allen Co. Reprint in 1995, New Delhi : Asian Educational Services.

Fischer, K. (1958), "Gandhāran Sculpture from Kunduz and Environs", *Artibus Asiae*, Vol. 21, pp. 231–253.

Foucher, A. (1905), *L'art gréco-bouddhique du Gandhāra*, t. I, Paris : Imprimerie Nationale.

Foucher, A. (1918), *L'art gréco-bouddhique du Gandhāra*, t. Ⅱ, Paris : Imprimerie Nationale.

Freschi, R. (2000), *L'Arte del Gandhāra*, Milano : Renzo Freschi.

Frumkin, G. (1970), *Archaeology in Soviet Central Asia*, Leiden : E. J. Brill.

Fussman, G. (1983) : *Surkh Kotal, Tempel der Kuschan-Zeit in Baktrien*, München : Verlag C. H. Beck.

Fussman, G. and M. Le Berre (1976), *Monuments Bouddhiques de la Région de Caboul*, MDAFA XXII, Paris : Diffusion de Boccard.

Fussman, G., B. Murad, and E. Ollivier (2008), *Monuments Bouddhiques de la Région de Caboul*, Ⅱ–1, 2, Paris : Diffusion de Boccard.

Gnoli, R. (1977), *The Gilgit Manuscript of the Saṅghabhedavastu*. Roma : Istituto Italiano per il Medio ed Estremo Oriente.

Göbl, R. (1971), *Sasanian Numismatics*, Braunschweig : Klinkhardt & Biermann.

Göbl, R. (1984) : *Münzprägung des Kušānreiches*, Wien : Verlag der Östereichischen Akademie der Wissenschaften.

Grenet, F. (2006), 《Nouvelles découvertes sur la période sassanide en Afghanistan》, *L'art d'Afghanistan de la préhistoire à nos jours, nouvelles données*, Paris :

CEREDAF, pp. 85–94.

Grenet, F., J. Lee, Ph.Martinez and F. Ory (2007), "The Sasanian relief at Rag-i Bibi (Northern Afghanistan)", in J. Cribb and G. Hermann (eds.), *After Alexander Central Asia before Islam*, Oxford : Oxford University Press, pp. 243–267.

Gyselen, R. (2004), "New evidence for Sasanian numismatics : the Collection of Ahmad Saeedi", *Res Orientalis*, Vol. 16, pp. 49–140.

Hackin, J. (1925/26), 《Sculptures Gréco-Bouddhiques du Kapiśa》, *Monuments Piot*, t. 28, pp. 35–44.

Honigmann, E. and A. Maricq (1953), *Recherches sur les RES GESTAE DIVI SAPORIS*, Gembloux : Editions J. Duculot, S. A.

Ingholt, H. and I. Lyons (1957), *Gandhāran Art in Pakistan*, New York : Pantheon Books.

Jansen, M. and Ch. Luczanits (2009) : *Gandhara - Das buddhistische Erbe Pakistans, Legenden, Klöster und Paradise*, Mainz : Verlag Philipp von Zabern.

Johnston, E. H. (1936), *The Buddhacarita or Acts of the Buddha*, Lahore, Reprint in 1978, Delhi : Motilal Baranasidass.

Jones, J. J. (1952), *The Mahāvastu*, vol. II, London : Luzac & Company, LTD.

Klimburg-Salter, D. (1995) : *Buddha in Indien*, Wien : Kunsthitorisches MuseumWien.

Kloppenborg, R. (1973), *The Sūtra on the Foundation of the Buddhist Order (Catuṣpariṣatsutra)*, Leiden : E. J. Brill.

Krencker, D. and W. Zschietzschmann (1938): *Römische Tempel in Syrien*, 2 Bände, Berlin / Leipzig : Walter de Gruyter & Co.

Lee, J. (1993), "The Origin and Development of the Pensive Bodhisattva Images of Asia", *Artibus Asiae*, Vol. 53, pp. 311–357.

Lefmann, S. (1902) : *Lalita Vistara, Leben und Lehre des Çâkya-Buddha*, Erster Band, Halle : Verlag der Buchhandlung des Waisen Hauses, Reprint 1977, Tokyo : Meicho-Fukyū-Kai.

Leriche, P. and Sh. Pidaev (2007a), "Termez in Antiquity", in J. Cribb and G. Hermann (eds.), *After Alexander Central Asia before Islam*, Oxford : Oxford University Press, pp. 179–211.

Leriche, P. and Ch. Pidaev (2007b), *Termez sur Oxus, Cité-capital d'Asie Centrale*, Paris : Maisonneuve & Larose.

Lippe, A. (1970), *The Freer Indian Sculptures*, Washington : Freer Gallery of Art.

Lukonin, V. G. (1970), 《Monnaie d'Ardachir I et l'Art Official Sasanide》, in A. Parrot, P. Amiet and L. Vanden Berghe (eds.) , *Archaeologica Iranica,*

Miscellanea in Honorem R. Ghirshman, Leiden : E. J. Brill, pp. 106－117.

Maricq, A. (1964),《RES GESTAE DIVI SAPORIS》, *Classica et Orientalia*, Extrait de *Syria* 1955－1962, Paris : Librairie Orientale Paul Geuthner, pp. 37－101.

Marshall, J. (1951), *Taxila*, vol. I, Text, vol. Ⅲ Plates, Cambridge : Cambridge University Press.

Marshall, J. (1960), *The Buddhist Art of Gandhāra*, Cambridge : Cambridge University Press.

Meshkeris, V. A. (1977), *Koroplastika Sogda*, Dushanbe : Izdatel'stvo «Donish».

Meunié, J. (1942), *Shotorak*, MDAFA, t. X, Paris : Van Oest.

Mkrtychev, T. K. (2002), *Buddijskoe Iskusstvo Srednei Azii (I－Xvv.)*, Moscow : IKTS《Akademkniga》.

Monier-Williams, M. (1964), *A Sanskrit-English Dictionary*, Oxford : Oxford University Press.

Monier-Williams, M. (2003), *English-Sanskrit Dictionary*. New Delhi : Munshiram Manoharlal.

Mustamandi, Sh. and M. Mustamandi (1968), "The Excavation of the Afghan Archaeological Mission in Kapisa", *Afghanistan*, Vol. 22, no. 4, pp. 67－79.

Naumann, R. (1970) : Sasanidische Feueraltäre, in A. Parrot, P. Amiet and L. Vanden Berghe (eds.), *Archaeologica Iranica, Miscellanea in Honorem R. Ghirshman*, Leiden : E. J. Brill, S. 106－117.

Paiman, M. Z. (2005),《La renaissance de l'archéologie afghane, découcertes à Kaboul》, *Archeologia*, No. 419, pp. 24－39.

Paiman, M. Z. (2006),《Région de Kaboul, nouveaux monuments bouddhiques》, *Archeologia*, No. 430, pp. 24－35.

Pfeiler, I. (1973) : Der Thron der Achaimeniden als Herrschaftssymbol auf sasanidischen Münzen, in : *Schweizer Münzblätter*, Jahg. 23, Hft. 91, S. 107－111.

Pugachenkova, G. A. (1966), *Khalchayan*, Tashkent : Izdatel'stvo PHAN Uzbekskoi SSR.

Pugachenkova, G. A. and L. I. Rempel' (1965), *Istoriya Iskusstv Uzbekistana*, Moscow : Izdatel'stvo《Iskusstvo》.

Pugachenkova, G. A. and E. Rtveladze (1978), *Dal'verjintepe, Kushanskij gorod na yuge Uzbekistana*, Tashkent : Izdatel'stvo PHAN Uzbekskoi SSR.

Quagliotti, A. M. (1990), "Mañjuśrī in Gandharan Art A New Interpretation of a Relief in the Victoria and Albert Museum", *East and West*, Vol. 40, pp. 99－113.

Quagliotti, A. M. (1996a), "Mara in a "pensive " attitude in Buddhist art", *Studies in Symbolism and Iconography* (象徴図像研究), Vol. 10, pp. 10－29.

Quagliotti, A.M. (1996b), " 'Pensive Bodhisattvas on 'Narrative' Gandharan Reliefs

A Note on a Recent Study and Related Problems", *East and West*, Vol. 46, pp. 97–115.

Rawson, J. (1984), *Chinese Ornament The Lotus and the Dragon*, London : British Museum Publications Ltd.

Rhi, J. (2006), "Bodhisattvas in Gandhāran Art : An Aspect of Mahāyāna in Gandhāran Buddhism", in P. Brancaccio and K. Behrendt (eds.), *Gandhāran Buddhism : Archaeology, Art, Texts*, Vancouver and Toronto : University of British Columbia Press : pp. 151–182.

Rosenfield, J. M. (1967), *The Dynastic Arts of the Kushans*, Berkeley / Los Angeles : University of California Press.

Rowland, B. Jr. (1936), "A Revised Chronology of Gandhara Sculpture", *Art Bulletin*, Vol. 18, pp. 387–400.

Rhys Davids, T. W. and W. Stede (1925), *The Pali Text Society Pali-English Dictionary*. London : Pali Text Society, Reprint in 1966.

Saunders, E. D. (1960), *Mudrā, A Study of Symbolic Gestures in Japanese Buddhist Sculpture*, New York : Pantheon Books.

Scherrer, P. (2000), *Ephesus The New Guide*, Ephesus : Efes Müsesi Selçuk.

Schindel, N. (2005) : Adhuc sub iudice lis est? Zur Datierung der Kushanosasanidischen Münzen, in Hubert Emmeriig (ed.), *Vindobona Docet, 40 Jahre Institut für Numismatik und Geldgeschichte der Universität Wien 1965–2005*, Wien : Österreichische Numismatische Gesellschaft, *Numismatische Zeitschrift*, Band 113–114, S. 217–241.

Schlingloff, D. (1987) : Die Meditation unter dem Jambu-Baum, in : *Wiener Zeitschrift für die Kunde Südasiens und Archiv für Indische Philologie*, Bd. 31, S. 111–130.

Schlumberger, D. (1960), "Descendants non-méditerranéens de l'art grec", *Syria*, t. 36, pp. 131–166, t. 37, pp. 253–319.

Schlumberger, D. (1961), "The Excavations at Surkh Kotal and the Problem of Hellenism in Bactria and India", *The Proceedings of the British Academy*, Vol. 47, pp. 77–95.

Schlumberger, D., M. Le Berre and G. Fussman (1983), *Surkh Kotal en Bactriane*, 2 vols., Planche et Texte, MDAFA t. XXV, Paris : Diffusion de Boccard.

Schmidt-Colinet, A (1992) : *Das Tempelgrab Nr. 36 in Palmyra, Studien zur Palmyrenischen Grabarchitektur und ihrer Ausstattung*, Tafeln, Beilage und Pläne, Mainz am Rhein : Verlag Philipp von Zabern.

Schmidt-Colinet, A (Hrsg.)(1995) : *Palmyra Kulturbegegnung im Grenzbereich*, Mainz : Verlag Philipp von Zabern.

Senart, E. (1882), *Le Mahāvastu*, t. I, Paris : L'Imprimerie Nationale, Reprint

1977, Tokyo : Meicho-Fukyū-Kai.

Senart, E. (1890), *Le Mahāvastu*, t. II, Paris : L'Imprimerie Nationale, Reprint 1977, Tokyo : Meicho-Fukyū-Kai.

Senart, E. (1897), *Le Mahāvastu*, t. III, Paris : L'Imprimerie Nationale, Reprint 1977, Tokyo : Meicho-Fukyū-Kai.

Sims-Williams, N. and J. Cribb (1995/96), "A New Inscription of Kanishka the Great", *Silk Road Art and Archaeology*, Vol. 4, pp. 75－142.

Stavisky, B. Ya. (ed.) (1996), *Buddiskie Kompleksy Kara-tepe v Starom Termeze*, Moscow : 《Bostochnaya Literatura》 RAN.

Stavisky, B. Ya. (1997), "Bactria and Gandhara : The Old Problem Reconsidered in the Light of Archaeological Data from Old Termez", In R. Allchin, B. Allchin, N. Kreitman and E. Errington (eds.) *Gandharan Art in Context*, New Delhi : Regency Publications, pp. 29－53.

Stavisky, B. Ya. (1998), *Sud'by buddizma v Srednei Azii*, Moscow : 《Vostochnaya Literatura》 RAN.

Stierlin, H. (1986), *Grèce d'Asie, Arts et Civilizations Classiques de Pergame à Nemroud Dagh*, Freibourg : Seuil.

Stoye, M. (2007): *Serta Laurea* zu Ehren Buddhas–Zur gestreckten Lorbeerblattgirlande im Reliefdekor gandhārischer Stūpas, in : *Berliner Indologische Studien*, Bd. 18, S. 241－318.

Stoye, M. (2010) : "Festivity and Sacred Aura Thoughts on the Origins and Meaning of the Garland Moulding in the Ornamentation of Gandhāran *stūpas*", in P. Callieri and L. Colliva (eds.), *South Asian Archaeology 2007*, Vol. II, Oxford : Hadrian Books Ltd., pp. 345－351.

Tanabe, K. (ed.) (1986), *Sculptures of Palmyra I*, Tokyo : The Ancient Orient Museum.

Tarzi, Z. (2005),《Les résultants des fouilles du monastère oriental à la fin de la IIIe campagne en 2004》, *L'art d'Afghanistan de la préhistoire à nos jours, nouvelles données*, Paris : CEREDAF, pp.98-124.

Tarzi, Z. (2007),《Bamiyan (Afghanistan) Récentes Fouilles Françaises (2002－2006)》, *Comptes Rendus de l'Académie des Inscriptions & Belles-Lettres*, Avril-Juin, Paris : Diffusion de Boccard, pp. 877－925.

Tissot, F. (2006), *Catalogue of the National Museum of Afghanistan 1931－1985*, Paris : UNESCO Publishing.

Trever, K. V. (1940), *Pamyatniki Greko-Baktrijskogo Iskusstva*, Moscow・Leningrad : Akademij Nauk SSSR.

Tuneld, E. (1915), *Recherches sur la valeur des traditions bouddhiques pali et non-pali, deux chapitres de la biographie du Bouddha*, Lund : A.-B. Ph.

Lindstedts Univ.-Bokhandel.

Vaidya, P. L. (1958), *Lalitavistara*, Darbhanga : The Mithila Institute of Post-Graduate Studies and Research in Sanskrit Learning.

Vanden Berghe, L. (1984), *Reliefs rupestres de l'Iran ancien*, Bruxelles : Musées Royaux d'Art et d'Histoire.

van Lohuizen-de Leeuw, J. E. (1949), *The "Scythian" Period*, Leiden : E. J. Brill.

van Lohuizen-de Leeuw, J. E. (1986), "The second century of the Kaniṣka era", *South Asian Studies*, Vol. 2, pp. 1–9.

Veuve, S. (1987), *Fouilles d'Aï Khanoum*, VI, Le Gymnase, Paris : Diffusion de Boccard.

Vertogradova, V. V. (1987), "Some Study Problems of Indian Inscriptions in Kara-Tepe", *Information Bulletin*, No. 13, pp. 17–31.

Vertogradova, V. V. (1995), *Indijskaya epigraphika iz Kara-tepe v Starom Termeze*, Moscow : 《Vostochnaya Literatura》 RAN.

von Mercklin, E. (1962) : *Antike Figuralkapitelle*, Berlin : Walter de Gruyter & Co.

Weber, Cl. (1999), *Buddhistische Sutras Das Leben des Buddha in Quellentexten*, München : Diederichs.

Wheeler, R. E. M. (1949), "Romano-Buddhist Art : an old problem restated", *Antiquity*, Vol. 23, pp. 4–19.

Wiegand, Th. (1921, 1923) : *Baalbek, Ergebnisse der Ausgrabungen und Untersuchungen in den Jahren 1898 bis 1905*, Erster und Zweiter Bände, Berlin / Leipzig : Verlag von Walter de Gruyter & Co.

Wood, R. (1753), *The Ruins of Palmyra otherwise Tedmor, in the Desert*, Reprinted in 1971, Westmead, Farnborough, Hants : Gregg International Publishers Limited.

Zwalf, W. (1996), *A Catalogue of the Gandhāra Sculpture in the British Museum*, 2 vols, London : The British Museum Press.

第2章

ナーナク思想形成における中央アジアのインパクト

——ナーナクとバーブルの遭遇を手掛かりに——

保坂俊司

はじめに

本章ではインドにおいては近代のはじまりともいえる16世紀の初頭，具体的にはムガル王朝の草創期に生き，また後のインドに大きな影響を与えたシク教の開祖ナーナク（1468–1538）の，ムガル帝国の創始者バーブル（1483–1530）軍への言及を通じて，ナーナクのムガル観，さらにはその背後にある中央アジア観について考察し，その上でナーナクの思想にその存在がどのような影響を与えたかを考察する[1)]．

ナーナクは，バーブル軍のパンジャー侵攻を目の当たりにして，彼を「死神（ジャマ・jamaサンスクリットではyama）」と呼び，彼の存在は，罪への贖いのために神がインド人に与えた「罰（sajā）」と理解していた．本章では，ナーナクのこのようなバーブル軍への認識の背景について考察するとともに，ナーナクがバーブルに代表されるイスラームの侵略軍やその宗教をどのように自らの思想の中に取り入れ，また融和してゆこうとしたかについて考察する．

その際，本章では単にナーナクと直接かかわった中央アジアからの侵略者との関係性のみならず，有史以前から繰り広げられてきたインド文化，さらには文明の変容要因としての中央アジアの存在を，文明史的な観点から鳥瞰し，その流れの上に立ってナーナクとバーブルの遭遇という歴史的な事件の意味を考察する．

1．中央アジア・インド関連史

ナーナクとバーブルの関係を考察するために，中央アジアとインドとの関係を鳥瞰しておこう．

(1)　文明をめぐって

インド文明（本章における文明概念は，いわゆる文化，のみならず政治や経済活動などを総合するものとする．詳しくは注1参照）の変動要因の多くは，古来中央アジアから侵攻し・定着する異民族のもたらすインド文明への強烈な衝撃にあった．というのもインドは周辺地域とは隔絶に近い，つまりインド亜大陸といわれる地理的条件下にあり，古来独特の文明形態を発達させる事が出来る環境にあったからである[2)]．そして，その半ば孤立的な独自色の強い文明の変容をもたらす社会変動要因の多くが，中央アジアに開かれた数少ない通路であるカイバル峠などを通って，中央アジから侵攻する異民族の侵入と定着であったことは，インド文明のダイナミズムを考える時，注目すべき事実である．しかもこの中央アジアとインドの関係は，21世紀の今日に至るまで変わることがないのであり[3)]，現在においてもインド，パキスタン（共和国＝現在の政治的な事項を扱う場合は，インド共和国と表記する．この場合はパキスタンと区別する．ただし，それ以外のインドは，文化的な領域としてのインドを指すこととする．つまり現在のインド共和国，パキスタン，バングラデェーシュ，ネパールなどを含むこととする.）社会の混乱要因の一つとなっているアフガン難民の問題やタリバーンの存在は，同地域の社会混乱の最大の要因となっている．

もちろん，この現象も数世紀後には，新たなインド社会，さらにはインド文明の変動要因として記録されるようになるであろう．

何れにしても筆者は，インド文明の変動要因中最大のものが，中央アジアからの民族移動に象徴される民衆の流入あるいはその定着による社会変動であったと考えている．つまり，中央アジアからやってくる異民族，異文化の集団によりインド社会はしばしば混乱し，その収拾とともに新たな形式の社会，あるいは新文明の形態が生まれてきたという構図を，インド文明のダイナミズムと考えている．もちろん，これのみがインド文明変容の要因ではないことは事実である．しかし，こと西北インドに展開したインド文明に限って言えば，中央アジアからの侵入者の存在を考察することが第一である，と筆者は考える．また，今回は紙幅の都合から論じられないが，中央アジアへのインドの影響に関しても，同様に考察することが不可欠である[4)]．

以上の視点から，インド中世（仮に紀元7世紀から16世紀頃までとする）を鳥瞰すると，インド社会さらにはインド文明の変動要因として，中央アジアから南下してくるトルコ系ムスリムの存在が重要となる．

本章では，インド中世の末期から近世のまさに結節点ともいえる16世紀前後に活躍した，シク教の開祖ナーナクの教えの中に，ムガル王朝の創始者バーブルがどのように描かれているかを，シク教の聖典である『グラント・サーヒブ』の記述から紹介する．

当時のナーナクは，パンジャーブの田舎町の一介の宗教者にすぎない存在であったが，その記述は体験に基づいたいわば肉声であり，ナーナクの言葉には当時の一般民衆のバーブル軍，あるいは中央アジアからの侵略者への複雑な思いが読み取れる．バーブルのインド侵攻という悲惨な事件を目の当たりにしたナーナクは，彼らの略奪や殺戮の暴挙を激しく非難しつつも，これを自らの罪，あるいは神の罰と位置づけこれを受け入れてゆく．このナーナクのバーブルおよびムスリム軍への受容思想の背景を探ろうとするのが，本章の中心課題である．つぎに，時代をおって歴史の概略をたどる．

(2)　イスラーム化以前

有史以来の中央アジアからのインドへの侵攻と定着の事例を簡単に整理すれば，まず紀元前15世紀頃とされるアーリア人のインド侵入が想起される．周知のようにコーカソイド系のアーリア人が，既存のインダス文明の衰亡と何らかの関わり持ったことは疑いない事実であるが，そのアーリア人のもたらした文化が，その後のインド文明の核を形成することとなったということもまたよく知られた事実である．例えば，アーリア人が中央アジア経由でインドに持ち込んだ信仰形態が，いわゆるヴェーダの宗教，さらにはバラモン教と呼ばれる宗教であり，現在まで続くインドの民族宗教にして多数派宗教であるヒンドゥー教の原型である．つまりインドの民族宗教であるヒンドゥー教の前身であるヴェーダの宗教そして，その発展形であるバラモン教は，アーリア人が中央アジア経由でインドに持ち込んだ宗教形態である．この中央アジア経由でインドに持ち込まれたヴェーダの宗教は，神々への賛歌を中心に複雑な祭式儀礼の体系を持った宗教であり，さらに其の宗教を中心に形成されたインド社会は，その儀礼を世襲的に独占するバラモンと呼ばれる司祭階級を頂点とする差別構造社会，いわゆるカースト・ヴァルナ制度によって形成された社会である．

次にインド文明史上注目される中央アジア経由で流入した異民族で，文明規模でインド社会の変容を引き起こしたのが，中央アジアから南下してきたアレクサンダー（紀元前356–323年．インドへは，紀元前326年頃）以降のギリシャ・ローマ人であった．彼らによって引き起こされたインド社会の混乱も小さくはなかったが，この侵攻がマウリヤ王朝の成立とインドの統一へと連なってゆく．さらに波状的に続くギリシャやその文明を持った大月氏の支族ともいわれるサカ族のインド侵入と定着と，大乗仏教の隆盛なども文明論的には重要である[5)]．

その後も，フン族のユーラシア大陸における大移動の余波を受けて5世紀頃から断続的に中央アジア経由のインドへの異民族の侵入と定着は続き，主に北・西北インドを舞台として大きな社会混乱が引き起こされた．しかし，この民族はインド文明の混乱要因とはなったが，後のトルコ系ムスリムのような高度な文明を持っていなかったようで，インド文明の混乱要因とはなったが，これらを大きく変える要因にはなっていなかったようである[6)].

ただし，この時代に関しては，歴史的な記述が決定的に欠落しているためにその変化を客観的な史料である文献でたどることは，現時点では困難な状況である．その意味で歴史意識に富み，文献も豊富に残したイスラームの存在は，インド文明史の大転換をもたらした存在として，またその過程を自ら記述し，文献を残したという意味でも注目にあたいする．特に，10世紀以降本格化するトルコ系ムスリムの存在は，インドのイスラーム化という文明レヴェルからの根本的なインド文明の変容を文字史料によって裏づける事が可能となるという点で重要である．

(3)　イスラームのインド定着

アラビア半島からのイスラーム教の世界各地への拡大は，人類史上最大級レヴェルの大変革をもたらしたが，インドにおいても例外ではない．というよりもインドにおいては，アーリア人のインド侵攻と定住にも勝るとも劣らない大きな衝撃を文明全域に及ぼした．このインドへのイスラームの伝播ならびにムスリムの侵攻は，歴史的に海路・陸路の二つのルートから為された．まず海路では，ムハンマド・カーシム（697–716）が聖戦を主張し，軍事行動によりシンドにイスラームを伝えたことを初伝とする[7)]．その後，ムスリム商人によりマラバールなどに平和裏にイスラームは伝えられた．一方，陸路は大きく分けて二通り存在した．つまりその第一のルートは，最初期においてはイランから海岸線をたどり，マクラーンを経由してインダス河河口地域に至るものであり，これらは当初軍事的な色彩を強く持っていたが，やがて交易中心に細々と維持されたルートであり，主に中東あるいはイランのムスリムが交易に利用した．第二のルートは，アガニスタン経由のトルコ系ムスリム達の南下ルートである．つまり，中央アジアとインドを結ぶカイバル峠やボラーン峠などのルートであり，主にトルコ系ムスリムのインド侵入ルートである．

バーブルはこの中央アジアからアフガニスタンを経由するルートでインドに侵攻し，中・北部のインドを支配し，ムガル王朝建設の基礎を築いた覇王であることは，周知の事実である．本章で，バーブルに至るまでのインド・イスラームの歴史を詳説することはできないが，インドへのイスラームの侵攻と定着という歴史的な事実を，主に武力によって大規模に展開したのは，この中央アジアから南下するルートをたどってやってきたトルコ系ムスリムであった，という事実の重要性だけは指摘しておきたい．というのも中央アジア経由のイスラームのインド伝播は，他の地域へのイスラーム伝播以上に，軍事的つまり暴力的な色彩が強く，その代表的な存在がガズナ朝（977–1186年）であり，その象徴的な存在としてマフムード（在位998–1030年）の存在がある．彼の軍事行動は，イスラームの側からは快挙として，驚きと羨望を以て称賛された．インド略奪により手に入れた莫大な財宝や奴隷により，ガズナ朝の首都ガズナの繁栄は西のバクダッドと並び称された，ともいわれた．事実，ガズナの宮廷にはアル＝ビールーニー（973–1048）など当代一流の文人・知識人があつまり，高度なイスラーム文化が花開いた．一方，被征服者側のインドにおいて，マフムードの凄惨な殺戮や寺院などの聖地の破壊と掠奪は，「歴史的不正」として長く記憶され続けた[8)]．

周知の如く，その後のインド北部は恒常的にアフガンから南下するトルコ系ムスリムの定着と支配が，バーブルによるムガル王朝の建設へと連続してゆくこととなるが，バーブルの検討の前に，ナーナクなど北インドの非ムスリムにとってマフムード以上にムスリム侵略者への恐怖感を脳裏に刻み込ませたのが，バーブルの祖先でもあるティムール（在位1370–1405年）のインド侵攻であったことを指摘しておきたい．ティムールのインド侵略は過酷を極め，その掠奪と破壊を受けたトゥグルグ王朝の首都デリーは，長く廃墟となったといわれている．(彼はムスリム相手であっても容赦はなく，侵略は1398–1399年にまたがって為された)．この時のティムールの攻撃の記憶は，インド人のトルコ系ムスリム，さらにはイスラームへの基本認識として消える事がなかったということがいえよう．

後に紹介するように，ナーナクがバーブルの侵略軍を「死神（ジャマ）」と表現したのは，このようなティムールに代表されるトルコ系ムスリムのインド侵略の過酷さを表現している，と考えてもよいのではないだろうか．あるいはバーブルが，ティムールの後裔であるという事実が，ナーナクのバーブル認識に影響したのかもしれない．

もちろん，すべてのムスリムの王が殺戮や掠奪をほしいままにしたわけではない．しかし，インドの富への憧れと多神教徒の跋扈するインドへの聖戦という宗教的な情熱が融合し，多くのムスリムのインド侵略が正統化され，また実施されたことは疑いえない事実である．

もちろん一般にインドへのイスラームの定着は，スーフィーなどの活躍により平和裏に行われて来たことは，否定できない事実である．しかし，インドの富の略奪を目的にしつつもインドへの侵略をイスラームの布教と関連させて，これを正当化しようとしたこともまた事実である．この様な背景をもって多くの軍事活動が引き起こされたことは，バーブルの場合も例外ではない．ところが歴史学では，バーブルなど権力者の史料を多用するからであろうか，歴史書「犠牲者３-４万人」というような記述があっても，この事実の意味する精神的，文化的あるいは社会的意味について，余り触れることはない[9)]．しかも，実際に犠牲となる側からの，それも庶民の側からのこのような殺戮の悲惨な現実への声は，あまり表に出ない．その意味で，市井の人であったナーナクのバーブルおよびその軍隊に対する言及は，まさに同時代史のしかも庶民側からのムスリム侵略者・支配者への偽らざる思いであるという意味で貴重であろう．また，そのような侵略行為の積み重ねにより，中央アジア経由で否応なくもたらされた異質な文明の形が，やがて新しいヒンドゥー教とイスラームの両文明を融合した新たな形態のインド文明へと成長してゆく過程すらも，ナーナクの思想から読み取れるのであると，筆者は考える．

2．インド中世における宗教と社会

(1)　ビールーニーが伝えるインド

多少前項の内容と重複するが，ナーナクのバーブル観の検討には，インドへのイスラームの侵攻定着から考える必要がある．つまり8世紀初頭のムハンマド・カーシムによるシンから西北インド一体の征服にはじまったイスラームのインド定着は，一時中断した後，11世紀のガズナのマフムード（在位998-1030）による執拗なまでのインド略奪に象徴されるように，中央アジアのトルコ系ムスリムにより繰り返される．そのために，ナーナクが生まれた当時，ヒンドゥー教徒とムスリムにおける相互の宗教認識は，決して友好的なものではなかった[10)]．

特に，トルコ系ムスリムは軍事的な優位を背景に，侵略者あるいは支配者として君臨し，ヒンドゥー教徒などの存在をカーフィル（邪教・多神教徒）として，聖戦を波状的に繰り返したために，両者の関係は悪化していた[11)]．というのも，デリー・スルタン王朝の興亡に象徴されるように，インドに侵攻したトルコ系ムスリムの為政者たちは，インド人との精神的な交流に至る以前に，中央アジアから次から次へと押し寄せてくる新たなトルコ系ムスリム軍によって打倒され，インド文化との融和関係を育むまでに文化的な成長を為し得なかったのである．つまり，波状的に繰り返されるムスリムの攻撃に依る社会的な混乱や動揺が続き，本格的なムスルムとヒンドゥー教徒との共存の可能性の模索は，ほとんどなされることはなかった．この点で，11世紀初頭のインド社会の現状をムスリムの目からみたムスリムの大学者アル＝ビールーニーはその著書『インド誌』（1030年に完成）において，ヒンドゥー教とムスリムとが相容れない理由を次のように述べている点は注目される．

〔インド人とムスリムが相互に理解しがたい理由として〕またつぎのことがある.彼らは信仰において我々とまったくと言っていいほど異なる.我々は彼らの信仰をまったく認めないし,彼らも我々のそれを認めない.……中略……（非インド）そのような者たちは『ムルージュ』（＝ムレッチャ）と呼ばれるが，それは不純な者であり，婚姻や友誼でそれらと接触したり，同席したり飲食をともにすることは認められない．それは穢れだからである．……（中略）彼らは彼らに属さない者を，たとえその者が彼らの中に入ることを欲したり，彼らの信仰に傾倒したりしても，絶対に受け入れようとしないのである．このことが〔ムスリムとインド人のあいだの〕すべての接触を不可能とし，溝をより大きくする原因となっている．……中略……我々と彼らのしきたりや習慣はまったく異なる．〔それゆえ〕彼らは我々の存在や，服装，外見を，子どもたちを怖がらせるのに使ったり，はては我々を正義の対極にあるところの悪魔に結びつけたりするほどなのだ．……（中略）それはわれわれとインド人のあいだにあるのでなく，どこの国でもよく見られることであるのだ[12)]．

つまりアル＝ビールーニーは，11世紀の西北インドにおいてムスリムと非ムスリムの間には，このような宗教間の対立関係が存在すると述べる．しかもその対立の原因が，両宗教の教義の相違もさることながら，「しきたりや習慣」のレヴェルに根ざしているとしている．つまり，これは日常生活における生活倫理規範が，両者の接触を難しくしていたことを意味している．もちろん，アル＝ビールーニーがいうように，このような対立はどこにも見出せることではある．

(2)　教理的対決と倫理的対立

このヒンドゥー・イスラーム両教対立を埋めることは容易なことではなかった．そこにはインド特有の事情があった．というのもインドにはヒンドゥー教という強力な宗教が存在し，しかもその宗教は，ムスリムが忌避する多神教徒，偶像崇拝教徒であったからである．一方ヒンドゥー教側も，ムスリムを「ムレッチャ」と呼びさげすんでいた．ゆえにヒンドゥー，イスラーム両教徒の対立は，その宗教構造のレヴェルに起因し，ムスリムが接してきた他地域におけるセム系宗教徒との争いとは，インドのそれは根本的に異なっていた．というのもイスラームの宗教構造によれば，日常倫理と宗教倫理は同心円状構造となり，日常生活中にあるどんな些細なことも宗教の中心に位置する『コーラン』の規定から，いかなる意味でも自由な価値観は存在しないということになる．一方，ヒンドゥー教徒の側も，イスラーム教とは次元を異にするものの，宗教倫理と日常倫理は極めて強い連続性を持つために，両者の対立はたとえ日常倫理レヴェル，つまり生活習慣レヴェルのそれであっても，最終的には宗教倫理の領域における対立に直結することとなる．しかも，このインドの多神教徒は，文明的にもその水準がイスラームに決して劣らない水準であったために，両者の対立は，一層深刻であった．このように両者の接点を見出すことは，容易なことではなかった．

言葉を換えればイスラームの生活倫理は，シャリーアに依って『コーラン』を核として不易のものであり，同様にヒンドゥー教においても日常倫理であるダルマは，宗教性と密接不可分であり，日常レヴェルの対立は，非妥協的な宗教レヴェルに持ち込まれる傾向を持つ．それゆえに，インドにおいてヒンドゥー，イスラーム両教の対立は，日常生活を巻き込んだ，というより日常生活の場において宗教対立という形で顕在化する故に，深刻であった．そのために，西北インドから中インドにかけて瞬く間にムスリムによる政治的な支配が実現したにもかかわらず，インド人の改宗は，あまり進まなかった．

とはいえ，インドに侵攻したトルコ系ムスリムの支配者も，年月が過ぎると多数派のヒンドゥー教徒の存在と妥協し，彼らの寛容主義を発揮して変則ながらも平和的な共生社会を形成することとなる．ところが，そのような先発ムスリムに対して，後発のトルコ系ムスリムたちはインド侵攻の期を窺い，彼らの弱体化に乗じてインド侵略を行いさらに新しい王権を打ち立て，再びヒンドゥー・イスラームの緊張関係が引き起こされる．このように侵略と混乱，そしてつかの間の平和の繰り返しが，中央アジアからのトルコ系ムスリムのインド侵攻が本格化する10世紀以降，バーブルのインド侵攻に至るまでのインド，特に北部インドにおける社会変動，さらには文化変動のパターンであった．しかし，そのような中でもインド民衆は，イスラームの文化・文明との共存の道を探し求めた．つまり，イスラームとインドのそれとの融合，あるいは共存のための道の確立のために，たゆまぬ努力を行っていたのである．特に，ヒンドゥー教徒の中の神秘主義思想家であるバクタやイスラーム神秘主義思想家であるスーフィーたちは，両教の融和を説いて徐々にではあるが成果を上げていた[13]．

特に，スーフィー達は教条主義的なイスラーム解釈を控え，シャリーアの実践以上にスーフィー独自の救いを重視した．この救いとは，魂の救済（ファナー）の獲得である．この究極的な目標であるファナーを目指すスーフィーの教えは，インド宗教思想との共通点が多く，両者の融合に大きな役割をはたした．特に，日常生活倫理（世俗倫理）において大きな相違点があったヒンドゥー，イスラーム両教徒における日常倫理の違いを，イスラームの神とヒンドゥー教における究極的な真実（神）と相違がないという思想にまで高めた，ダーラシュコー（1615–1658）を頂点とするインド・スーフィーのはたした役割は大きい[14]．

このイスラーム神秘主義者とヒンドゥー教の神秘主義者たちの思想交流の伝統の中に，シク教の開祖ナーナクが位置づけられる．彼らに共通することは，ヒンドゥー，イスラーム両教どちらもの教条主義も否定し，自らの神秘的宗教体験を通じて，もろもろの宗教の究極的な一致を説いた点である[15]．

3．ナーナクとその時代

(1)　ナーナクの生涯

シク教の開祖ナーナクは，前述のようなインドにおけるヒンドゥー，イスラーム両教徒の対立構図の中で，両教の融和統合を目指して精力的に活動した思想家，宗教家である．ナーナクはパキスタンのラホール近郊のタルワンディーに，クシャトリアが土着し，商人となったカットリ階級に属する有力者の子として，1468年に生まれた[16)]．彼の家は，代々徴税官を務める地主であり，また小規模な商店経営者として地域の支配階層に属していた．当時のパンジャーブは，比較的安定した社会状況にあり，ナーナクも，父の跡を継ぎ徴税官として，イスラームの支配者に仕えつつ，小規模地主，さらに商店主として地域社会のリーダーとして，世事にリーダーシップを発揮することを求められていた．そのために，ナーナクはペルシャ語，アラビア語をはじめ支配者の宗教や言葉を幼少期に学び，さらにヒンドゥー教徒としてサンスクリット語やウパニシャッド哲学などの基礎的な学習や，家の長男として家庭祭祀に関することを学んだとされる．つまり，ナーナクは，当時のインドにおいては最もイスラーム文化の影響の強いパンジャーブ地方において双方の宗教的，文化的教養の基礎を修めていたのである．もちろんそれは，彼がヒンドゥー，イスラーム両教の緊張関係の只中にいたということでもある[17)]．

このような宗教の相違から発生する緊迫感に支配された社会にあって，ナーナクは，ヒンドゥー，イスラーム教両教の対立克服を目指して，つまり社会的な安定と個々人の精神の安寧を保てる社会の構築を願い，生涯を捧げた宗教家である．ナーナクは30歳頃に神秘体験を持ち，以後ほぼ20年間にわたる巡礼と宗教対話の旅を行った．この巡礼はナーナクの思想性を明確に表すものとして注目されるものである．つまり，ナーナクは一般の巡礼者が自らの宗教の聖地を巡る，その宗教的な利益を得ようとするのに対して，彼はヒンドゥー教の聖地はもとより，仏教，ジャイナ教，そしてメッカなどのイスラームの聖地巡礼（第4回巡礼）まで行ったのである[18)]．

しかも夫々の聖地において実行される儀礼や作法に対して，その矛盾を指摘し宗教関係者を困惑させたことが知られている．例えばヒンドゥー教の聖地ベナレスのガートにおいて次のようなエピソードが伝えられている．

ある朝バラモンたちと朝の沐浴をしていた時のことである．彼は，朝日に向かって水を掬い，これをかける儀礼を行っているバラモンにその意味を問うた．するとバラモンは「朝日に聖なるガンジスの水をかけているのだ」と答えた．それを聞いたナーナクは，いきなり朝日に背を向けて水を掬ってかける仕草を行った．不審に思ったバラモンがその意味を問うと，「パンジャーブの私の畑に水をかけているのです．あなたが，この水は朝日にまで届くと仰ったので，私は朝日にまで届くことは望みませんが，せめて私の畑くらいまでは届けたいと思いました」といった[19]．

同種の逸話は，メッカ巡礼時についても伝わっている．つまりナーナクがメッカ巡礼を行った時，彼はカーバ神殿に足を向けて休んでいた．これを神への冒涜として咎めたものに対して，

「ナーナクは『コーラン』には神は遍在するとあるではありませんか，一体私はどこに足を向けて休んだらいいのでしょうか」[20]，と問うたのである．

これらのエピソードはシク教徒が，ナーナクの教えを説明するときに好んで用いるものであるが，まさにヒンドゥー，イスラーム両教へのナーナクの基本的なスタンスを象徴するものとして興味深い．つまり，ナーナクはこの巡礼を通じて多くの宗教家と対話し，独自の思想とその思想を構築するまでになったのである．

ナーナクは長い巡礼を終了すると，故郷のパンジャーブに1520年頃に戻り，ラヴィ河の河畔に，自らの宗教的理想を実現のための村カタルプルを建設した．ナーナクは，彼の目から見て形骸化した既存の宗教の弊害を克服する手段として，自らの宗教的理想を体現すべく理想郷としてのカタルプルを建設したのである．それは宗教的な理想と現実生活が一体化した空間，つま

り宗教と日常倫理とを一致させることを目指した理想空間であった．ナーナクはここで，真理に基づいた生活を実現しようとしたのである．このナーナクの宗教生活即現実生活，日常生活即宗教生活の理想空間の建設は，ナーナク独自の思想に支えられていた．そのような生活に着いたばかりのナーナクの前に現れたのが，ティムールの子孫であり，中央アジアからの侵略者バーブルであった．

(2) ナーナクとバーブルの接点

ムガル王朝の創始者で，ナーナクにとって残忍な侵略者であったバールとはいかなる人物であったのか．その生い立ちを間野英二博士の研究から簡単に紹介しよう[21]．

バーブルの出生は，世界的な英雄であるチンギスハーンとティムールの血統を継ぐものであった．母親のクトゥルグ・ニガール・ハニームはチンギスハーンの後裔であった．バーブルは父の所領である中央アジアのフェルガナに，1483年に生を受けた．しかしティムール朝の王子として生まれたバーブルであったが，その生活は安定していたわけではない．なぜなら彼が成長した頃には，ティムール朝は衰退から滅亡へと向かっていたからである．そのような閉塞状態に見切りをつけて，新天地として侵略の対象としたのがインドであった．

バーブルのインドへの遠征は諸説あるものの間野博士の詳細な研究によれば，1505年を皮切りに1507年，1518年，1520年，1524年，そして1525−26年の合計6回ほどあったとされる．その中でナーナクがその遠征軍に遭遇した可能性は，1524年の遠征か1525年の遠征ということになる．しかし，1524年のインド侵攻は現在のパキスタン北部に集中しており，ナーナクの住むパンジャーブの東部地域には至っていないために，バーブルの軍隊とナーナクが接したのは，1525−1526年のこととなろう．間野氏訳の『バーブル・ナーマの研究』の記述によれば，バーブルは「カーブルからヒンドゥースターンめざしてカーブルを出発したのがイスラーム歴932年サファル月一日金曜日（西暦1525年11月17日）であった[22]．その後バーブルは1525年12月15日にラホールを陥落させる．その足で，パーニーパットに進軍する．そしてパーニーパットでの戦いが1526年4月20日からはじまったが，その間にバーブルはパンジャーブ一帯を転戦した．おそらくこの間に，ナーナクの住むカルタルプルの近くにもバーブル軍はやってきたのであろう．バーブルの1526年の2月頃の記述には，ヒマラヤ山麓の美しい村々を急襲し，民衆を拉致し，財宝を略奪した旨の記述がある[23]．このような掠奪と支配の遠征軍を指揮しつつ，バーブルはデリー，アグラへと転戦し，最終的にロディー王朝のイブラヒームを打ち取り，ムガル王朝の創設を宣言するに至る．しかし，その混乱は直ちには治まらず，結果としてムガル第三代のアクバル（1542–1605）帝の偉業を待つことになる．

(3)　ナーナクのバーブル観

このようなバーブル軍の侵略に対して，前述の如くナーナクは，恐らくその末端の兵卒に関してあろうが，直接見聞きしている．そして，ようやくインドに平和をもたらしたロディー王朝の消滅と新たな支配者バーブルに対して，次のような言及を行う．

> ホラサーン（khurāsān）の支配者（khasamān）〈であるバーブル〉は，インドを震え上がらせた．
> 〈創造主である〉あなたは，自らインド人に罪を与えるのではなく，ムガル（mugālu）軍を死神（jama）としてお送りになった．
> 　中略
> 宝石のような国ロディー宮廷の人々の破滅がこれらの犬（ムガル軍）によってもたらされた．　（『グラント・サーヒブ』274ページ）

さらに

縄が首に巻かれ，真珠の首飾りの糸は切られた．
富も若さも，今は彼らにとってあだとなった．
無慈悲な獄卒たち（dūṭā）に（彼らを死の世界に）連れ去るように，命令が下される．
彼のご機嫌をとらなければ，人々は罪を受ける．
この時，支配者たちは彼らの楽しみや喜びを失う．
バーブルの支配（bābaruvāṅī）が宣言された時の〈パターン族，つまりロディー王朝の〉王子たち（kuiru）は食事もとることができなかった．
中略
ムガルとパタン人（ロディー王朝）の間に死闘が繰り広げられ，刀が振りまわされる．
ムガルは大砲をうちパタン人は象軍で戦う．
そして我々は，この神の罰（sajā）うける．　　（同 296–7 ページ）

このようにナーナクは，10 世紀以降恒常的に繰り広げられてきた中央アジアからの侵略者と同じく侵略者であったが，今はインドの支配者となった者たちとの戦闘を表現している．

ここには，庶民の力ではどうにもならないイスラーム軍への絶望感，また彼らによって引き起こされる惨状への深い悲しみと，さらにそのような苦しみを体験せねばならないわが身の不幸を，神の罰として受け入れようとするナーナクの姿がある．

しかし，繰り返される戦闘と侵略，同時に彼らがもたらす新しい文化・文明は，結果としてインドに新しい文化・文明形態をもたらすのである．特に，ムガル王朝のように長期に安定した王朝の出現は，インドに新しいヒンドゥー・イスラーム融合文明の成立をもたらしたのであった．その代償は計り知れないものであったにしろ，ムガル王朝の繁栄によってもたらされたものも，また大きかったのである．ナーナクはこのような過酷な社会状況にも屈せず，中央アジアから絶えずもたらされるイスラームの侵攻や文明を本質的なレヴェルにおいて受け入れ，両者の融合を試みたのである．

4．ナーナクの目指したもの

バーブルによって引き起こされた新たな混乱の時代に，ナーナクは独自の神秘体験と前述のような長い巡礼を通じて練り上げた思想によって独自の宗教観を完成させた．それが，「神は唯一にして，真実を名とする．姿なく，遍在する」(『グラント・サーヒブ』1ページ）という言葉に凝縮されている．彼は教条主義的で硬直したヒンドゥー，イスラーム両教の宗教解釈を離れて，既存のヒンドゥー教やイスラームの形態を非難し，両教の究極的一致を主張する．

> パンディットは何も知らない．聖典に書いてあるのに，……
> 真のムスリムと呼ばれるのは難しい（musakalu)．真にムスリムと呼ばれるためには，唯一者（muhāva）を信仰し，富を捨て，自我を燃やす尽くすことが必要である．真のムスリムは預言者を信仰し，生（jīvan'a）死（maruṅa）への疑念を持たぬ人，神の意志（rajāi）に服従し，創造神（kartā）を拝せば，自我はおのずと打ち砕かれる．
>
> (『グラント・サーヒブ』14ページ)

このようにナーナクは唯一なる神を強調し，それへの帰依を強調することで，宗教的差異を超える一体性を強調する．そのことで，日常生活レヴェルにおいて繰り広げられた宗教的な差異を発端とする対立や抗争の原因を超えることができると考えた．

つまり，ナーナクが目指した理想社会は，ナーナクの前に繰り広げられるヒンドゥー，イスラーム両宗教の対立，あるいはそれを口実として繰り広げられる為政者の抗争に対する宗教者としての良心の叫びであり，警告でもあった．ナーナクは，これらの宗教対立に対して，つまり異なる価値の対立に対して，インド思想特有の融合思想，つまりウパニシャッド的な思想で，これらの対立を乗り越えようとした．そしてそれは，インドにおいて涵養されたスーフィー思想との共通性の発見，あるいは協調思想でもあった．ナーナクにおいては，現前の過酷な現実の背後にある真実存在，つまり神の名においてイスラームの存在との融和と共存が可能であると主張しているのである．

ここにナーナク思想の独自性，そして強靭さとそれを生み出すインド思想の伝統，さらにはイスラーム神秘主義思想との共通性が見出せる．歴史的にみても，中央アジアからの侵入者がもたらす混乱は，インド社会においては，ウパニシャッド的な思想によって融和・統合されてきた歴史がある[24)]．

さらにナーナクが他の宗教者と一線を画する存在として注目できるのは，彼が単なる抽象的な宗教理念を述べる神学者ではなく，実際に自らの理想を社会に実現しようとする社会改革者であった点である．だからこそナーナクは，教条的な抽象的な教理解釈による協議論争やそれによって引き起こされる不毛とも言える宗教紛争から遠く身を置き，カタルプルという小さな村において彼の目指す理想的生活を実践したのである．彼の現実主義思想のゆえに彼は，実生活を重視し，それゆえに他者への奉仕や協力を重視した．その究極の言葉が「真理は尊い，しかし，真理に根ざした行いはさらに尊い」(『グラント・サーヒブ』8頁）あるいは「心の純粋な（hirudā sudhu）グルの真の弟子（gurumukhi）の奉仕（seva）は，神に受け入れらる（thāi）」(同28頁）である．このことで，修道的な宗教にありがちな他者への無関心を戒め，他者への奉仕（sewa）も修行の一部である，と教える．

だからこそナーナクは，個々人の行為の発現の場としての共同体（サンガト saṅgat）の存在を重要視する．つまりナーナクの教えの根本は，観念的信仰を現実の行為で表現する，つまり倫理的な行為の重視というプラグマチックなものとなる．この点をナーナクの後継者でシク教団第5代のグル・アルジャン（1563–1606年）は，「真理の集団（sāch sṅghat）≪シク教団≫においては，人間の心は清らか（ṅirmai）となり，死の連鎖（jam kī dhāma）から切り離される」(『グラント・サーヒブ』44ページ) と表現している.

さらにナーナクはこの共同体がなぜそのような力を持ち得るのかについて，サンガトの構成員は，神を宿すものとして，互いに尊い存在であるがゆえに，彼への奉仕は神に奉仕するとみなされ，尊いものとされると教えている.

> 唯一なる神 (ekk) は，真の友達であり，母であり，父である.
> 我が魂 (jīu) と肉体 (piṅḏā) をお与えくださった唯一なる神 (ekk) である.
> 唯一なる神 (ekk) は家にあって，外 (bāhari) になく，彼自身あらゆる処に遍在する.
>
> (『グラント・サーヒブ』45ページ)

しかも，この引用が示すようにシク教の教えでは，ヒンドゥーの神々も，イスラームの神も，実は真実の神の多面的な側面を見ているにすぎず，本当の神は唯一でありしかも，目に見えるような形もなく，偏在する神であるとするのである. ナーナクは，このように現実の世界の多様性を認めつつ，その背後にある唯一なる存在者に着目することで，ウパニシャッド的な思想を基礎に，目前に展開する宗教対立を超える融和思想を人々に広めていった. その教えがやがて，パンジャーブ一帯に勢力を張る農民階級であるジャットの人々に受け入れられて，シク教団として成長してゆく.

バーブルが創設したムガル王朝は，その後インド社会に長く君臨し，インド史には例外的な長期安定社会を実現させ，他のイスラーム諸国にはない非イスラーム教との平和的な共存社会を実現した. 一方，ナーナクによって開かれたシク教は，同じようにヒンドゥー，イスラームの差異を超えた新しい宗教のあり方を唱えて，パンジャーブ一帯に大きな勢力を張った.

偶然とはいえ近世以降のインド社会に大きな影響を持った二人が，パンジャーブにおいて遭遇したという事実は，歴史の偶然として興味深いできごとであった.

おわりに

以上簡単に，ナーナクの存在を中心としながらも，中央アジアからのインド社会への文化的文明的衝撃の一端を紹介した．そして，歴史的に中央アジアからの侵略者により掠奪と破壊，さらには過酷な支配にさらされながらも，ヒンドゥー側も，またイスラーム側も互いに他者の存在を認め合う関係を作り上げ，豊かなインド文化・文明を形成していった．特に，ナーナクのようなインド庶民は，イスラームの過酷な支配に対して，宗教的な敵意を持つのではなく，それを自らの罪として受け入れ，これを乗り越えてゆこうとする強靭なしかも，しなやかな思想を展開したという点は，インド思想の伝統であるウパニシャッド思想の影響であろうか．もちろん，この点に関してはさらなる検討が必要である．

以上のように，インドの歴史は常に異質なるものとの融和・統合の歴史であり，その異質なるものの多くが，中央アジア経由でもたらされたという点で，中央アジアの存在は，インド文明の展開のダイナミズムを誘発する最大の動力因であり続けてきたといえるのではないだろうか．

＊本章執筆に際しては，科学研究費助成の研究成果を一部用いた．

1）文明概念や比較文明の議論に関しては伊東俊太郎『伊東俊太郎著作集』7・8巻，麗澤大学出版会，平成20年参照．文明に関連した文献も本書に詳しい．なお，インドの歴史的な時代区分に関しては，歴史家の複雑な議論については，ここでは深く立ち入らない．

2）インダス文明をはじめインド文明の独自性は際立っているといえる．インダス文明に関しては Wheeler, M. *The Indus Civilization*, Cambridge Univ. Press, London, 1979 参照．

3）1979年のソ連によるアフガン侵攻以来，パキスタンへの難民の流入は，数百万規模であり，現在でもその数は百万人を下らないともいわれている．彼らの存在の社会的・文化的なインパクトはかなり大きい．筆者も1980年代から数度パキスタンの辺境州を訪れ，現状を体験したが，現在のパキスタンの政治的な混乱も，インドと中央アジアの関係史の上から考えることが重要である．

4）アーリア人によるインダス文明の破壊征服に関しては，異論もあるが彼らのインド侵入が，その後のインド文明に与えた影響は決定的であり，それは宗教・言語からあらゆる分野にわたっている．資料については，枚挙に暇はないが，詳しい資料と思想史的な解説は中村元『インド史Ⅰ』春秋社，2006年参照．近年新たな研究視点として堀晄『古代インド文明の謎』吉川弘文館，2008年の研究が注目される．

5）もちろん，これらの中にはインドとはいえ，実質的には西北・中部インドまでにその影響はとどまり，南部インドには社会的な影響は小さかったとも考えられる．特に，西北インドへの異民族の影響，ギリシャ人との関係については Cunningham, *Later Indo-scythians*, Indological Book House,Varanasi,1962 参照．また仏教特に，大乗仏教の思想的，さらには信仰上の最重要要素としての仏像の制作に関しても，中央アジアの存在は重要である．仏像の発生と中央アジアの関係性については，田辺勝美『仏像の起源に見る性と死』柳原出版社，2006年等参照．

6）この時代の社会事情を知る上で中国求法僧玄奘の『大唐西域記』の西インド部分の記述は大いに参考になる．詳しくは拙著『インド仏教はなぜ亡んだか』北樹出版社，2004年．

7）詳しくは前掲書『インド仏教はなぜ亡んだか』参照．

8）辛島昇編『南インド史』山川出版社，2004年，197頁．ただし近年，このマフムードの殺戮と破壊というイメージに対して，高名な歴史学者のロミラ・タパール博士の高著がある．Romila Thapar, *Somanatha*, Penguin, New Delhi, 2004 が極めて示唆的である．同書には，一般的に定着した異教徒の破壊者である英雄マフムード，そしてヒンドゥー教徒の敵マフムードというイメージは，主に歴史的にヒンドゥー教徒，そしてムスリムの双方から誇張されて形成されたいわば虚像ではないか，という説が提示されている．

9）間野英二『バーブル・ナーマの研究　Ⅲ』松香堂，1996年，431頁．但し，この記述は，戦闘員が中心のようである．あるいは庶民を加えれば，その犠牲はさらに増えるであろう．

10）ただし，このような極端な意見に対して，注意を促す研究もある．Romola Thapar. *op. cit.*

11）小谷汪之編（世界史大系）『南アジア史2』山川出版社，2007年，75頁以下．

12）小谷前掲書，88頁．

13）小谷前掲書，80頁．拙著『シク教の教えと文化』平河出版社，1992年なども参照．

14）拙論「ヒンドゥー・イスラム融和思想とその現代的意義」『宗教研究』341号，157－187頁，2004年参照．

15）　ナーナクに関する資料は，G. S. Man（保坂俊司訳）『シク教』春秋社，2007 年，参照.

16）　D. Ibbeston, *Punjab Castes*, Punjab National Press, Delhi. 1883, rep. 1970, pp. 147−149.

17）　インドの諸宗教　土井久弥『インドの諸宗教』佼成出版社，1973 年．177 頁.

18）　Trilochan Singh, *Guru Nanak*, Delhi, 1969. さらに Fuja Singh, *Atlas Travels of Guru Nanak*, Punjabi Unv., 1976.

19）　前掲書『シク教の教えと文化』84 頁参照.

20）　同上.

21）　前出『バーブル・ナーマの研究　Ⅲ』松香堂，注釈・解題より抜粋.

22）　同上『バーブル・ナーマの研究　Ⅲ』405 頁.

23）　同上『バーブル・ナーマの研究　Ⅲ』412 頁.

24）　詳しくは，拙論「ヒンドゥー・イスラーム融和思想の現代的意義」『宗教研究』日本宗教学会，341 号，2004 年，157，179 頁.

尚，文中用いたシク教の聖典『グラント・サーヒブ』は，『聖書』や『コーラン』同様に，統一されており，シク教の政庁（S.G.P.C.）が，一括して出版している．ゆえにページ数は，すべてに共通する.

参考文献

伊東俊太郎（2008）『比較文明Ⅰ・Ⅱ』伊東俊太郎著作集７・８巻，麗澤大学出版会.

辛島昇編（2004）『南インド史』山川出版社.

小谷汪之編（2007）『南アジア史２』（世界史大系），山川出版社.

田辺勝美（2006）『仏像の起源に見る性と死』柳原出版社.

土井久弥（1973）『インドの諸宗教』佼成出版社.

中村元（2006）『インド史Ⅰ』（中村元選集５巻），春秋社.

堀晄（2008）『古代インド文明の謎』吉川弘文館.

保坂俊司（1992）『シク教の教えと文化』平河出版社.

———（2004a）『インド仏教はなぜ亡んだか』北樹出版社.

———（2004b）「ヒンドゥー・イスラム融和思想とその現代的意義」『宗教研究』（日本宗教学会），341.

間野英二（1996）『バーブルナーマの研究』第３巻，松香堂.

マン，G.S.（保坂俊司訳）（2007）『シク教』春秋社.

Cunningham（1962), *Later Indo-Scythians*, Varanasi : Indological Book House.

Fuja Singh（1976), *Atlas Travels of Guru Nanak*, Punjabi Univ.

Roila Thapar（2004), *Somanatha*, New Delhi : Penguin.

Sir D C F, ibbeston（1883), *Panjab Castes*, Delhi: Punjab National Press.

Trilochan Singh（1969), *Guru Nana*, Delhi.

Wheeler, M.（1979), *The Indus Civilization*, London: Cambridge Univ. Press.

第 II 部

近現代中央ユーラシア世界の変容

第3章

新疆におけるスウェーデン伝道団の活動とムスリム住民

新免　康

はじめに

本章は，1894年から1938年にかけて中国の新疆省（現在の新疆ウイグル自治区）のカシュガル・ヤルカンド両オアシス地域を中心に活動を展開したスウェーデン聖約教団（Svenska missionsförbundet. 現：Svenska Missionskyrkan）のキリスト教伝道団と，その宣教の対象とされた，当地域の主要な居住民であるテュルク系ムスリム[1)]との接触と具体的な関係性の様相の一端について検討することを目的とする．

当伝道団が活動した清朝末期から中華民国期は，当該地域のテュルク系ムスリムが，漢族を主体とする新疆省政府の統治下にあった時期である．辛亥革命で清朝統治が一掃された後も，楊増新・金樹仁らの独裁的な政権の下で，ムスリム住民は政治的な活動を著しく制限されていた．これに対してムスリム住民たちは，近年の研究でかなり明らかにされてきたように，1910・20年代には近代的な学校教育の普及を目指す「新方式」教育運動を推進し，自らの社会の近代的な改革を志向するとともに[2)]，それが省政府の弾圧により頓挫した後の1930年代の前半には，大規模な反乱の中でテュルク系民族としてのナショナリズムを顕在化させるに至った[3)]．

このような異教徒政権下のテュルク系ムスリム社会における「近代」の胎動という歴史的プロセスの中で，ヨーロッパ人キリスト教徒とテュルク系ムスリムとの間にどのような接触と交流があったかを探ることを通じて，当地域の特徴的な条件下における異文化接触の興味深い事例に関する知見が得られるのではないかと思われる．また逆に，その具体的な局面に注目することで，伝道団活動との関係性の中から，当時のムスリム社会の状況や彼らのメンタリティのあり方の一端にアプローチすることもいくらか可能になるのではないかと期待される．

新疆におけるスウェーデン伝道団の活動に関する研究には，すでに相応の蓄積が見られる．とくにスウェーデンの研究者 John Hultvall は，宣教師たちの教団への報告などを利用して，伝道団のカシュガル進出からその撤退，撤退後のインドにおける活動に至るまでを，新疆における政治的状況に即して詳細に明らかにしている[4)]．また，Gunnar Jarring は，伝道団がカシュガルで運営していた活版印刷所の活動とその成果について，現存する印刷物のカタログとともに紹介している[5)]．さらに近年，中国，とくに新疆において，当時のスウェーデン人の活動についての関心が喚起されるなか，新疆省政府檔案などを用いた伝道団に関する研究がいくらか現れている[6)]．とりわけ，Äsät Sulayman はその現代ウイグル語の随筆著作の中で，スウェーデン語の資料も利用しつつ,伝道団の活動について系統的に紹介するとともに，当時の新疆のテュルク語と文化に関する宣教師たちの研究について具体的に述べている[7)]．

本章においては，これらの先行研究の成果を踏まえつつ，日本においてはいまだ専論がなく，あまり知られていないスウェーデン伝道団の活動の概要を提示するとともに，従来の研究では未利用のテュルク語史料をも参照することを通して，伝道団がムスリム住民とどのような関係を取り結び，その活動がムスリムにとってどのような意味合いをもったのかという点について，ごく初歩的な検討を加えたい．ただし，遺憾ながら紙幅の関係で，扱う時間的なスパンが，彼らの活動の前半部分に当たる1910年代までの時期を軸としており，1923−1924年のムスリムによる伝道団反対運動[8]や，1930年代におけるムスリム反乱中の伝道団の状況など，活動の後半期に関わる興味深い諸局面については触れることができない．

史料としては，スウェーデン国立文書館（Riksarkivet）に所蔵される新疆スウェーデン伝道団関係コレクション（Östturkestan-samlingen：以下ÖSと略称）[9]中に見られる宣教師たちの日記・メモ類[10]，聖約教団発行の出版物中の記事，伝道団スタッフなどテュルク系の人々から宣教師たちへの書簡（現地テュルク語）[11]，テュルク系住民による回想，などを主に使用する．

1．伝道団による拠点の確立と宣教活動

(1)　拠点の確立

新疆に伝道団を派遣した母体であるスウェーデン聖約教団は，スウェーデンのルーテル派国教会とは異なるプロテスタントの教派で，19世紀におけるキリスト教復興運動の中から出てきた，いわゆる自由教会の系統に属している．現在のスウェーデンにおいては，国教会に次ぐ信者数を数えると言われる．聖約教団は1878年に設立され，とくにスウェーデン国外における宣教を主たる使命の一つとして，アフリカのコンゴ（当時ベルギー領）や中国で布教活動に従事した[12]．中国内地においては，1890年から湖北省をフィールドとして設定し，「行道会」と呼称された．これに続き，新疆省においても，1894年より1938年までの40年間以上にわたりキリスト教の布教活動が展開されることとなるのである．

1892年に教団のN. F. Höjerがカシュガルを訪問・視察した上で[13]，本部において新疆への伝道団派遣が決定された．これにしたがい，1894年に最初の宣教師たちがカシュガルに到着した．リーダーは，伝道団の基礎を築いたLars Erik Högbergである[14]．彼らはまず土地を購入し，現地の人々を労働力として伝道団拠点の施設を建設した．当初はHögberg自身が，施設

建築物の設計や建築材料の調達，実際の建設作業の監督などを担当したとされる[15]．建築材料などは，基本的に現地で調達され，製造されたが，内部の様々なファシリティ，たとえば調理用オーブン，家具の金具，ドア，窓，通風孔，ストーヴなどはスウェーデンからロシア領経由で搬入された[16]．建物は，外見だけでなく内装や調度品も含めてヨーロッパ式の建造物として設えられ，スウェーデン人宣教師たちにとって快適な住環境を実現したといえよう．この最初に設置されたカシュガルの拠点は，カシュガル市の南部，当時は現存した都市の囲郭の南側に位置していた[17]．敷地の広さは，東西120メートル，南北50メートル余りで，やがてその中に病院，学校，印刷所，集会堂，貯水庫，住居などを含む総合的な形態へと施設の充実化が図られた[18]．

カシュガルに続いて1896年にはヤルカンドに拠点が配置されたといわれ[19]，カシュガルとヤルカンドという二つのオアシスで活動を敷衍する態勢の基礎的条件が整備された．その後，1908年にカシュガルのイェンギ・シャフル[20]にも拠点が新設され，当該都市の主要な住民であった漢族が中心的な布教対象とされた[21]．さらにカシュガルとヤルカンドの間に位置するイェンギ・ヒサールにも，1912年に拠点が創設されるにともない[22]，4拠点が確立されるに至った．テュルク系ムスリムの居住するオアシス地域の西部のみに限定されていたものの，カシュガルとヤルカンドという重要オアシスをまたぐ広域的な空間をカヴァーしていたこと，その活動が40年以上にわたったことを考慮すれば，そのテュルク系ムスリムの社会に対する影響が無視できないものであったろうことは，容易に想像できる．

そもそも中国におけるキリスト教宣教の諸活動は，19世紀後半より，義和団事件など反キリスト教的な動向に起因する困難な状況を経ながらも大きく発展したけれども，新疆など漢族以外のいわゆる「少数民族」が多数居住する周縁部における布教の進展度は，20世紀に入って中国人指導者がキリスト教徒コミュニティにおいて重要な役割を担い始めた内地の都市部など[23]と比べて，かなりの落差があったことは否定できない．中国内陸部・周縁部においては，1865年にJames Hudson Taylorによって創始された中国内地会（China Inland Mission）の活動がよく知られている[24)]．新疆にも20世紀初頭よりGeorge Hunterなど内地会の宣教師が入り，3箇所に拠点を築いて活動に従事していたけれども，狭義の宣教活動に専念するという内地会の原則的な布教方針のあり方もおそらく災いして，その効果はかなり限定的なものであったとされる[25)]．これに対し，スウェーデン伝道団は，医療・教育・出版活動などを含む包括的な活動様態をとったということもあり，おそらく新疆のテュルク系ムスリムの居住地域におけるミッションとしては相対的に「成功」したものであったといえるであろう．

(2)　宣教活動と改宗者

伝道団の活動の本来の目的であり，実際面でもその中核になった要素が，キリスト教の布教のための仕事にあったことは言を俟たない．宣教師たちは，拠点が置かれたオアシスの都市・農村部，さらには他の主要オアシスにまで足を運んでテュルク系ムスリム住民に対する積極的で表立った布教行為に従事した．これらの宣伝は，直接的にムスリム住民に向けて，現地のテュルク語を用いて行われた．新しい宣教師が各拠点に着任すると，まずテュルク語と漢語の習得のための訓練を受けたうえで，最低でも数年間は現地に常駐し，各拠点に駐在する複数名のメンバーの協力のもと，継続的に活動に当たった[26)]．

このような布教行為において第一に力点が置かれたのは，当然ながら，拠点が置かれたカシュガルやヤルカンドなど主要都市の内部や市域周辺での，街路における小冊子の配布・販売，バザールなどに集まった人々に対する講話といった，拠点周辺のムスリム民衆に対する直接的な働きかけである．これらは，恒常的に実施されていたと考えられる．

また，拠点が置かれていたオアシス内の，拠点から比較的遠方に位置する農村部の諸村落にも，相応の頻度で出向いて布教活動が行われた．その様子は，1910年代当時カシュガル拠点所属の宣教師であったGustaf A. Arell

の日記などから窺われる．たとえば，カシュガル市の南方に位置するトクサク[27]のバザールに行き，そこにいた多数の人々に宣伝小冊子と福音書を販売したうえで，あいたスペースを探して立ち，しばらく人々に講話を行ったと記している[28]．また，同様にカシュガル市郊外のドシャンベ・バザールやセシャンベ・バザールなど，とくにバザールの名前の冠せられた農村にもかなり頻繁に赴き，小冊子や福音書の販売と講話をセットにしつつ宣教を実施していたこともわかる．

このことに関してとくに注目されるのは，宣教師たちが意図的にバザール（＝週市）の立つ日を目指して活動の効果の極大化を図っていたと推測されることである．カシュガルのオアシスでは，都市部の大モスクで励行される金曜日の集団礼拝の日程にあわせてカシュガル市中心部のイードガーフ広場でバザールが開催され，その後，カシュガル・オアシスの中心部たるカシュガル市から比較的遠方に位置するオアシス内農村部のドシャンベ・バザールで月曜日に，それより少し市に近い農村部のセシャンベ・バザールで火曜日に，というように順次週市が開かれていたと考えられる．カシュガルの商人たちは，1週間を1サイクルとして，これらのカシュガル市と郊外各地のバザールを一巡して商売を行っていた．つまり，19世紀後半に英国使節団によって実施された調査のデータに依拠した真田安の指摘にしたがえば，カシュガル・オアシスの経済圏は，「1週間を単位とする経済活動のサイクルを伴って成り立っていた」といえる[29]．宣教師たちも現地の商人たちと同様，オアシスにおける社会経済的なシステムに沿う形で，このような郊外のバザールの日にあわせて，その農村市が開かれる土地に集まったムスリム住民たちをターゲットとして意識的に設定しつつ，自らの布教活動を組み立てていたと推定されるのである[30]．

さらに，拠点が置かれていない他の主要オアシスへの「布教旅行」も随時実施された形跡がある．1916年に約1か月にわたってヤルカンドから行われた，ヤルカンド北方約200kmに位置するマラルバシへの往復移動に関する宣教師のRickard Niströmの記録は，他オアシスへの比較的長期に及ぶ布教旅行の具体的な様相を如実に窺わせるものである．ニストロムは，現地テュルク系の改宗者 Amīn Akhun と伝道団拠点のスタッフであった Tokhta Akhun[31] とともに，マタイの福音書50部，宣伝小冊子たる『生の道』(*Tiriklikning yoli*)[32] 約1,000部などを携え，2月12日に拠点より出立した．タガチ Taghachi[33]，メルケト Märkät[34]，アラガル Alaghar[35] などを経由し，その途次で宣教を行いながら2月20日にマラルバシに到着した．しばらくマラルバシで活動を行った後，2月29日にそこを離れ，3月10日にヤルカンドに帰還したという．途中，医療行為にも随時従事していた[36]．このような布教旅行の対象としてとくに重視されたのは，南部の大オアシスでありながら拠点の置かれていないホタンであった．宣教師たちの日記には，David Gustafsson やアレルのホタン布教旅行に関する記録が散見される[37]．

このようにバザール，街中の通り，サライなどにおいて，かなり目立つ形で実行された宣教師たちのキリスト教宣伝活動に対し，ムスリム住民たちは日常的なレベルにおいてどのような態度や対応を示していたであろうか．残念ながら，ムスリムによって著された文献にそのことを伝える記述はほとんど見出されないけれども，伝道団側の記録によれば，宣教師が行う講話を多くのムスリム民衆たちが興味をもって聴き入っていた，とされている[38]．

他方，一部のイスラーム知識人たちの反応は，宣教師たちの記述から窺われる限りにおいても，それとはやや異なるニュアンスを含むものであった．たとえば，ミッショナリの日記には，下記のようなエピソードが見られる．1919年3月17日のこととして，宣教師たちは，ハーン・アリク Khān-ariq[39] のドシャンベ・バザールに行き，多数の民衆が集まるバザールで宣教活動を行った際，知らずにマドラサのそばを通りかかった．するとマドラサからムッラーが出てきて，宣教師たちが携行していた書籍をもらいたいと申し出たので，アレルは現地テュルク語に訳された旧約聖書中の『モーセの書』や福音書などの冊子を提供した．勧めに応じてマドラサの中に入った宣教師たちを前にしてムッラーは，それほど流暢とはいえないものの声に出して『モーセの書』を読んだ後，「この本はカシュガル人にもハーン・アリク人にも必要ない」とアレルに告げ，これらの本を人々に広げないよう迫った．これに対し宣教師側は，『コーラン』にムスリムはあらゆる預言者を信じるべきであると書かれている，と反論したという[40]．すなわち，キリスト教の宣教活動に接して，明らかにある種の反感ないしは抵抗感をいだき，それを宣教師たちに直接伝えて活動の制限を図ろうとするイスラーム知識人がいたのである．

また，時代がかなり下る事例になるけれども，Äsät Sulayman が指摘しているように，テュルク系ムスリムの著名な知識人・詩人の Nīm Shahīd[41] はカシュガルに滞在していた折[42]，カシュガルの城市門の一つであるクム・ダルワーザ（Qum darwāza）の外で宣教師たちが宣教の問答をしつつ人を集めていたのを見て，自らその問答に参加し，宣教師たちに反論したこと，その後ニーム・シャヒード自らイスラームの宣伝ハンドブックを作成し，それを金曜日の集団礼拝の際に配布し，人々に宣伝した結果，伝道団の活動がしばらく停止したこと，などを明らかにしている[43]．キリスト教宣教に対するこのようなイスラーム知識人の対抗措置は，伝道団側の記録には顕著なものを除いてあまり現れないものの，個人的な動向も含めると，相応の頻度で行われていた可能性が高い．

しかし，敵対的な態度を示す知識人ばかりであったわけではない．初期の段階から比較的協力的なイスラーム知識人の存在も知られている．たとえば，ヤルカンドのムッラーであった ‘Arab Shāh という人物は，アラビア語・ペルシア語・テュルク語に堪能であり，とくに伝道団の宣教に必要な新約聖書のテュルク語訳のための作業の手助けをするなど，宣教師にとって非常に役に立つ援助を行ったといわれる．ただし，宣教師のラケットは自身の印象として，この人物は知識としてバイブルを理解しているけれども，年をとってイスラームの信仰心が固いので，それを受け入れられないと述べており[44]，親しく接したからといって，信仰面でキリスト教に傾いたというわけではないといえるであろう．

同様に，Hultvall の研究によれば，伝道団と親交のあったイスラーム知識人たちは，宣教師との談話などの中で，バイブルが神から与えられたものであるという認識を持ちながらも，キリスト教の教義においてイエスが「神の子」とされている点にとくに大きな抵抗感を示したといわれる[45]．伝道団に比較的好意的なイスラーム知識人たちにとっても，イスラームの教義に照らして，キリスト教の教義内容はそのままの形では到底受け入れ難いものであったに相違ない．これを伝道団側から見ると，キリスト教教義のムスリムに対する伝達においては元来難しい側面がともなっており，実際の宣教の場面において，ムスリム側の反発や不信感を容易に惹起しないような工夫が必要とされていた．

さて，上述のように拠点の置かれたオアシスの都市・農村部において精力的に展開され，拠点の置かれていないオアシスにまでその足跡が及んだムスリム住民に対するキリスト教宣教が，いったいどの程度の効果を挙げ得たのか．この点については，他のムスリム地域において宣教を行ったキリスト教伝道の例に漏れず，実際的に改宗者を出すという点においてはかなり限定的なものであったと考えられる．少なくとも1910年代までの状況について言えば，伝道団側の記録においても洗礼者数はわずかにしか過ぎず（表1を参照），そのかなりの部分はミッションの拠点で雇われたスタッフのムスリム住民たちであったといわれる．

改宗の際の状況に関してテュルク系住民側からなされた記録類は少ないけれども，Ḥasan Akhunという元ムスリムの人物からラケットへの書簡には，「私ハサン・アホンら8人の人々は，4月14日の日曜日に洗礼を受けた．我々のために全ジャマーアト（ミッション拠点のキリスト教徒たちを指すと思われる――新免注）がドゥア（＝祈願）を行った」とあり，改宗の様子を伝えている[46]．このハサンは，おそらくはもともと伝道団拠点における働き手のスタッフ（khidhmatkār）であった可能性が高い．また，カシュガルにある伝道団拠点の印刷所のスタッフであったJosef Ryehanという人物も，後に改宗したことで知られる[47]．

キリスト教への改宗者たちは，出身のムスリム社会との関係という点から

表　改宗者などの数の変遷　　（単位：人）

年	拠　点	洗礼者数	教育を受けた児童数	手当した患者数	配布した文書数
1897年	カシュガル	2	7	1,800	
	ヤルカンド			1,400	
	ヤンギ・シャフル				
	ヤンギ・ヒサル				
	計	2	7	3,200	
1907年	カシュガル	2	58	12,350	2,400
	ヤルカンド	2	20	4,900	328
	ヤンギ・シャフル	5	65		1,400
	ヤンギ・ヒサル				
	計	9	143	17,250	4,128
1917年	カシュガル	3	159	58,455	5,800
	ヤルカンド	16	141	31,135	3,746
	ヤンギ・シャフル	14	218	586	3,996
	ヤンギ・ヒサル			14,957	1,990
	計			105,133	15,532
1927年	カシュガル	26	428	107,480	14,200
	ヤルカンド	54	323	70,159	12,721
	ヤンギ・シャフル	30	387	2,672	16,239
	ヤンギ・ヒサル	6	48	26,450	3,650
	計	116	1,186	206,761	46,810

（出所）*Svenska missionsförbundet : dess uppkomst och femtioåriga verksamhet : Yttre missionen*, p. 494（数は累計）.

見ると，微妙な存在であった可能性が高い．すなわち，ヨーロッパ人（現地テュルク語ではFarangī）のキリスト教徒の影響を受けて棄教したということになれば，元来属していたムスリム住民の社会からは疎外されたのではないかと考えられる[48]．1929−30年にカシュガル地域を訪問し，伝道団の拠点に滞在してテュルク系ムスリムの言語・文化を調査研究したヤーリングは，その回想の中で，ムスリムからの改宗者は概して宗教信仰面において緩い，下級の社会層出身者が多く，伝道団の拠点において雇用者などとして勤務に就かない限り，改宗すると元来属していたムスリムのコミュニティより追放され，他の土地に移動せざるを得ないこともあったと述べている[49)]．要するに，キリスト教の布教活動は，ムスリム社会としての一体性を持つ当地域の地域社会に，ある種の亀裂を生じさせる面をともなっていたといえるであろう[50)]．

このようなもともと属していたムスリム社会との間の緊張関係という条件下において，改宗者本人たちの内面においても相当な心理的圧力がかかったのではないかと推測される．前述のArellは，Reman[51)]という改宗者が彼のところにやって来て，サタンが心臓に入ってそのとき自分がムスリムになったに違いないと思った，と彼に赦しを願ったというエピソードを伝える．Arellは，このような状態について，彼はいま真実のクリスチャンになろうとしているという解釈を残しているけれども[52)]，このエピソードは内面において深刻な精神的葛藤を抱える改宗者が存在したことを示唆するものであろう．

関連して注目されるのは，伝道団拠点における宣教師たちのもとから去ったと考えられるムスリムもしくは改宗者のスタッフがいたことである．たとえば，1922年12月7日付けのSipurgī Akhunという伝道団スタッフの書簡によれば，Ni‘mat Akhunが伝道団拠点の敷地から去り，コミュニティからも去ったようであり，ニストロムから洗礼を受けたMämät Akhunも去った，と記されている[53)]．このような伝道団から離脱したと推測される事例は，それぞれ個別の事情に基づくものであったと考えられるものの，キリスト教徒の宗教者と接触をもち，場合によって改宗にまで至った人々がムスリム社会との関係性において置かれていた苦境が，なんらかの形で影を落としていた可能性も否定できない．

2．多様な活動——医療・教育・出版

伝道団の活動の軌跡を見てみると，拠点を築いていった比較的初期の段階から，とくに医療活動をはじめとして，学校教育活動などとも連動させつつ布教を拡大していく方策がとられたことがわかる．また，前述のヤーリングの研究によって詳細に明らかにされているように，教育面とも連関して，近代的な活版印刷所を設立して運営したことでも知られている．これらは狭義の宣教にとどまらない伝道団の活動の重要な側面として，伝道団がムスリム社会に及ぼした影響やそれに対するムスリム側の反応をはかる上で，看過できない要素を構成すると言えるであろう．

(1) 医　療

まず，医療については，伝道団拠点の病院は，当時の新疆ウイグル地域において,近代的な医療を行うおそらくはもっとも初期かつ唯一の施設であり,それらがムスリム社会に与えたインパクトは小さからぬものがあったと想像される．最初の病院は，早くもカシュガルに1900年に前述のHögbergによって建設され，1907年に地震で倒壊した後，再建された．竣工のセレモニーには，当時カシュガルに駐在していた英国・ロシアの両領事，中国人官吏などが列席したと伝えられる[54]．ヤルカンドでは，1910年に本格的な病院が建設され，イェンギ・ヒサールにおいても拠点設立当初から医療活動が行われていた[55]．これらの病院における医療行為は，医師の資格をもつスウェーデン人宣教師たちによって主に担われ[56]，他の宣教師によって看護などの仕事が行われるとともに，訓練を受けた地元住民の雇用者によってもサポートされていた．

伝道団の病院は近代的な医療を施すものであり，周辺地域には，他にこれに類する医療施設が存在しないという状況下において，多数のムスリム住民

の患者を集めることとなった．この地域においては，衛生状態の劣悪さや人々の衛生意識の問題も災いして，深刻な伝染病や当該地域でとくに罹患率の高い地域性の疾病が蔓延していた形跡がある．実際，1906年10月にヤルカンドに到着したC. G. Mannerheimは，当時すでに伝道団拠点でラケットが医療行為に従事しており，多忙を極めていたこと，ヤルカンドの住民たちの間で天然痘やチフスなどの伝染病が多いだけでなく[57)]，甲状腺腫が普遍的に見られ[58)]，それも尋常でない大きさであること，などを指摘している[59)]．

このように様々な病気が住民たちの間で広まり，彼らを苦しめていた状況のもとで，とくに近代的な科学技術により合成・精製された医薬品の効能の威力は目に見えて顕著なものがあり[60)]，伝道団の医療に関する噂は近隣に広く流布していたであろうと推測される．そのことは，病院を訪れて診察を受けた患者数に如実に反映されている．伝道団側の記録ではあるけれども，1915年1年間の診察患者数は，カシュガル5,022人，イェンギ・ヒサール1,928人，ヤルカンド3,287人という膨大なもので，1894年から1916年までの累計はおよそ20万人にのぼったとされる[61)]．患者数の増加に拍車がかかったのは，医療の経費支払いについて，経済的余裕のある人には負担してもらうけれども，貧乏人は無料で診療するという基本方針がとられていたこともその背景として考えられる．

伝道団の医療活動は，治療を受けたムスリム住民に実際的な利益を与えるとともに，そのことを通して，狭い意味でのキリスト教布教に限定されない，宣教師たちとムスリム住民との日常レベルにおける交流を部分的に実現することとなった．たとえば，名前からもムスリムと推測される，イェンギ・ヒサールのMuḥammad ‘Alīという人物よりラケットへの書簡には，「閣下たちの前に行った際，私は右手に怪我をしており，薬を処方され，さらに左手にあったはれものもよくなった．最近，また右手に小さいできものができたけれども，耕作時期で行けないので薬を送ってほしい．」とある[62)]．また，Ḥanīfa Khānimという女性からの書簡には，「ヤルカンドで閣下たちの前に行ったとき，頭痛用に薬をもらい，1・2か月でよくなった．Yasin Akhun

の手から2冊の本を5月17日に送った」[63] という記述があり，住民の側が医療を受けた後，おそらくは宣教師が求めている現地語の本を捜して送付したか，あるいは宣教師から借りていた書籍を返却したことが示されており，興味深い.

他方，伝道団による病院の設置と医療行為の展開，膨大な数のムスリムに対する治療の提供は，ムスリム社会に多大な「恩恵」をもたらす側面を有していた反面で，一部のムスリムの指導者たちにとっては憂慮すべき事態の進展と認識された．ラケットは，キリスト教徒の伝道団のみがムスリムに対して近代的な有効な医療行為を行っているという状況に関して，有力で信心深いムスリムたちがこのような依存が不適当であると感じ始め，たとえうまくいかなかったとしても，ムスリムの医師を確保してムスリムによるムスリムのための病院を設立することを協議し始めるという動向が見られた，と記している[64]．しかし彼の判断として，「短期間で結果を出すのは難しいであろう」とも付け加えている.

ムスリムにとってのもう一つの問題は，宣教師たちによる医療行為に，伝道団側の意図として，現地の人々の福祉・衛生の向上を図るというボランティア的な側面だけでなく，「布教」という目的に沿った側面が付随していたことである．すなわち，診療の際に，キリスト教宣伝冊子が配布されたといわれる[65]．また，口頭での宣教という点で，前述の改宗者と同一人と推定されるハサン・アホンという人物の特有な行動が注目される．1922年5月8日付けのハサンからラケットへの書簡には，「私は毎週1回，水曜日の8時に，病院（dārūkhāna）に来た人々にゴスペルの言葉を証言しています．5月7日の日曜日，午前10時にも，教会に来た人々に神の言葉を証言しました」とあり[66]，患者として病院に診療に訪れたムスリム住民たちに宣教を実施していたことがわかる．医療を受けるために訪れたムスリム住民に対する宣教行為の具体的な有様については，ムスリム側の叙述によってある程度知ることができる.

中華民国期から中華人民共和国期にかけて活躍した代表的なウイグル人政

治指導者のうちの一人であるSäypidin Äzizi[67]は回想録の中で，下記のようなエピソードを紹介している．「(Säypidinらがスウェーデン伝道団拠点にある病院に治療にでかけ，ミッションの敷地の）門をくぐると，ある人が我々をホールに導き入れた．ホールの正面には，まったく同じ服装をしたたくさんの子供たちがいすに座っていた．これらの子供たちは，スウェーデン人によって収容され，教育を受けているウイグル人の浮浪児たちであった．我々が後ろのいすに腰掛け，しばらくすると，西洋服に身をつつみ，頭髪をたくわえ，ひげをはやしていない男性がホールに入ってきて，まっすぐ門の反対側にある説教台に登った．私は人々がかれのことを「ハサン先生」と呼んでいるのを聞いた．聞くところによれば，このハサン先生は収容されて教育された浮浪児の一人であった．すでに医師になり，宣教師でもあった．かれはウイグル語で伝道した．まず，キリスト教を賞賛し，その後キリストと聖母マリアについて大いに吹聴した．……かれの話はその場に居合わせた人々を感動させた．私のそばにいた一人の大人が『これは異教徒だ．我々はアッラーやムハンマドに反するこのようなでたらめを聞いてはいかん』と言い，そう言い終わるや，人々を連れてホールから出ていった．その後耳にしたところでは，この病院に診察に来た人はみな先にホールに入ってハサン先生の説教を聞かなければならず[68]，それが終わってからやっと診察を受けることができるということであった.」と[69]，診察前に宣教の講話を聞かされた経緯が記されている．このエピソードの年代はḤasan Akhunの書簡の日付とは数年程度ずれるものの，両資料に現れる同名の人物が同一人であることは間違いない．

このような医療に付随した，もしくは医療を利用した巧みな宣教行為に関連して注目されるのは，病院への患者の集め方である．カシュガル拠点の‘Abd al-Qādirというテュルク系の人物の書簡によれば，カシュガルにある著名なイスラーム聖者廟であるアーファーク・ホージャ墓廟[70]の参詣に訪れた多数のムスリム住民[71]を，自分たちが伝道団の病院に誘導してくる様子が記されている[72]．すなわち，聖者廟参詣という当地域のムスリム住民に特有な信仰様態に基づく行動様式をいわば利用した方法により，患者集めが行われていたということである．これらの人々も付随的に宣教活動の対象となったとするならば，ムスリムの信仰習慣をいわば利用し，当時の住民にとって魅力的な近代的医療行為へと誘引することを介して，ムスリム民衆に対する布教という目標に向けてその効果が最大になるように，実に戦略的かつ巧妙に一連の働きかけの諸手順が接合的に組み立てられていたと言えるであろう．

(2)　学校と孤児院

さて，次に，医療とともに顕著な存在として孤児院と学校教育が挙げられる．少なくとも彼らの活動の前半期においては，テュルク系ムスリム社会における上・中級階層の人々が自ら主体的にその子女たちをキリスト教伝道団の教育施設に就学させる，というような動向は見られなかったと推測される．そこで，主な教育の対象として，孤児や貧窮者の子女が設定されることとなった．すなわち，教育活動と孤児院事業とはおそらくセットになっており，主に孤児や貧窮者の子弟を集めて育てつつ，伝道団の学校でキリスト教式の教育を行う，という一連の流れが創出されたと考えられるのである．その結果として，当然ながら学童たちはキリスト教徒として成長し，前述のようにかなりの困難をともなう成人ムスリムの改宗という段取りを経ずして，キリスト教徒コミュニティの拡大を実現できるわけである．

孤児院は，1910年代半ばに始動した．1915年に，ヤルカンドの宣教師である前述のArellとその妻が，14人の少年少女を養育する臨時の孤児院の担当になったことを端緒としている．彼らは，独立した施設として孤児院の設置を目論み，ヤルカンドの伝道団拠点の敷地内にはそのために十分なスペースを確保できないことを考慮して，拠点とは別に，ヤルカンド市から少し離れた場所にそのための専用の土地を求めた．1919年に，市の南西6kmの場所にある地所を購入し，まもなくそこに孤児院の建物が建設されるのである．1920年に竣工し，ヤルカンド（莎車県）の地方政府当局者の立会のもとに落成式が挙行された[73]．これ以後，幼少児童の養育が本格化することとなった．3年後の1923年にこの孤児院を訪問したカシュガル駐在英国総領事C.P. Skrineは，そこに年齢が生後10か月から14･15歳にわたる35人の元気な子供たちがいたこと，伝道団の孤児院事業がテュルク系住民によって，孤児への援助を信者の義務とするイスラームの教義に照らして，敬意をもって遇されていたことを記している[74]．

学校教育に関しては，1900年代より児童に対する教育活動が開始されていたけれども，それが本格化するのは1910年代になってからである．カシュガルにおいては，Gustaf Ahlbertによって1915年に本格的な学校が開設された．これ以後，ヤルカンドやイェンギ・シャフルも含め，ミッショナリの主要な仕事の一つとして学校教育という分野が加わることとなった．生徒数の推移を見てみると，1910年代半ばから1920年代初頭にかけて毎年100人程度の児童を教育したという．さらに，1923年春には生徒総数がほぼ200名にのぼったとされ[75]，順調な発展ぶりが窺われる[76]．

学校における教授言語としては現地のテュルク語が用いられる一方で，教育課程・内容はキリスト教と近代科学知識の注入を主旨とし，基本的にスウェーデンにおけるのと同様の方式が採用された．教科は，テュルク語の読み書き，算数，自然科学，地理などからなる．教科書は，テュルク語（アラビア文字）によるものが後述のカシュガルにおける伝道団拠点の印刷所で印刷・出版され，その一部についてはスウェーデンにおける学校教科書をほぼそのままの形でテュルク語に翻訳したものが使用された．伝道団印刷所からの出版物として，1911年のテュルク語読本*Maktabda oquydurghan Turkī kitāb*（スウェーデン語教科書からの翻訳），1914年に出版されたアルファベット本*Alef-be kitābi*，1920年に出されたそのリーダーとしての*Maktab kitābi: Alef-be kitābining tadrīji*，さらに，スウェーデンにおける理科の教科書を翻訳した*'Ilm Tabī'at Awwalqi Juzz' Haywanāt bilän Ādam*などが知られており[77]，後にも同様の教科書の出版が継続された．

ところで，カシュガルやヤルカンドなど新疆南部のムスリム居住地域においては，20 世紀初頭まで旧式のイスラーム教育を行うマクタブやマドラサが主要な教育機関であり，近代的な方式と内容をもつ学校教育は事実上存在しなかったと言っても過言ではない[78]．このような条件下において，ムスリム社会自体の中から，ロシア領中央アジアやトルコなど西方イスラーム地域からの影響を受けて，民族資本家や一部の知識人たちの手により，近代的な学校教育を創出し，自らの社会に浸透させることを目的とする活動が展開されるようになる．カシュガルにおいては，1912 年に ʻAbd al-Qādir Dāmullā という知識人が新方式の学校を開設したのに続き，1914 年には資本家のムーサーバヨフ家の主導により，トルコから派遣された Ahmet Kemal という教師を主体として，カシュガル市郊外に位置するウストゥン・アルトゥシュ Üstün Artush とカシュガル市にて教育活動が展開されることとなった[79]．スウェーデン伝道団が教育事業に着手したのは，ムスリム社会が近代的な学校教育を欠如した状況下においてであり，そういう意味で，当地域における最初期の近代的な学校教育の導入に向けた努力という側面を備える一方，それがキリスト教伝道団の手により，スウェーデンにおける方式・内容を移植する形で出現したものであったという点において，ムスリム社会にとって微妙な側面も備えていたと言えるであろう．また，伝道団の学校教育活動が本格化していくのは，まさにテュルク系ムスリム自身により上記のような新たな動きが顕在化した時期に当たっており，両者が拮抗する流れを作る中で，ムスリム社会に大きな波紋を呼ぶこととなるのである[80]．

他方，初期の段階における学校教育のカリキュラムに，ムッラーの指導の下にイスラームの礼拝の仕方を学習するプログラムが含まれていたとされる[81] 点は興味深い．また，1910 年代半ばの状況においても，『コーラン』の読誦が授業の必修項目として含まれていたとされる．宣教師の Elin Svenson はその事情について，当該地域では学校においてコーランなしですませるわけにはいかず，いわば「必要悪」として自分たちの学校にも取り入れざるを得なかった，と説明している[82]．このことは，前述のような改宗者のムスリム社会からの疎外状況を踏まえて，ムスリムを主体とする地域社会において生存していかなければならないという生徒たちの立場に配慮し，学校教育の内容においてもムスリム社会における「常識」に一定の重視を置かざるを得なかったことを示唆している．

(3)　印刷・出版活動

宣教師たちは，前述のように当初よりテュルク系言語による布教活動を実施している以上，宣伝のためのテュルク系言語（文字はアラビア文字）による宗教冊子を出版する必要に迫られた．そこで，カシュガルに印刷所を設立したのである．早くは1901年に簡易印刷機が導入されたが，布教宣伝用小冊子やカレンダーなどを除いて，本格的な刊行物は出されなかった．その後，1910年に近代的な活版印刷機器をスウェーデンから搬入し，ラテン文字はもちろんのこと，アラビア文字の活版フルセットを利用した現地テュルク語による印刷・出版が可能となった[83)]．

カシュガルの伝道団印刷所において，伝道団自体の活動として最も重点が置かれたのが，直接的に宣教に関わる文献・冊子の出版であったことは言を俟たない．現地テュルク語によって，街頭やバザールにおける宣教活動で販売用に活用された小冊子などがかなりの部数で印刷・頒布された．それは，上述のように宣教活動の具体的状況の中で見た通りである．また，前掲のように，ミッションの学校における教科書の出版も印刷所の活動の中では重要な位置を占めるものであった．

これに対し，キリスト教宣教とは直接的な関わりのないテュルク語の刊行物が，宣教師たち自身の著作として出版されたことも注目される点である．当該地域に駐在した宣教師たちは，現地のテュルク系言語を習得して検討を加え，布教のための言語として利用することを目的としていたけれども，それだけにとどまらず，言語学的・民俗学的見地から専門的な研究を行ない，カシュガル周辺地域のムスリムたちの言語・文化・社会について豊富な知識を有していた[84)]．とくに伝道団の医師としての活動が顕著であった前掲のラケットは，この分野においても，カシュガル・ヤルカンドにおける宣教師の第一世代と言える人々の中でもっとも有名であり，25年間にわたる宣教師生活からスウェーデンに帰国した後，1924年よりルント大学で副教授として教鞭をとり，この地域のテュルク語について講じたことで知られる[85)]．次の世代としては，Sigfrid Moen，Ahlbert，Oscar Hermanssonらがテュルク語と言語文化に造詣が深かったと言われる[86)]．このような条件を背景とし，宣教師たちによって著された著作として，現地テュルク系言語の正書法（G. Ahlbert, *Alti Shahrning Zabāni*, 1929），同テュルク語の文法書（O. Hermansson, *Alti Shahr Turkī : nahw wa sirf*, 1935），さらには中央アジア史に関する歴史書（O. Hermansson, *Ottura Asiyaning Tārīkhi*, 1936）などが現れた[87)]．とくに正書法の著作については，綴方の規則にぶれが見られた言語に対して，その標準化をいわば「他者」たるスウェーデン人の宣教師が提案するという形になっている．

そもそも当時の新疆においては，省政府の方針により，テュルク系ムスリム住民の活字による出版・印刷活動は抑制されており，宣教師が駐在していたカシュガル・ヤルカンド地域に近代的な印刷所は一つも存在しなかった[88)]．したがって伝道団印刷所の活動は，当地域のテュルク語・アラビア文字による出版活動を行い得たという点において，ムスリム社会にとって重要な意味合いをもっていた可能性がある[89)]．とりわけ上記の現地テュルク語に関わる出版物には，ムスリム社会の言語・文化状況や文字文化を担う知識人たちに一定の影響を及ぼし得る側面があると考えられる．ただし，これらが実際にどのようなムスリム住民によってどのように受容され，その結果具体的にどのような作用をムスリム社会に与えたのかという点については明らかではない．

以上のように，伝道団の活動は，医療・学校教育・孤児養育・印刷出版という狭義の宣教以外の側面において，多数の患者の診療やテュルク語による刊行など，広範囲のムスリムと関わり，ムスリム社会に一定程度の影響を及ぼし得る側面を備えていた．伝道団側の意識・意図としては，病院での医療にも宣教がともなっていたこと，医療活動の中で生活が困難なムスリムの子弟を引き取って孤児院で養育し，彼らを学校で教育する，という一つながりのプロセスが想定されていたと考えられること，印刷事業の本来の目的が布教ための宣伝冊子の出版，学校で使用される教科書の印刷にあったことなどを勘案すれば，様々なカテゴリーの各活動の機能を有機的に結びつけ，キリスト教の布教とキリスト教徒コミュニティの拡大という目的に焦点を結ばせる形で活動全体のあり方が構想され，その推進がシステマティックに図られていたと言えるであろう．

しかし，ムスリム側にとっては，これらの活動はそれぞれの局面においてそれぞれの感覚をもって受容された面があるのではないかと想像される．医療は実際にムスリム住民に恩恵を与え，伝道団に対する好ましい印象を生む一方で，一部の人々，とくにイスラーム知識人の間にはキリスト教布教に対する顕著な警戒感も醸成されていたと推測される．

3．ムスリム社会にとっての伝道団

(1)　宣教師たちの日常

当時のテュルク系ムスリムの住民にとって，そして当時の彼らの社会・文化にとって，スウェーデン伝道団がどのような存在であったのか，どのように感覚されていたのかを探ることは，直接的に伝えるムスリム側の史料を欠いているため，とても難しい．この問題について考える前提としてまず，宣教師たちが具体的にどのような姿でどのような生活を行ない，どのようにムスリムたちと接していたかについて見てみる必要がある．

スウェーデン伝道団の活動に参加した英国人宣教師のRachel Wingateは，自分が観察した普段のスウェーデン人宣教師たちの姿について，「彼らは，テュルクたちや中国人を模倣しようとせず，人々（＝当地域のムスリムたち）の間において，スウェーデン人として生活した．しかし，人々を遠ざけなかった．」[90]という．実際，前述したような街角やバザールにおける布教活動に際して，彼らは当時のヨーロッパにおけるのと同様の背広にネクタイ，山高帽という出で立ちであった[91]．新疆において宣教師たちによって撮影された宣教師たち自身の大量の写真が残されているが，それらを見ても全員が例外なく常時，当時のヨーロッパ人としての世俗的な服装をしている．女性も同様である．これは，中国内地会の宣教師たちが，ミッション組織の基本方針として中国人とまったく同じ服装をとっていたのとは，際立って対照的といえよう．また，伝道団の建造物もヨーロッパ風の独自のもので，当地の一般家屋と比べて堅牢にできており，また，内装や家具などは前述のようにスウェーデンから取り寄せた材料やファシリティを使い，宣教師たちがまるでスウェーデンの我が家にいるのと同じ感覚でくつろげる形態になっていた．つまり，近代ヨーロッパの物質文化や習慣をともなって住民たちと接触していたことは間違いない．

同様のことは，宣教師たちの日常の生活様式についても言えそうである．宣教師たちが，布教活動や医療活動などのいわば「業務」に当たる部分以外でどのような生活を過ごしていたかについては，公式的な報告・記録・著作類によってはなかなか触れえないが，宣教師の日記からいくらか窺うことができる．たとえば，イェンギ・シャフル（カシュガルの漢城）の女性宣教師であったSigrid Larssonの日記の叙述からは，自ら乗馬で周辺を移動し，テニスをプレイし，コーヒーをたしなみ[92]，英国領事館でのパーティーを愉しむ，闊達なヨーロッパ人女性の姿が浮かび上がってくる．1924年1月の日記を見てみると，テニスを1月6日，10日，18日，……と，日記に表れる限りでもほぼ1週間に1回ほどは楽しんでいる．1月13日（日）の日記には，「今日はカシュガルに乗馬で行き，Judith Andersson（カシュガル拠点にいた女性宣教師）といっしょに昼食をとり，コーヒーを飲みました．楽しい1日でした.」とある[93]．1924年1月という時期は，ムスリムたちの伝道団に対する抗議活動が1923年に盛り上がり，それがようやく沈静化に向かった[94]時期である．そういったタイミングにおいても，彼らは本来の生活様式や習慣をそのまま続けていたと考えられる．要するに，スウェーデン人の宣教師たちは，当時のヨーロッパ人としての生活様式や物質文化をかわりなく宣教師としての駐在地に持ち込み，つねにそれを維持しつつ，ムスリム住民たちと接触していたということである[95)]．

さらに注目される点は，伝道団の本来の業務においても，直接的な接触の中で自らの持つ特別な技術を住民たちと共有しようと図ったことである．すでにヤーリングなどが指摘しているように，医療や印刷の現場においてテュルク系ムスリムのスタッフに対する指導・トレーニングが行われ，事実上の現地への科学技術移転が進められた．実際，あるカシュガル在住者の回想は，テュルク系ムスリム住民がスウェーデン伝道団の病院で医療の訓練を受け，医療技術がとても高かったことを以て人々に尊重されたこと，宣教師たちは医療をおこない，家のない孤児を探して学校で教育を受けさせていたので，当地の民衆によって好意的に受け取られていたことを伝えている[96)]．すなわち，このような様々な新しいモノや技術，さらには服装や生活様式・習慣などは，ムスリム住民にとっておそらく興味や好奇心の対象となり，医療活動などのように顕著な効用をもつものに対しては恩恵として認識されたと想像される．

(2)　ムスリム社会の変容

しかし，伝道団の携えていた当時のムスリム社会にとっての新しいハードやソフトは，伝道団が専売特許的に突出して当地域にもたらしたものではない．すでに同時期にこの地域には，ロシア領などから様々な新しい物質文化・技術・文化・思想などがかなりの規模で流入しており，社会のあり方にも何らかの変化をもたらしていたと考えられる．

まず挙げられるのは，すでに先行研究で明らかにされているように，ロシア領との貿易で利益をあげて資本を蓄積し，やがて機械化された工場を建設して経営する民族資本家とでも言うべき人々が出現し，イスラーム改革主義やナショナリズムなど近代的な思潮を摂取するとともに，近代的な教育運動を推進し始めるなど，経済・文化方面において従来にない新しい動きが顕在化しつつあったことである[97]. 興味深いことに，ホタンのようなタリム盆地周縁オアシス地域の辺縁にある土地においても，同様の変化の兆候が見られつつあった．テュルク系の著名なナショナリストであるMuḥammad Amīn Boghraの履歴に関する清水由里子の研究によれば，1910年代，ボグラが10歳代の頃，伯父である医者のムハンマド・ニヤーズMuḥammad Niyāzの家が，そこに集まった西トルキスタンなどと取引のある商人たちにより，他のイスラーム諸地域における見聞が披露され，それらの地で発行された新聞・雑誌・書籍がもたらされることを通して，ホタンにおける近代的な知識や情報の交流のサロンのような役割を果たしていたという．また，新疆からメッカへの巡礼経路上にあったインドのデオバンドから巡礼者たちが持ち帰った新聞・雑誌類などもホタンに持ち込まれ，受容されていたといわれる[98].

他方，知識・思想における側面だけではなく，人々の生活文化のレベルにおいても，20世紀初頭あたりから実はかなりの変化が生じつつあった形跡がある．たとえば，カシュガル駐在英国代表であったSir George Macartneyの夫人は，当時の変化について，1898年に自分がカシュガルに来たときは，ごくわずかな外国製品が入っているだけであったが，到着してすぐに大きな変化が始まったと記している．すなわち，ロシア領やインドから様々な材料，備品，道具，家具・付属品，砂糖，白い小麦粉が入ってきて，富裕な商人たちは椅子やテーブルを使ったヨーロッパ風家屋を建て始め，一般の人々はロシア製の布地を着るようになった．とくに，カシュガルのまちの普通の仕立て屋が，シンガー・ミシンを使用するようになるなど，人々の生活様式・物質文化に顕著な変化が表れていたというのである[99]．また，1910年代にトルファンやクチャにおいて仏教遺跡の調査に当たったドイツ人のAlbert von Le Coqも興味深い叙述を残している．ル・コックは，クチャから南方のShahyārに行く途中のトクス村で村長の家を訪ねた際，使われなくなった昔のズボンにある伝統的で美しい刺繍を，村長夫人たちから購入した．というのは，ロシアとの交渉が開かれてから，ロシアのプリント模様の木綿製品が好まれるようになり，こういう伝統的な「趣味のよい」刺繍品は着られなくなったからであるという．バレーの踊り子の絵柄を単調に繰り返したロシア・モスリンの肌着をつけた婦人を見かけたことさえある，とル・コック自身はこの地におけるロシアの工業製品の浸透と住民たちの嗜好の変化を嘆かわしい現象として批判的に記している[100)]．

このような当時の新疆のムスリム居住地域における歴史的状況に関して，Ildikó Bellér-Hann はその歴史人類学的研究において，中華人民共和国成立後のドラスティックな変化に対し，徐々にではあるけれども当地域の社会がすでに1880年代から近代的な変化を経験してきていたという，注目すべき議論を提示している．そしてその様々な局面として，ヨーロッパやロシアのモノや人，科学技術などと接触し，関連する新しいハードやソフトを取りいれていったこと，逆にテュルク系ムスリム社会からトルコやヨーロッパ，ロシア領などの地域に留学し，戻ってきて新しい科学技術，思想などをもたらした事例があったこと，などを指摘している[101)]．

その中で，スウェーデン伝道団の存在のとりたててユニークな点は，単なる「モノ」にとどまらず，生身の人間がまさに同時代のヨーロッパにおけるモノや習慣などを含め，直接的に現地の人々と接しながら，人々に現前していたということである．とくに医療は，近代的な科学技術の実際面における「効果」を実感させるものとして，単に病気治療で人々に恩恵を与えたというだけでなく，認識面に対しても重大な影響を招来したと考えられる．しかも前述のように現地人を訓練し，医学や印刷術の知識・技術を習得させるなど，ソフト面における新知識・技術の伝授を図った点においても特筆に価しよう[102)]．また，前述のように出版については，とくに知識人に対して一定の影響があった形跡がある．

他方，宣教師側の当地ムスリムに対する認識としては，自らの現地における言語調査の際に宣教師たちと親しく接したヤーリングによれば，一般的に厳しいものであった．すなわち，ムスリムはイスラーム信仰により魂を失っているだけでなく，迷信などの誤った信仰に毒されているとみなされていた，と言われる[103)]．アジア地域におけるキリスト教宣教の性格づけにおいてよく指摘されるように，「遅れた」，「迷信的な」社会の人々をキリスト教と西洋文明によって教化しようという意識が支配的であったと見られるのである．そういう点においては，単にキリスト教という異教の宣伝を図るという側面のみならず，ムスリム社会の一部に反発を呼ぶ要素をともなっていたとも考えられる．また，彼らがヨーロッパにおける生活様式・習慣をそのまま持ち込んでいたために，たとえば女性宣教師たちのヨーロッパ人女性としては当たり前の振舞にしても，一部のムスリムの倫理観からすれば，女性として奔放で非常識な姿ととらえられ，不愉快の念を抱かせる場面が少なからず見られた可能性は十分に想定される．

さらにもう一つ，伝道団とムスリム住民との関係性という点において，無視できない側面について少し触れておく必要がある．宣教師たちは，テュルク系ムスリムの言語・文化・社会を研究し，部分的には言語学や民俗学的な方法論でもって「学問的」に分析し，その成果をスウェーデン語や場合によっては英語で書いてスウェーデンや他のヨーロッパの国々で発表した．このような活動は，それまで十分には知られていなかった当該地域の具体的な姿を「世界」に知らしめるという点で重要な役割を果たしたけれども，しかし他方でそれは，キリスト教徒のヨーロッパ人という文化的な他者が，一方的に当該地域に対するイメージと理解の枠組を形作り，それらを近代世界における知識の文脈の中に嵌めこむものであったとも言えるのである．また，医療面においては，各種の出版物等において，当該地域の不衛生な状況とそこでの地方的な疾病の存在を明らかにする言説を「世界」に提示するという，上記と同様の側面だけでなく，薬品による治療行為や，病気感染を予防するための衛生指導などを通じて，当地域の人々の身体とその周囲の環境に直接的に働きかけ，近代医学の知識体系によってそれらを規律化し，コントロールするという側面があったとも考えられる．要するに，彼らの活動は，政治的な支配と直結する，あるいはそれを裏打ちするようなものではなかったけれども，文化的な他者による，ある種の知的な権力性を内包するものであったといっても過言ではない[104]．

以上のように，伝道団とムスリムとの関係性には様々な側面を見ることができるけれども，彼らの持つ新規なモノや生活様式，知識・技術などを，ソフト面・ハード面を含め，ある程度好意的に受け止める，あるいは受け入れる雰囲気が，ムスリム社会において一定程度醸成されてきた可能性は指摘したい．それは，当時のムスリム社会において，様々な方向性からの「近代性」の流入，その一部のムスリム社会への浸透という変容プロセスの一環として進行したとも考えられるのである．

おわりに

以上述べてきた点を簡単にまとめてみよう．

(1) 1894年から活動を開始したスウェーデン伝道団は，カシュガル，ヤルカンド，イェンギ・ヒサール，カシュガルのイェンギ・シャフルという4箇所に拠点を設置し，布教活動に従事した．拠点のある都市およびその周辺，さらにはそれ以外のオアシスでも精力的に宣教活動に従事したけれども，一部のイスラーム知識人の間には抵抗感を示す人々も存在した．また，少なくとも1910年代までのキリスト教改宗者は，伝道団拠点のスタッフとなったムスリムを中心としており，少数にとどまったと言える．

(2) これに対して，狭義の宣教以外の近代的な医療，キリスト教式の近代的な学校教育，現地テュルク系言語による印刷出版といった伝道団の多様な活動は，ムスリム社会に一定の反響をもたらした．これらは，伝道団から言えば，様々な機能を有機的に結びつけ，キリスト教の布教とキリスト教徒コミュニティの拡大という目的に焦点を結ばせる形で構想されていた一方で，ムスリムにとっては，それぞれの局面においてそれぞれの感覚をもって受容された面があるのではないかと想像される．

(3) 当時のテュルク系ムスリムの住民にとって，そして当時の彼らの社会・文化にとって，スウェーデン伝道団がどのような存在であったのかを知るのは難しいけれども，宣教師たちがその日常生活の中で当地域に持ち込んだ当時のヨーロッパにおける新規なモノや生活様式，医療や印刷を通してムスリムたちに伝授した新しい知識・技術などは，ムスリムにある程度肯定的に受け入れられた可能性がある．当時の新疆ムスリム社会においては，様々な新規の物質文化・習慣，技術，文化・思想などがハード・ソフト両面で流入して，社会変化を促していたと考えられるが，その中で伝道団は当該地域に常駐する生身のヨーロッパ人としてムスリム住民と直接接触し，影響を与えた点に特色があると言えよう．

さて，1920年代になると，実際面において孤児院や学校が，伝道団側のデータながら数量的に顕著な発展を見せたことから（表1を参照），スウェーデン人宣教師を中核とするキリスト教徒コミュニティという，ムスリム社会から見て異質な宗教者の集団が，空間的にはムスリム居住地域の内部に，しかもムスリム社会と接触する形で明確な姿を現しつつあったことが窺われる．他方，1910年代になると，ムスリム社会において新しく台頭した民族資本家や近代的知識人の手により，近代的な学校教育を普及する運動が推進され，それとの関連においてスウェーデン伝道団の学校がムスリムの指導者たちにより問題視されるようになる．おそらくこのような事態の進展を背景として，1923–24年にムスリム社会の側から伝道団に対する負のリアクションが，大規模な示威運動という際立った形態で発生することになるのである．伝道団とムスリム社会との関係性の様相について理解する上で重要な意味をもつその経緯と背景などについては，1930年代における大規模ムスリム反乱中の状況に関する検討も併せ，現在準備中の別稿に譲りたい．

* 本稿に関する研究においてスウェーデン聖約教団本部（ストックホルム）を訪問した際，様々な御配慮や御教示をたまわった．示して感謝の意を表したい．

1) テュルク系言語を用い，イスラーム教を信仰する，新疆のオアシス地域定住民は，現在の民族区分においては「ウイグル」として知られる．「ウイグル」という民族区分と民族呼称は，1920年代にソヴィエト領で採用され，新疆においては1934年に導入されたと言われているため，本章が扱う時代の範囲を考慮し，本章においては用いない．

2）大石真一郎（1996）「カシュガルにおけるジャディード運動――ムーサー・バヨフ家と新方式教育――」（『東洋学報』第78巻第1号）001-026頁を参照．

3）Forbes, Andrew D. W. (1986), *Warlords and Muslims in Chinese Central Asia : A political history of Republican Sinkiang 1911-1949*, Cambridge and New York : Cambridge University Press に詳しい．

4）Hultvall, John (1981), *Mission och revolution i Centralasien : Svenska Missionsförbundets Mission, Östtuukestan 1892-1938*, Stockholm: Gummessons.

5）Jarring, Gunnar（1991）, *Prints from Kashghar : The Printing Office of the Swedish Mission in Eastern Turkestan, History and Production with an Attempt at a Bibliography*, Stockholm : Svenska Forskningsinstitutet i Istanbul.

6）周軒，崔延虎（1998）「瑞典伝教団在喀什噶爾研究」（『西域研究』1998年第4期），31-42頁; 木拉提・黒尼亜提（2002）「喀什噶爾瑞典伝教団建堂歴史考」『新疆社会科学』2002年第3期，64-71頁．

7）Äsät Sulayman (2006), *Özlük wä Kimlik: Yawlopa qirghaqliridin Märkiziy Asiya chongqurluqlirigha qarap*, Ürümchi; Shinjang Uniwersiteti Näshriyati, pp. 147-186.

8）Hultvall, J., *op. cit.*, pp. 135-138 を参照．

9）新免康（1996）「スウェーデン所在の東トルキスタン関連史料について」（『内陸アジア史研究』第11号）を参照．

10）本章で用いられた宣教師の日記・メモ類は，資料収集当時に参照可能であったものに限られており，新疆で活動した宣教師たちのうちの一部による記述にしか過ぎない．したがって，それらに依拠した本章の議論の部分にも，相応の偏りが含まれている可能性を否定できない．

11）ルント大学所蔵のいわゆるヤーリング・コレクション（Jarring Collection : 以下JCと略称）の中の写本コレクションに，ある程度まとまった形で見出すことができる．Prov. 476 および Prov. 524.

12）不平等条約の天津条約（1958年）・北京条約（1960年）において，外国人宣教師によるキリスト教布教権，宣教師・中国人信徒の安全保護を保証した保護享有権が規定され，中国でのキリスト教布教に有利な条件が形成されたため，それ以後，ヨーロッパからの宣教活動が活発化した．

13）Hultvall, J., *op. cit.*, pp. 44-46.

14）Hultvall, J., *op. cit.*, pp. 53-54 ; Jarring, Gunnar (1986), *Return to Kashgar*, translated from the Swedish by Eva Claeson, Durham : Duke University Press, p. 9.

15）Högberg は，建築家としても有能な人物であったらしく，カシュガルの英国領事館の設計を担当したことでも知られる．その外観は，スウェーデン伝道団施設の建物と類似している．1913年10月17・18日に，ホグベリも交えて竣工祝賀会が行われた（India Office Records（IOR），L/P&S/10/825, P3128/1912, Diary for the month of June 1912. 1 June -- Arranged with Mr. Hogberg to begin at once the construction of the Consulate buildings ; IOR, L/P&S/10/825, P5109/ 1913, Diary for the month of October 1913）．なお，現在の其尼瓦克賓館の敷地内，ホテル施設の裏側に，当該建造物がほぼ当時の姿のまま現存している．

16）Högberg, L. E.（1917），“Våra Missionsstationer,” in Lundahl, *På Obanade Stigar*, Stockholm: Svenska Missionsförbundets förlag, p. 355.

17）IOR, L/P & S/20/A118/2, *Military Report on Sinkiang (Chinese Turkestan) 1929*, “Sketch map of Kashgar”（in pocket at end）を参照．

18）Högberg, L. E. op. cit., p. 351.

19）Hultvall, J., *op. cit.,* p. 56. ただし，木拉提・黒尼亜提は新疆檔案館所蔵の檔案資料に基づき，光緒19年（1893年）に最初の「福音堂」が建設され，1897年にヤルカンド県城から約1里の場所にそれが移設され，その後1909年に同地に学校と病院が増設されたとしている（木拉提・黒尼亜提前掲論文，67頁）．1893年に建設されたという「福音堂」がどの程度の規模のものであり，どの程度の役割を担ったかは明確ではない．

20）カシュガルには，ムスリムが居住する元来のカシュガル市であるクフナ・シャフル（旧城，回城）と，清朝時代に政策的に築造された要塞都市で，クフナ・シャフル南方に位置するイェンギ・シャフル（新城，漢城）が存在した．イェンギ・シャフルを宣教師たちは総じて「漢城」という名称に因んでHanchengと呼称した．イェンギ・シャフルの住民は漢族が多かったと見られる．

21）Hultvall, J., *op. cit.,* p. 97. 木拉提・黒尼亜提によれば，最初の「教堂」は1897年に創設されたが，その後1908年にJohn Tornquist（栄通貴）によって新たに「福音学堂」が建設されたという（木拉提・黒尼亜提前掲論文，70頁）．

22）Hultvall, J., *op. cit.,* p. 98；木拉提・黒尼亜提前掲論文，70頁．

23）山本澄子（2006）『中国キリスト教史研究』山川出版社，33−38頁などを参照．

24）Matsumoto, Masumi（2005），“Protestant Christian Missions to Muslims in China and Islamic Reformist Movement,” *Nippon Chutogakkai Nenpo (AJAMES)*, Vol. 21, No. 1, pp. 151−152. そこでは中国回民（現在の回族）も宣教対象とされた．

25）1904−37年の間の改宗者がわずか19名という記録もある（Benson, Linda（2008），*Across China's Gobi : The lives of Evangeline French, Mildred Cable, and Francesca French of the China Inland Mission*, Norwalk : East Bridge, p. ?（本書はページ番号記載を欠く））．

26）いったん帰国後，志願してふたたび新疆に長期滞在した宣教師も少なくない．

なお，スウェーデンと新疆との間の移動経路は，ロシア領（ソヴィエト領）中央アジア経由（鉄道でアンディジャンへ，そこからキャラバンでオシュを経由し，山越えでイルケシュタムからカシュガル方面へ），もしくは英領インド経由（船でインドへ移動し，鉄道でスリナガルへ，そこからキャラバンでレーなどを経由し，パミール越えでカシュガル方面へ）であったが，ロシア革命後しばらくの期間を除き，相対的に前者が多かったようである．なお，アンディジャン～カシュガルの行程については，ÖS, vol. 50, Gustaf Adolf Arells dagbok, pp. 34–38, 10 Oktober till 17 Oktober 1913. に詳細な記録がある．

27）カシュガル・オアシス南部に位置する村落と推定される．Toquzaq. Stein, Aurel (1928), *Innermost Asia : detailed report of explorations in Central Asia, Kansu and eastern Īrān*, Oxford : Clarendon Press, vol. 4 : Map of Chinese Turkestan and Kansu, Serial No. 2 : Kashgar, Muztagh-Ata を参照．

28）ÖS, vol. 50, Gustaf Adolf Arells dagbok, p. 44, 28 Januari 1914.

29）真田安（1986）「都市・農村・遊牧」（佐藤次高編『講座イスラム 3 イスラム・社会のシステム』筑摩書房），134–135 頁．

30）ÖS, vol. 50, Gustaf Adolf Arells dagbok, p.139, 10 Mars 1919, 11 Mars 1919.

31）Niströmの記録に基づけば，改宗していないムスリムで，ミッションの拠点にて働いていたスタッフと考えられる．

32）1914 年版のキリスト教宣伝パンフレットで，ページ数は 76 頁（Jarring, *Prints from Kashghar*, p. 43）．

33）現在のカシュガル（喀什）地区ヤルカンド（莎車）県タガルチ（塔尕爾其）郷．

34）現在のカシュガル（喀什）地区メルケト（麦蓋提）県鎮．

35）現在のカシュガル（喀什）地区マラルバシ（巴楚）県アラガル（阿拉格爾）郷．

36）ÖS, vol. 79a, Rickard Niströms Östturkestansamling, pp. 18–19, “Missionsresa till Maralbashi”.

37）たとえば，ÖS, vol. 50, Gustaf Arells dagbok, p. 135, 11 November 1918; ÖS, vol. 89, Material från missionaren Elin Svensson, dagbok, p. 7.

38）Arellの記述によれば，隣に陣取って人を集めていたクルグズの占い師に，バイブルにもコーランにも魔法は禁止されていると議論をふっかけて追い出し，自らの説教を続けたというようなエピソードも示されている（ÖS, vol. 50, Gustaf Arells dagbok, pp. 140–141, 14 Mars 1919）．

39）カシュガル市南東方向に位置する．現在のカシュガル（喀什）地区イェンギ・シャフル（疏勒）県ハンアリク（罕南力克）郷．

40）ÖS, vol. 50, Gustaf Adolf Arells dagbok, p. 142.

41）現代ウイグル語ではニムシェヒト（Nimshehit）．

42）Azad Rähmitulla Sultan, Kerimjan Abdurehim (2006), *Uyghur Ädäbiyati Tarikhi*, 4, 1-kitab, Beyjing : Millätlär Näshriyati, pp. 74–80. を参照．1931–33 年にカシュガルの代表的なマドラサであるハーンリク・メドレセで学んだと

言われる．

43）Abliz Osman (2003), *Pedakar Sha'ir : Nimshehit*, Ürümchi : Shinjang Khälq Näshriyati, pp. 39－40 ; Äsät Sulayman, *op. cit.*, pp. 165－166.

44）Raquette, Gustaf (1906), "Mission i Kinesiska Turkestan", *Missionsförbundet*, 15 juri 1906.

45）Hultvall, *op. cit.*, pp. 152－153.

46）JC, Prov. 476, No. 6, p. 19, Ḥasan Akhun, Bībī Rābiya Khān から Raquette Ṣāḥib, Eva Khānim への書簡．日付なし．

47）ただし彼は，もともと英国籍であった者の子孫である．1933年のムスリム反乱の際に，ヤルカンドに進出したホタン反乱軍の司令官 Amīr 'Abd Allāh による伝道団迫害で被害を受けたもののかろうじて難を逃れ，その後少女孤児院の教師 Jacob Stephen らとともにカシュガル経由で同年10月にインド方面に出た（Jacob Stephen (1947), *Flykting för Kristi skull*, Stockholm, pp. 41–53）．

48）イスラーム法上，伝統的な判断においては，棄教者は原則として死刑とされるが，実際上は処刑は避けられるとも言われる．

49）Jarring, G. (1986), *Return to Kashgar*, p. 97.

50）Äsät Sulayman は，現代のウイグル人知識人としての立場から，キリスト教の布教が，改宗にともなってウイグル人家族たちに分裂・離散という悲劇をもたらすとともに，ウイグル人の信仰面・精神面における民族的な統一性にマイナスの影響を与えたと指摘している（Äsät Sulayman, *op. cit.*, p. 168）．

51）Reman ＜ Rehman ＜ Raḥmān.

52）ÖS, vol. 50, Gustaf Arells dagbok, p. 147, 1 November 1919.

53）JC, Prov. 476, No. 6, p. 10, Sipurgī Akhun から Raquette Ṣāḥib, Eva Khānim への書簡．また，JC, Prov. 476, No. 6, p. 16, Ḥasan Akhun, Bībī Rābiya Khān から Raquette Ṣāḥib, Eva Khānim への書簡には，ミッションの資金の一部を持ち出して去った事例が見られる．

54）Hultvall, J., *op. cit.*, p. 77.

55）Ibid.

56）たとえば，主にヤルカンド拠点で医療に従事した前述の宣教師の Raquette は，リヴァプール大学で熱帯病医学を修めたことで知られる．また，時代が下った1920年代についてながら，カシュガル駐在英国総領事の Skrine は，やはりヤルカンド拠点に駐在した宣教師で，医師でもある Niström について，この地域でまったく唯一の西洋歯科医だと述べている（Skrine, C. P. (1926), *Chinese Central Asia : An Account of Travels in Northern Kashmir and Chinese Turkestan*, London : Methuen & Co. Ltd., p. 126）．

57）1929年にカシュガルを訪問して調査に従事した Jarring は，現地でチフスに感染して発病し，重篤な状態に陥ったが，宣教師たちの看護により一命をとりとめた（Jarring, G. (1986), *Return to Kashgar*, pp. 124－125.）．

58） Raquetteによれば，ヤルカンドの土着人口の少なくとも80%は罹患していたという．詳しくはRaquette, G.（1917), "Sjukhus och läkaremission," in *På Obanade Stigar*, pp. 401-402. を参照．なお，一般に地方性の単純性甲状腺腫は，飲料水や土壌に含有されるヨード分の不足によって起こると考えられる．

59） Mannerheim, C. G.（1969), *Across Asia from West to East in 1906-1908*, vol. 1, Oosterhout : Anthological Publications（Originally published : Helsinki : Fenno-Ugrian Society, 1940), p. 61; Äsät Sulayman, *op. cit.*, pp. 155-156.

60） 医薬品は，ロンドンから英領インドを介して取り寄せられたと言われる（Hultvall, *op. cit.*, p. 78). 1930年代の状況として，トーマス・クック社（Thomas Cook and Son Limited）を介して注文し，レー（Leh）に拠点を置いていたモラヴィアン・ミッションまで搬送し，そこからパミール越えのキャラバンで送ってもらうという方法がとられていた（ÖS, vol. 79a, Rickard Nistroms Östturkestansamling, Nistroms brev, "Order of medicine", Letter to Bishop F. E. Peter, Moravian Mission, Leh, June 30th 1934).

61） Raquette, G.（1917), "Sjukhus och läkaremission," in *På Obanade Stigar*, p. 401.

62） JC, Prov. 476, No. 6, p. 53. 1923年に伝道団に反対するムスリム住民の示威運動が行われ，伝道団は攻撃に晒されることとなったが，その際，Niströmとともに抗議者に対して対応したとされる同名の「最近の改宗者」（IOR, L/P&S/10/976, P. 1660/1924, C. P. Skrine, 01/02/1924, Kashgar diary for December 1923 and January 1924, No. 4 : Agitation against the Swedish Mission.）は，同一人の可能性もある．

63） Prov. 476, No. 6, p. 51.

64） Raquette, G.（1917), "Sjukhus och läkaremission," in *På Obanade Stigar*, p. 405.

65） Äsät Sulayman, *op. cit.*, p. 163. 前述のNīm Shahīdの記述によると，冊子を受け取らなかった患者には薬が処方されなかったという．

66） JC, Prov. 476, No. 6, p. 24, Ḥasan Akhun, Bībī Rābiya KhānからRaquette Ṣāḥib, Eva Khānimへの書簡．

67） カシュガルの郊外に位置するアルトュシュの出身．1944年に勃発したイリにおける反乱の結果樹立された東トルキスタン共和国政府において教育大臣を務め，中華人民共和国成立後には新疆ウイグル自治区主席や全国人民代表大会常務委員などを歴任した．

68） カシュガルの拠点の場合，拠点の敷地内において病院は東の隅に，集会堂はその西隣りすぐの場所に位置しており，このような手順には適した造りになっていたことがわかる（Högberg, L. E., "Våra missionsstationer," in *På Obanade Stigar*, p. 351).

69） Säypidin Äzizi (1990), *Ömür Dastani, 1, Zulum zindanlirida*, Beyjing :

Millätlar Näshriyati, pp. 41–43.

70）カシュガルやヤルカンドなどテュルク系ムスリムの居住地域においては，様々なイスラーム聖者の墓廟（マザール）に対する参詣行為が歴史上盛んであり，アーファーク・ホージャの墓廟はカシュガルにおける最もポピュラーなものである．当マザールをめぐる歴史的状況については，佐口透（1995）『新疆ムスリム研究』東京：吉川弘文館，第Ⅱ章を参照．

71）宣教師の一人も日記の中で，当時のアーファーク・ホージャ廟のにぎわいについて，敷地の中を進むのが難しいほど多数の人々が集まると述べている（ÖS, vol. 50, Gustaf Arells dagbok, p. 87, 12 Juni 1915）．

72）JC, Prov. 524, No. 4, p. 48, ʻAbd al-Qādir から Ester Khānim, Moen Ṣāḥib への書簡（1936 年 7 月 9 日付）．アーファーク・ホージャの墓廟は，カシュガル市中心部から東北東方向に徒歩で 40 ～ 50 分の距離に位置する．

73）*Svenska missionsförbundet : dess uppkomst och femtioåriga verksamhet : Yttre missionen*, redigerad av Theodor Anderson, Stockholm : Svenska Missionsförbundets förlag, 1928, pp. 475–476. ただし，新疆省政府檔案に依拠した木拉提・黒尼亜提の研究によれば，1919 年に伝道団側から新たな土地の購入と拠点敷地の拡張の申請が地方政府になされたけれども，新疆省交渉署からの指示にしたがい，ヤルカンドの県政府はその申請を拒否したとされる（木拉提・黒尼亜提前掲論文，68 頁）．ただし，これが孤児院用の敷地の購入と建築に関する案件について言及したものかどうかは定かでない．

74）Skrine, C. P., *op. cit.*, p. 126.

75）Hultvall, J., *op. cit.*, p. 106; Äsät Sulayman, *op. cit.*, p. 157.

76）その後，1923–24 年の伝道団反対運動により打撃を被ったものの，1920 年代後半から 1930 年代初頭にかけてまた回復する，という過程を辿った．

77）Jarring, G. (1991), *Prints from Kashghar*, pp. 38, 44, 55. これらはすべて前述ヤーリング・コレクション中の「Prints from Kashghar」コレクションに実物が保存されている．

78）1884 年の新疆省設置後に，中国政府により政策的に漢語教育の義塾の設置が推進されたけれども，ムスリム側の抵抗に遭って実質上機能していなかったと言われる（片岡一忠（1991）『清朝新疆統治研究』雄山閣，第 4 章を参照）．

79）大石真一郎（1999）「ウイグル人の近代―ジャディード運動の高揚と挫折―」（『アジア遊学』1 号），31–35 頁．

80）1923 年にカシュガルにおいて，大衆の示威運動を含む，伝道団に対する大規模な反対運動が発生した（Hultvall, J., *op. cit.*, pp. 135–138）．この運動を主導したのは，ʻAbd al-Qādir Dāmullā ら，ムスリム自身による新方式の教育運動の中で中心的な役割を担った指導者たちであったとされる．

81）Mannerheim, C. G., *op. cit.*, p. 61.

82）Svenson, Elin (1917), “Våra skolor nu,” in *På Obanade Stigar*, p. 461.

83）Jarring, G. (1991), *Prints from kashghar*, pp. 9－10.

84）布教活動を展開する上で，対象となる社会の特徴を把握する必要性があったため，観察・研究がなされたのは当然の成り行きであった．その成果は，スウェーデンで出版された伝道団による著作に反映されている．とくに前掲の*På Obanade Stigar*は，伝道団の活動よりむしろ，カシュガル・ヤルカンド地域の社会の宗教・歴史・文化・民俗・産業などに関する体系的な叙述を主軸として構成されており，このような著作は，スウェーデンにおいて当該地域に対する知識が広がり，具体的なイメージが形作られる上で，大きな役割を果たしたと推測される．

85）Palmaer, G. (1945), "Gösta Raquette", *Ansgarius*, 1945. ラケットが執筆したテュルク語の文法書として，*Eastern Turki Grammar : Practical and Theoretical with Vocabulary*, Stockholm, 1912. が知られている．なお，Raquetteのテュルク言語の研究活動等については，Äsät Sulaymanがその著作において詳しく紹介している（Äsät Sulayman, *op. cit.*, pp. 178－181）．

86）Jarring, G. (1986), *Return to Kashgar*, p. 100. Jarringは，これら宣教師たちの残した記録や収集したテキストなどを基に，外交官としての仕事のかたわら，当該地域の言語・文化に関する研究に従事し，成果を出し続けた．

87）Jarring, G. (1991), *Prints from Kashghar*, pp. 76, 94－95, 105.

88）菅原純の研究によれば，1910・20年代の楊増新統治時代の新疆においては，伝道団を除けば印刷・出版施設はウルムチだけに限定されており，省政府の機関紙である『新疆公報』，その後続紙である『天山日報』などを刊行していた（菅原純『中国・新疆ウイグル自治区における文字と印刷・出版文化の歴史と現状―ウイグル語の事例を中心に―』, p. 8）．1918年にカシュガルで，カイロのアズハル大学留学経験をもつQutlugh Shawqīという，カシュガル出身のムスリム知識人が*Ang Geziti*という新聞を短期間刊行したという指摘もあるが（Nur Mähämmät Zaman (1988), *Uyghur Ädäbiyati Tarikhi*, Ürümchi : Shinjang Universiteti Näshriyati, p. 98），活字出版であったかどうかは定かではない．

89）伝道団の印刷・出版活動が可能であったのは，前述の不平等条約に基づき，伝道団が政府により保護されていたからであろうと思われる．省政府によりムスリム住民の印刷出版が制限され，ヨーロッパ人キリスト教徒によってのみ現地テュルク語の活字による印刷出版が行われたというのは，ムスリム社会にとって甚だいびつな構造と言わねばならない．

90）Wingate, Rachel (1951), "A mission of friendship to the Muslims of Turkestan," *The Muslim World*, Vol. XLI, No. 1, p. 14.

91）たとえば，Nyström, Rickard (1919), "Några intryck från basarbesök i Ostturkestan," *Ansgarius*, 14, 1919, p. 89. を参照．

92）コーヒーについては，他の宣教師の日記等にも頻繁に言及が見られる．たとえば，Arellが，Raquetteの誕生日にラケットを招いてくつろぎながらコーヒーを飲んだ，というような記述もある（ÖS, vol. 50, Gustaf Arells dagbok, p. 75, 7

Februari 1915).

93)　ÖS, vol. 71b, Sigrid Larssons dagbocker, 2, p. 18.

94)　Hultvall, J., *op. cit.*, pp. 135–138.

95)　彼らがムスリム住民たちを前にして披瀝した新技術としてもう一つ看過できないのは，カメラによる写真撮影である．伝道団拠点や避暑地たるボスタン・テレクでの宣教師とその家族の姿はもちろんのこと，当地域の風景やムスリム住民たちを撮影した多数の写真が残されている（Jarring, G. (1991), "Eastern Turkestanica in the Swedish National Archives," *Central Asiatic Journal*, Vol. 35, No. 1–2, pp. 55–61. を参照）．とくに宣教師の John Törnquist は，自ら撮影した写真をふんだんに用いたカシュガルに関する著作を出版している（*Kaschgar: några bilder från innersta Asiens land, folk och mission*, Stockholm : Svenska missionsförbundet, 1926）．当然ながら，宣教師たちがカメラを構えて撮影する姿を目にした，また，現像された写真を手にしたムスリム住民も少なくなかったに相違ない．

96)　一江（1989）「瑞典伝教士在喀什噶爾」（中国人民政治協商会議喀什市委員会文史資料研究委員会編『喀什市文史資料』第 4 輯，喀什日報印刷廠印刷），160 頁．

97)　新免康（1990）「新疆ムスリム反乱（1931–34 年）と秘密組織」（『史学雑誌』99 編 12 号），2–6 頁．

98)　清水由里子（2009）「ムハンマド・エミン・ボグラに関する一考察—その思想形成の背景と著作『東トルキスタン史』を中心に—」『日本中央アジア学会報』No. 5, 25 頁．デオバンドは，19 世紀後半に成立した，イスラームの古典的伝統を重視しつつ近代的な教育方法も排斥しないデオバンド派の本拠として知られる．

99)　マカートニ夫人（2007）『カシュガール滞在記』（金子民雄訳）連合出版（Lady Macartney, *An English lady in Chinese Turkestan*, London : Ernest Benn, 1931），86 頁.

100)　Le Coq, Albert von (1928), *Buried Treasures of Chinese Turkestan*, London : George Allen & Unwin Ltd, pp. 118–119.

101)　Bellér-Hann, Ildikó (2008), *Community Matters in Xinjiang 1880–1949 : Towards a Historical Anthropology of the Uyghur*, Leiden : Brill, pp. 56–57.

102)　ただし，伝道団の事例は，テュルク系ムスリムの居住地域全般を視野に置くならば，ヨーロッパ人による技術指導・移転が行われた唯一の局面ではもちろんない．たとえば，テュルク系の資本家であった Ḥusayn Mūsā Bay は，皮革加工の工場をバヤンダイに建設した際，ドイツから機械を搬入するとともに，ドイツ人技師を招聘して工場の運営に当たったという（大石真一郎「ウイグル人の近代—ジャディード運動の高揚と挫折—」，27 頁）．

103)　Jarring, G. (1986), *Return to Kashgar*, p. 102.

104)　この点については，本稿の直接的なテーマからずれるとともに，筆者の能力を超える部分があるため，これ以上の検討は差し控えたい．

参考文献

日本語文献

大石真一郎（1996）「カシュガルにおけるジャディード運動―ムーサー・バヨフ家と新方式教育―」（『東洋学報』第78巻第1号），001-026頁.

大石真一郎（1999）「ウイグル人の近代―ジャディード運動の高揚と挫折―」（『アジア遊学』1号），24-39頁.

片岡一忠（1991）『清朝新疆統治研究』東京：雄山閣.

佐口透（1995）『新疆ムスリム研究』東京：吉川弘文館.

真田安（1986）「都市・農村・遊牧」佐藤次高編『講座イスラム3　イスラム・社会のシステム』東京：筑摩書房, 107-148頁.

清水由里子（2009）「ムハンマド・エミン・ボグラに関する一考察―その思想形成の背景と著作『東トルキスタン史』を中心に―」（『日本中央アジア学会報』No. 5），21-36頁.

新免康（1996）「スウェーデン所在の東トルキスタン関連史料について」（『内陸アジア史研究』11号），65-81頁.

新免康（1990）「新疆ムスリム反乱（1931～34年）と秘密組織」（『史学雑誌』99編12号），1-42頁.

菅原純『中国・新疆ウイグル自治区における文字と印刷・出版文化の歴史と現状―ウイグル語の事例を中心に―』（URL：http://www.aa.tufs.ac.jp/~tjun/data/gicas/xjcpp.pdf, 最終閲覧日：2010年10月13日）.

山本澄子（2006）『中国キリスト教史研究』東京：山川出版社.

英語文献

Bellér-Hann, Ildikó (2008), *Community Matters in Xinjiang 1880-1949: Towards a Historical Anthropology of the Uyghur*, Leiden: Brill.

Benson, Linda (2008), *Across China's Gobi: The lives of Evangeline French, Mildred Cable, and Francesca French of the China Inland Mission*, Norwalk: East Bridge.

Forbes, Andrew D. W. (1986), *Warlords and Muslims in Chinese Central Asia: A political history of Republican Sinkiang 1911-1949*, Cambridge and New York : Cambridge University Press.

Jarring, Gunnar (1986), *Return to Kashgar*, translated from the Swedish by Eva Claeson, Durham: Duke University Press.

Jarring, Gunnar (1991), *Prints from Kashghar: The Printing Office of the Swedish Mission in Eastern Turkestan, History and Production with an Attempt at a Bibliography*, Stockholm: Svensca Forskningsinstitutet i Istanbul.

Jarring, Gunnar (1991), "Eastern Turkestanica in the Swedish National Archives," *Central Asiatic Journal*, Vol. 35, No. 1-2, pp. 55-61.

Le Coq, Albert von (1928), *Buried Treasures of Chinese Turkestan*, London:

George Allen & Unwin Ltd.

Macartney, Lady (1931), *An English lady in Chinese Turkestan*, London: Ernest Benn.（マカートニ夫人（2007）『カシュガール滞在記』（金子民雄訳）東京：連合出版）.

Mannerheim, C. G. (1969), *Across Asia from West to East in 1906-1908*, vol. 1, Oosterhout: Anthological Publications (Originally published: Helsinki: Fenno-Ugrian Society, 1940).

Matsumoto, Masumi (2005), "Protestant Christian Missions to Muslims in China and Islamic Reformist Movement," *Nippon Chutogakkai Nenpo (AJAMES)*, Vol. 21, No. 1, pp. 147–171.

Raquette, Gustaf (1912), *Eastern Turki Grammar: Practical and Theoretical with Vocabulary*, Stockholm.

Skrine, C. P. (1926), *Chinese Central Asia: An Account of Travels in Northern Kashmir and Chinese Turkestan*, London: Methuen & Co. Ltd.

Skrine, C. P. and Nightingale, Pamela (1973), *Macartney at Kashgar: New light on British, Chinese, and Russian Activities in Sinkiang, 1890-1918*, London: Methuen & Co. Ltd.

Wingate, Rachel (1951), "A mission of friendship to the Muslims of Turkestan," *The Muslim World*, Vol. XLI, No. 1, pp. 11–21.

現代ウイグル語文献

Abliz Osman (2003), *Pedakar Sha'ir: Nimshehit*, Ürümchi: Shinjang Khälq Näshriyati.

Azad Rähmitulla Sultan, Kerimjan Abdurehim (2006), *Uyghur Ädäbiyati Tarikhi*, 4, 1-kitab, Beyjing: Millätlär Näshriyati.

Äsät Sulayman (2006), *Özlük wä Kimlik: Yawlopa qirghaqliridin Märkiziy Asiya chongqurluq lirigha qarap*, Ürümchi; Shinjang Uniwersiteti Näshriyati.

Nur Mähämmät Zaman (1988), *Uyghur Ädäbiyati Tarikhi*, Ürümchi: Shinjang Universiteti Näshriyati.

Säypidin Äzizi (1990), *Ömür Dastani, 1, Zulum zindanlirida*, Beyjing: Millätlär Näshriyati.

スウェーデン語文献

Hultvall, John (1981), *Mission och revolution i Centralasien: Svenska Missionsförbundets Mission, Östturkestan 1892–1938*, Stockholm: Gummessons.

Nyström, Rickard (1919), "Några intryck från basarbesök i Östturkestan", *Ansgarius*, 14, 1919, pp. 88–97.

Palmaer, G. (1945), "Gosta Raquette," *Ansgarius*, 40.

På Obanade Stigar: Tjngoiem År i Öst-Turkestan. Svenska Missionsförbundets Mission i Öst-Turkestan, redigerad av J. E. Lundahl, Stockholm: Svenska

Missionsförbundets förlag, 1917.

Raquette, Gustaf (1906), "Mission i Kinesiska Turkestan", *Missionsförbundet*, 15 juri 1906.

Svenska missionsförbundet: dess uppkomst och femtioåriga verksamhet: Yttre missionen, redigerad av Theodor Anderson, Stockholm: Svenska Missionsförbundets förlag, 1928.

Törnquist, John (1926), *Kaschgar: några bilder från innersta Asiens land, folk och mission*, Stockholm: Svenska missionsförbundet.

漢語文献

木拉提・黒尼亜提（2002）「喀什噶爾瑞典伝教団建堂歴史考」（『新疆社会科学』2002年第3期），64－71頁.

一江（1989）「瑞典伝教士在喀什噶爾」中国人民政治協商会議喀什市委員会文史資料研究委員会編『喀什市文史資料』第4輯，喀什日報印刷廠印刷, 159－161頁.

周軒, 崔延虎（1998）「瑞典伝教団在喀什噶爾研究」（『西域研究』1998年第4期），31－42頁.

ルント大学図書館写本部所蔵ヤーリング・コレクション（テュルク語写本）

(Jarring Collection (manuscripts), Lunds universitets bibliotek)

Prov. 476 (letters to Swedish missionaries in Eastern Turki)

Prov. 524 (letters to Swedish missionaries in Eastern Turki)

ルント大学図書館写本部所蔵新疆スウェーデン伝道団出版物（テュルク語）

(Prints from Kashgar, Lunds universitets bibliotek)

Maktabda oquydurghan Turkī kitāb, Yarkand: S. M. S., 1911.

Högberg, L. E. (1914), *Tiriklikning yoli*, Kashgar: S. M. S. Mission Press.

Raquette, G. (1914), *Alef-be kitābi*, Kashgar: S. M. S. Mission Press.

Maktab kitābi: Alef-be kitābining tadrīji, Kashgar: S. M. S. Mission Press, 1920.

'Ilm Tabī'at Awwalqi Juzz' Haywanāt bilän Ādam, Kaschgar: Svenska Missionstryckeriet, 1920.

Ahlbert, G. (1929), *Altä Shahrning zabāni Kāshghar wa Yārkandda pütüladurghangha muwāfiq Kitāb-i 'ilm-i imlā*, Kashghar: Swedish Mission Press.

Hermansson, O. (1935), *Altä Shahr Turkī: 'ilm-i nahw wa sirf*, Kaschgar: Svenska Missions- tryckeriet.

Hermansson, O. (1936), *Ottura Āsiyāning Tārīkhi*, Kāshghar: Swīdish misionning basmakhānasi.

スウェーデン国立文書館所蔵新疆スウェーデン伝道団関連文書

(Östturkestan samlingen, Riksarkivet)

vol. 50, Gustaf Adolf Arells dagbok.

vol. 66b, Lars Erik Högbergs samling, handlingar rorande engelska konsulats bygget: Kashgar.
vol. 71a–71b, Sigrid Larssons dagbocker.
vol. 79a, Rikard Niströms Östturkestansamling.
vol. 89, Elin Svenssons dagbok.

英国インド省文書

(India Office Records (IOR), British Library)

L/P&S/10/825, Kashgar: monthly diaries, 1912–1920.
L/P&S/10/976, Kashgar diaries, 1921–1930.
L/P&S/20/A118/2, *Military Report on Sinkiang (Chinese Turkestan) 1929*, "Sketch map of Kashgar" (in pocket at end).

第4章

古代帝国に組み入れられる現代国家

——帝国型国家（Empire-state）と現代中国の国家形態——

侍　建　宇[1)]
（相田雅美 訳）

1．現代中国は国民国家か

現代中国において政府の，いわゆる「『辺境』少数民族」に対するロジックは，一貫して政治主権がその焦点，核心となっている．それは，この地域の各民族と中原（中国大陸の中央部，黄河中流・下流地域）の交流が密接であること，中原の王朝は古来よりそれぞれの形式の辺境政策によってこの地域を統治してきたことを重点的に論証し，であるからその他のいわゆる帝国主義国家が中国の内政に干渉し，主体となる民族と少数民族の間の紛糾を利用して中国を分裂させ，利益を得ようとするべきではない，というものである．

このような観点による理解のもとでは「辺境統治」，「帝国と帝国主義」，「民族とナショナリズム（nation and nationalism）」の概念についても，同時に一種の相容れないロジックに陥る．実際，現代中国の統治は，過去の帝国統治の遺物を至るところで顕示し，同時にイデオロギーのうえでは，断固として帝国主義に反抗している．自らを「中華民族」であると公言し「国族（state-nation）」を作り上げようと企て，常に漢族をその主流として目立たせ，甚だしきに至ってはその他の非主流の少数民族を差別し，少数民族が異なる政治的主張をすることを許さない．新疆を例にとると，2003年に国務院が発行した白書『新疆の歴史と発展』の主張では，中国は紀元前1世紀に前漢が設置した西域都護府から起算して2000年以上も新疆をコントロールしているのだと公言している．実際には，中原の王朝が比較的近代的な国家形態によってこのアジア内陸の辺境地域をコントロールし始めたのは，せいぜい清代の乾隆朝からのことである．

複雑に錯綜した歴史的背景が絡み合う中で，中華民国も中華人民共和国も，一貫してウェストファリア条約の国家主権観から抜けだせず，中国民族／「国族」主義という濃厚な時代錯誤的主張（anachronism）を形成した．この論理は，過去の歴史的関係を近代国家形成の過程に無理にあてはめ「民族」，「近代国家」，そして「国民国家」が近代の歴史過程の中で形作られた産物であるということを根本から無視している．ゆえに孫文は「駆除韃虜，恢復中華」（韃虜〔満洲人による清朝〕を駆除して中華を回復せよ）と呼びかけると同時に「五族共和」[2] を呼びかける．また，費孝通は「多元的一体化した中華民族／国族」を作り上げようと結論づけ「単一の多民族国家」を堅持し，かつ強固に主張する[3]．清朝が残した帝国の版図を見据えると，20世紀を通じて中国は常に民族自決／復興の呼び声が満ちることによる分裂という内憂を抱え続けてきた．そのため，国家の政権側の視点からいえば「各民族自治区は，中国の不可分の領土である」という論調でそれに対抗する必要があったと理解できる．

現在の中国で辺境に位置している地域は，アジア内部では内モンゴル，新疆，チベット，および西南部の多民族の集中居住地域であり，東南部では香港，マカオ，台湾である．これらの地区は西欧とアジアが交流する地理的位置に属し，過去数千年の間にいくつもの農耕と遊牧の王朝政権が出現した．近代になると海洋から到来した帝国主義勢力が交戦する地帯となった．これらの地区の政権は頻繁に交代し，政治的アイデンティティも同様に混淆した．現在の中国政府のロジックが矛盾に満ちたものであり「兄弟王朝」あるいは「兄弟民族」というような関連のロジックを自由に使うとすると，事実上「国民国家」という枠組みを現代中国という国家に内包させ，一語で各集団の間の差異を解消させることは難しい．ゆえに，中国中央政府とこれらの地区における人々の諸集団との関係をどのように理解するか，そして中国の政治的国境と周辺地区に居住する各民族／「族群」（エスニック・グループ）との関係をいかにして安定させ，整えるのかという問題は，依然として研究に値するものであろう．

現代の国際関係学における基本的な学術的コンセンサスは，ヨーロッパ大陸での三十年戦争（Thirty Years War）の終結がウェストファリア体制（Westphalia System）の出現を促し，近代的主権国家の形態の基礎を確立したと見なしている．フランスとアメリカの革命に従って，強靱なナショナリズムが沸き起こり，後世に影響を与える深遠な仮説が生まれた．それがすなわち国民国家（nation-state）であり，国際関係の基本行動体を構成するものである．しかし，中国語と日本語ではこの国家の概念に対しての訳語も異なり，中国語では「民族国家／族国」，日本語では「民族国家／国民国家」[4)]とされており，nationalismの定義と翻訳においても「民族主義」あるいは「国民主義」というような違いがある．

「国民国家」は，もとは「民族の自決権（right of national self-determination）」の増強を主張するもので，単一の民族が自らの国家を構成する権利をもち，自らの民族共同の命運を握りかつ決定するというものである．しかし，政治の歴史が実際に展開するにともない，反植民地主義運動（anti-colonialism）によって生みだされた新興独立国家が現実には単一の民族から構成されたものではないという事態が出現し，実のところその大部分が「多民族国家（multi-national state）」であった．ゆえにナショナリズム研究が研究対象について論じる際には「エスニック・グループのナショナリズムと公民のナショナリズム（ethnic nationalism vs. civil nationalism）」という分類をする．多民族国家内部の民族関係の問題に対しては，生成された多数民族・少数民族（エスニック・グループ）としての意識を分析し，将来的に独立／分離主義運動が発展するのか，エスニック・グループの融合を望む可能性が進展するのか，について議論することになる[5)]．

もちろん「国民国家」が強調するポイントは，国家人民の公民権利意識を作り上げることであり，nation あるいは nationalism をこの角度から考察して「国民」と「国民国家」という異なる方法で翻訳するものである．これは表面的な字面の意義に拘泥するという意味だけではなく，国家の独立後に国家のアイデンティティを築き「非原初的」(no-primordial) な政治集団意識のうえに「国民」意識 (constructive state-nation consciousness) を構成しようとする意思を内包している．

このような多民族からなる「国民国家」の国家と民族をめぐる問題において，現代中国政府の民族政策は「民族平等」と「民族団結」という異なる二つのレベルを表す思考を包括している[6)]．

「民族平等」が強調する「法律意義」上の平等は，ただ受動的に社会の公平な価値を維持しようとするものではあるけれども，その政策的な意図としては，真に積極的に日常生活上において民族間の融合の機能を促進し，民族間の「交流過程」において被差別を意識させないようにし「民族団結」の戦略を通じて，各民族の友好関係促進を望むものである．

その「民族団結」は，概念のうえで２種類に分けられる．

第一の種類は「『政府』はいかにして異なる民族間の肯定的な友好関係を実現させるか？」ということである．これは実際のところ，中国の民族政策が概念上の「民族」と「エスニック・グループ」との間の矛盾という苦境に置かれていることを反映したもので，現在のやり方は両者の不満を故意に混同させるものである．

そもそも「民族」がともなうナショナリズム運動は，強固な「民族自決の政治」という意味を内包している．これに対し「公民ナショナリズム」の目的は「国民」としてのアイデンティティを積極的に築くことであり，同時に「エスノ・ナショナリズム」によって文化を区別し，血縁にもとづく種族としての多元的差異も肯定しはするけれども，政策設計を通じて，最終的には各エスニック・グループの国家に対する忠誠心を育て，人々が国家内部において有する権利と義務を平等にしようとするものである．

このような理解にもとづき，中国本土でも中国の少数「民族」の呼称を「族群」(エスニック・グループ) に改めようという声が上がっている．さらに過激な「中国の民族自治制度は民族団結に有害である」という疑念も起き，ついには「民族自治区」の廃止という建議さえ出ている．

しかし，中華人民共和国における民族政策の原則においては，共産主義における「民族消滅」という思考のロジックに基づき,ソヴィエトのモデルに倣って発展させた「民族識別」と「民族区域自治」により，少数民族に「民族」という法的位階を与えたのである．したがって中国共産党は「中華民族」という「国族」の概念のもとで国家の統一を保つためにソヴィエトの「民族加盟共和国」自治制度は捨て去ったけれども，依然として少数民族の「民族」としての地位を肯定してきた．それゆえ「中華民族」という「国族／民族の内部」の団結という思考に変容していったといえる．少数民族は「民族」であって「族群」(エスニック・グループ) ではない．現在では皆が「中華民族」という「集合民族 (collective nationality)」の概念のもとに結集し，帝国主義の挑戦に対峙する，——これがまさに，中国共産党の建国・立憲時の政治的コミットメントなのである．とすれば「民族」を「族群」に置き換えてみても，ただ少数民族の不満を増やし，かえって問題解決の糸口を失わせるだけであって，現代中国の民族論の整合性を保つこともできなくなってしまうということである．

「民族団結」の第二の種類は「いかにして『異民族』間の友好関係を深めるか？」という点である．これはさらに三つの思考回路に分けることができる．

① 「それぞれの少数民族の間」の団結（あるいはウイグル族と，漢族以外の新疆の少数民族間の相互の関係).
② 「少数民族と漢族」の団結（特にウイグル族と漢族の関係).
③ 「個別の民族の内部」団結.

たとえばウイグル族を主な対象として，上述の三つの思考回路について検討してみると，以下のようになる．① ウイグル族と回族，およびカザフ族等少数民族の間の相互関係（長い間続いてきたお互いに対する偏見をどのように解消し，交流を促すか）．② ウイグル族と漢族の関係（ウイグル族がどのように新疆へ移住してきた漢族を受け入れるか，また中国内地の漢族と新疆漢族をどのように区別しているか．新疆生産建設兵団の将来のモデルチェンジと発展の問題など）．③ ウイグル族の内部の関係（一般のウイグル族大衆が，海外へ亡命したウイグル族団体のリーダーについてどう考えているか．および中国国内の政府各層のウイグル族幹部や「民考漢」（漢族の学校で教育を受けた少数民族）等，民族エリートたちについての問題）．ウイグル族に視点を据えて考えると以上のようになるが，これと同様に，漢族とその他の少数民族という角度から民族関係の問題を検討することもできるであろう．要するに「中華民族団結」の塑造は「中華民族『内部の各民族』」が団結するかどうかにあるのである．

世界全体の構造において「中華『民族–国家』(Chinese nation-state)」は，現代の，国民国家を主体とする国際関係の体系に入っている．その前提として，上記のように複雑な中華民族／「国族」という構造を完成させなければならない．このように複雑な過程において，さらに共産主義における少数民族の「民族」的位置を混合し，清朝という歴史上の帝国の辺境地域が受け継いできた広大な土地と多くの領民という存在に直面して，それらの文化上の同化あるいは融合が不可能なだけではなく，概念のうえでも「族群」（エスニック・グループ）を「民族」に替わる政治的に独立した意義をもつ存在として設定することも難しい．そこで現代中国は，上に述べたような繁雑な「民族団結」の理論を掲げて「帝国型国家」の表面的な枠組みを具現化させる必要に迫られる，というわけである．

2．現代の帝国——帝国型国家と国際関係

現代世界の形成において，その大部分が帝国主義を通して資本主義と照応する政治制度を世界に向けて推し進めているとすれば，過去200年間にお

ける世界の発展は，実際のところ「西洋化」の過程であり，東洋はただそれを受け入れるだけで，東洋と西洋の間に有意義で対等な交流は根本から欠如していたといえる．ゆえに「東洋とは何なのか？」，「中国とは何なのか？」また「どこにあるのか？」，そして世界がそれぞれの経緯に対峙する中で中国をどのように位置づけるべきか，という重要かつ深刻な問題が生じる．つまり，中国とその背後にあるものが代表する東洋文明が，この世界でどのような役割を演じているのかということである．これらの問題は，19世紀以来絶えず難題であり，清朝，中華民国を経て，現在の中華人民共和国に至るまで，いくたびもの法律制度変更や運動のたびに提示され，省みられている問題であるにもかかわらず，その結論は出ていないのである．

(1)　国民国家は国際関係の唯一の主体ではない

ヨーロッパ帝国主義の拡張と縮小，冷戦勃発と収束にともない，それに関わる「国民国家」と「国民」(漢語：「国族」) の概念も引き続き誕生を誘発されて全世界に広がり，ついには20世紀の国際関係において主流の国家形態 (mainstream type of state) になった．第二次世界大戦の後，米国学界の「科学的国際関係学」は，異なるいくつかの「分析レベル」(levels of analysis) を通じて国際関係を理解しなければならないと強調してきた．国際レベルにおいては，国家を権力 (power) によって分類して大国と小国とに分け，大国の数にしたがって，それぞれ異なる「国際システム (international system)」，すなわち一極構造から多極構造にまで至る各タイプの国際システム (from uni-polar to multi-polar international system) が構成される，と見なすのである．そして研究の目的を分類し，各種の大国の主導下における「国際システム (international system)」の相互変化の可能性を検討するというものである[7]．

イギリスの学界においては，これとは別に，ヨーロッパ思想に源を発する「国際社会 (international society)」概念を発展させた[8]．それは最高権力者がいない状態であっても，単にそれを各大国の競争下における国際的な権力システムとしてのみ捉えることは決してできず，そこには一定の社会秩序が保たれる，というものである．イギリスの国際関係学派は，諸国家が共同で構成した社会（society of states）が出現する可能性を認めている．ヘドリー・ブル（Hedley Bull）は，著書『国際社会論——アナーキカル・ソサイエティ——』[9]の中で，まず国家を定義するものの，国際社会を定義はしない．しかし彼のロジックは，国家概念の構築の地点にとどまるものではなく，そこから始まって，それぞれの国家は必ず主権を有する[10]政府と，固定化された国境と，国民を持たなければならないとしたうえで，このような国家の間には十分な情報疎通と対話があり，相互の政策決定に影響し，それゆえにそれぞれの国家が一つの構造の中で運営される，とする．この構造全体が「国際社会」である，というものである．国家は社会において共同で約束された規範と規則（norms and rules）のような，彼らに共通する利益と価値を体験かつ理解して，共有の社会的価値（value）を生みだす，そして国内社会とは異なる特別な社会体制を構成し始める．ブルが「秩序（order）」という概念について議論する目的は，主権国家が構成する社会において，世界政治の秩序とは何か，その秩序はどのように国家によって維持されるのか，主権国家は世界秩序を維持できるか，などの問題を考察することであった．

このような理論的アプローチにより，国際体系の運用における権力のあり方を機械的な議論によって分析しても，当然ながらそれに比べて実際の国際社会には相対的な弾力性がある．国際関係は大国間の権力の平衡（balance of power）と権力の競争（power competition）のみで成り立っているのではなく，その他にも社会としての進化や発展（social evolution and development）の可能性というファクターもある．しかしこのような脈絡から導き出されてきた国家論も，やはり問題に満ちたものであった．問題は，イギリス学派の論じる国際社会は，ヨーロッパ大陸で発展してきた国際関係を基礎となるモデルとしており，国際社会発展の可能性という話も，全面的に通用するものではないということである．

つまり，欧米あるいは西洋に源を発する国際関係研究の基本的な問題点は「西洋」が成長して生まれた国際システムあるいは国際社会が，将来の国際関係発展の原型と基礎であると仮定していることにある．すなわち「非西洋」の政治実体 (non-western political entity) は，近代化という転換過程を経たうえで漸次「西洋」において統一的に発展してきた国際関係の構造に加われるという考え方である．こういった仮定のもとでは，たとえ「非西洋」の政治実体が，既存の国際システムあるいは国際社会に新たな動力あるいは元素を注ぎ込んだとしても，それは表面のごく浅い部分を修正するだけで，既存の国際関係の本質的な運営基盤を動揺させることはあり得ないことになる[11)]．簡潔にいえば「発展」とは全世界各地の政治実体が西側諸国のシステム（あるいは国際社会）に融合されていく「西洋化」の過程に過ぎない，という話になりかねない．

この問題を違った角度から考察すれば，過去の数百年の民族と国家の形態および近代の国際関係学の発展は，数千年の人類の政治実体の歴史から見れば，ごく短い特例の期間における現象であるともいえるのである[12)]．近代ヨーロッパで生まれた国民国家体系は，工業化に伴って植民地主義を拡張し，世界中に繁殖していった．ただし，このような国家形態を抽象化，理論化したのちに，逆に非ヨーロッパ国家を解釈し，あるいはアジアとアフリカ諸地域の国家形態の発展について語るとすれば，それは決して適切な態度とはいえないであろう．

もちろんこれは，オリエンタリズム的な発想の枠組みから現代のアジア・アフリカの国家とヨーロッパとの違いについて論じようというのではない．筆者が留意したい点は，もし西洋の国民国家あるいは民族主義という一面的な基準だけに従って思考するならば，おそらくアジア・アフリカの諸国家の特殊な環境と歴史的な経験の特殊性をなおざりにし，特定の研究方向の枠に無理矢理押し込めてしまう可能性が出てくる，ということである．そして，果ては国民国家のうねりの後，再び復元され，増殖していく可能性のある国家形態，あるいは，歴史に根ざし，変容してきた新型の帝国国家の形態をなおざりにしてしまうのではないか，ということである．人類の政治史においては，帝国が常態であり，近代的な国民国家こそ特例の変種といえるのかもしれない．現代の国際関係がその背景において歴史上の帝国（empire）の長期にわたる陰影から完全に抜けだすことができないでいる以上，冷戦後，米国の勢力が拡張し，中国とヨーロッパの国家形態が変容・発展し，いわゆるテロリズム（terrorism）に関わる抵抗勢力の活動（resistance）が出現する中で，21 世紀の国際関係が着実に発展するにともない，着実にある種の形の帝国が再起する可能性をわれわれは確認し，理解することができるのである．

(2)　グローバル帝国の変異と帝国型国家

ここで，マイケル・ハートとアントニオ・ネグリ（Michael Hardt and Antonio Negri）の著したグローバル『帝国 *Empire*』[13)] の構造を参照してみよう．『帝国』の中で 2 人の著者は，グローバリゼーションによってすでに資本主義がその姿を変えるとともに，国民国家の国境は消失し，過去の帝国主義とは異なる新たな「帝国」の主権形態が出現していると認識している．新たな帝国は「権力の中心を形成することはなく，固定的な国境や境界線に依存しない．それは脱中心的で脱領土的な支配装置である．その開放的で，拡張的な境界において，絶えずグローバル領域に対する統合を強化している」というのである．この場合の「帝国」とは，一種の体制であり，すべての「文明世界」を統治するものであり，帝国が統治する対象は社会生活である．ゆえに帝国体制は歴史の終点であり，帝国は歴史の外の永久かつ普遍的な平和の一種であり，帝国は強力な国際秩序である，とされる．二人の著者は，絶えず豊かで厚い帝国の構造を論証し，狭隘な主権理論の持つ制約に対峙する．そこにおいては，政治とエスニック・グループの境界性がもつ重要性に意味を見出さない．現代の国際関係研究の狭隘性が顕在化すると，国家間の競争が強調され過ぎてしまい，かえって背後にある交流の構造と動力がなおざりにされるのである．グローバルな全面的な社会的交流は，実は一種の帝国の階層構造の中で行われるので，現在の米国もただ共通の論理のもとでの帝国構造の一環にすぎないという．マイケル・ハートとアントニオ・ネグリが論じるところの現代グローバル帝国は，過去の歴史上の帝国と異なり，形態は無形である．帝国の管理は国家世界の力量を超えてグローバリズムの価値観を作りあげ，超国家的な法律規約が有効に国内法に浸透し支配する．戦争の地位は低くなって，一種の警察行動となる．監視・抑制と予防が，事後の解決よりも重んじられる．帝国は国家に対する多重の干渉権を持ち，軍事に限らず，道徳的干渉，法律的干渉などその他の形式でも干渉を行い得る，ということである．

しかしこのグローバル帝国は，何の／誰の主導による世界秩序を維持しようとするのであろうか．資本主義の意識形態面における動力を除くと，現実的な操作のうえでは，やはり米国を初めとする各種の連盟の利益を目指すのであろうか．もしこのようなグローバル帝国の構造のもとで各種の抵抗勢力がなお存在するとしたならば，そして現実の観察において，東アジアの中国と日本，南アジアのインドがこのグローバル帝国の構造の中で「悪事」を画策し，中国がこの案例に帰するのであれば，どのように過去と現在，そして未来を連結してゆくのだろうか．中国も次第に別の形の帝国型国家の構造を形成するのかどうか，そして資本主義と米国が率いるグローバル帝国の構造と境界を接してゆくのだろうか．実際，経済と貿易の規範，人権問題，果ては「反テロリズム」の態度において，米国を軸とするグローバル帝国の構造との拮抗関係という点で，中国にはすでにいくばくかの実績があり，今後の展開についても観察の必要がある．

ここで歴史的なプロセスに着目してみると，現代世界においては帝国型国家への方向性がいくつかのタイプにおいて現れてきたことがわかる．第二次世界大戦後の反植民地主義（anti-colonialism）が促進した変容のあり方を見

表　第二次世界大戦後の反植民地主義が促進した国家形態の変容

第１類型	ポスト帝国化	国民国家
第２類型	再帝国化	帝国型国家
第３類型	脱帝国と準帝国	第１，第２の類型に向かう転換期
第４類型	超帝国化	利益と価値が国民国家を促し，帝国型国家と転換期国家が各種形式により実質的に連盟をつくり，帝国式の国家に発展する．

てみると，以下のような4種類の類型に分かれる（表参照）．

第1類型：西洋の政治実体，あるいは近代西洋国家の発展の軌跡と同一視される政治実体を主体として集まり，形成された「ポスト帝国化（post-imperialization）」集団．主権独立を公言する国民国家が，現代の国際関係の主流形態である．

国際関係をこのように思考する方式は，ヨーロッパで始まり，全世界に輸出され，現実主義学派（Realism）が幾代も伝えていくものに精錬されていった[14]．その基本的な考え方によれば，国民国家は国内に対しても国外に対しても独立の自主権を持ち，国家間の対話において考慮されるべき主要なテーマは安全（security）であるとされる．それゆえ各国家は，すべて権力を最大化（power maximization）しようと争い，権力を外に向けて放射（projection）する．その結果，国家間の関係は，最終的には権力の合従と連衡を通じて権力の均衡関係を形成し[15]，平和を得る．さもなければ権力のバランスが失われ，戦争がそこで発生する，とされる．このようなロジックは根本に「セキュリティ・ジレンマ（security dilemma）」[16]という欠陥を持っているけれども，すべての国家が権力を追求すると仮定すると，権力の均衡は理論上ごく一時的な仮の姿にとどまることになる．皆が均衡のために権力競争を停止し，放棄することはないため，権力は国家の安全を強化することができないだけでなく，むしろ国家の非安全の基礎となってしまうのである．

さらにいえば，主権の独立した国民国家から構成される国際関係のロジックは，実は西洋の欧米国家が継続して発展することにとって利益となる．換言すれば，将来の理想的なグローバル国際社会は，少なくとも欧米の国際関係の版本を基礎にして，さらに発展と拡張を進めるものなのである．国際法のうえで築かれた欧米国家の一切の倫理と価値観は，いうまでもなく経済や貿易の運営ルール[17]，人権[18]，果てはエスニック・グループや民族の分離主義[19]などからなるが，国民国家の枠組みに基づく国際関係のロジックは，一方ではこういった一種の国際的な倫理的価値を導くとともに，他方では引き続き国家が権力を追求する動力として，国際社会をしかるべき方向へ向かわせようとする[20]．

「ポスト帝国化」の国家にとって，19世紀からの帝国は一種の汚名である．第二次世界大戦後，地域大国という概念によって世界秩序が再編され，共同で国際連合のシステムが構築されたが，同時に安全保障理事会の常任理事国により，権力の均衡と地域秩序の分業が制度化され，それぞれ権力範囲が暗示されることとなった．大国は非常に大きな割合で過去の帝国の機能を受け継いだけれども，しかし大国は名目上は帝国ではない．国際法上，大国は単なる独立した国民国家に過ぎないのである．

第2類型：過去の赫々たる歴史を積極的に回想し，復興を願い，現代的な富強を追求する「再帝国化（re-imperialization）」の帝国型国家．

これらの国家の出現は，19世紀における帝国主義の拡張と競争の時期に遡る．まず，必ずしもヨーロッパの海洋帝国のすべてが，おしなべて順風満帆に領域拡張を行ったというわけではなく，競合と交代を繰り返した．スペイン，ポルトガル，オランダ，そしてのちにはロシア，ドイツ，日本も一時期は権勢を誇りながらも凋落した実例となっている．しかし19世紀のヨーロッパ海洋帝国主義においては，帝国の心理状態は依然として伝統的な帝国意識のうえに留まっており，名目上は君主のために領土を拡大し栄光を獲得しようとするものであったけれども，実際上はやはり国家全体の実力の拡張を求め，富国強兵を進め，国家間の対抗に利用しようとする帝国主義であった．

これに対し，ユーラシア大陸の伝統的な大陸帝国は，19世紀から20世紀まで，産業革命が促したグローバルな重商主義の勃興と，海外市場と資源を求めたヨーロッパ帝国主義の勢力拡張に直面して，そのかなりの部分が植民地とされ，あるいは植民地とされる危機に晒された．屈辱を味わうこととなったこれらの帝国は，それゆえに，つねに汲々として過去の栄光を夢想するようになった．インド，オスマン帝国，そして中国はすべて類似の経験をしている．

ここで注目したいのは，ロシア帝国を引き継いだソ連が，どのように位置づけられるかである．20世紀の前半，帝国の競争にともなって，レーニン（Vladimir Lenin）は帝国に対して，帝国主義は資本主義の発展の最高段階であり，資本の独占に従って同盟が出現し，植民地に対する圧政が革命を引き起こす，という点を強調する見解をとっていた[21]．1918年にロシア革命が勃発すると，レーニンによって指導されたボルシェビキ（Bolsheviks）が政権を勝ち取った．当時はなお第一次世界大戦の渦中にあったが，ソヴィエト政権はドイツなどの諸国との間に『ブレスト＝リトフスク条約（Treaty of B）』を締結して，大戦から退いた．これによりポーランド，エストニア，リトアニア，ラトビア，ウクライナ，フィンランド，グルジア等の国が次々と独立して，ロシアは帝国としての領土の相当な部分を失ったため，ロシアの民族主義者たちの間には強烈な不満が惹起された．これに対しかつてのレーニンは，民族自決の原則を高々と掲げ，帝政ロシアの民族政策が「帝国主義」であると批判していた[22]．

しかしバクー（Baku）の石油資源を得るために，レーニンは1920年に赤軍を現地に侵攻させ，現地の議会を解散させるとともに，現地のボルシェビキを支持して，アゼルバイジャン・ソヴィエト社会主義共和国を設立した．その後赤軍は，アルメニアとグルジアにも侵攻し，これら3つの国を合併して，ザカフカース社会主義連邦ソヴィエト共和国を形成した．ソヴィエト連邦のこのような発展は，第二次世界大戦後に最高潮に達した．すなわち，ロシア帝国の概念はソヴィエト連邦の体制を通して姿を変えて復活し，毛沢東の批判を受けることとなった「ソヴィエト社会帝国主義」国家としてその姿を現したのである[23]．そのすることなすことはすべて，ロシア帝国の昔日の栄光を取り戻そうとするものであった．

20世紀のソ連は，決して成熟した帝国型国家だとはいえない．ソ連の意図するところは，共産主義のイデオロギーを取り入れ，世界の生産と社会構造を改造し直すことであった．ただし，発展に不利な当時の現実的な国際状況に遭遇し，スターリン（Joseph Stalin）は，レーニンの論を修正して[24]「一国社会主義（socialism in one country）」の理念を実践した．それはソ連を表面的な帝国型国家にした．しかし，それと同時にまたソ連は，コミンテルンを考慮し，全世界に向けて「超帝国化」を思考しなければならなかった．ソ連の発展過程はつねに不安定なものであり，結局は崩壊につながっていった．

第3類型：上記二つの類型の間に位置し，類型が転換している過程上に位置する「脱帝国化あるいは準帝国化（de-imperialization or quasi-imperialization）」という2つの方向がある．「脱帝国化」と「準帝国化」はいずれも転換期で，両者は第1類型あるいは第2類型の国家に向かって変化し，いくつかの要素の影響によって，さらに逆転する可能性もある．

米国が成熟した「ポスト帝国化」国家だとすれば，中国はまさに第3類型の「準帝国化」の転換期にあり，そして第2類型の「再帝国化」ともいえる「中華帝国型国家」方向へ転化しているようだ．

メフメト・オクル（Mehmet Okur）は「国民帝国（nation-empire）」の概念を用いて，2001年9月11日のアメリカ同時多発テロ事件の国際関係に対する衝撃と，それにともなう国家形態の変容を解釈している．オクルは，過去の歴史上の国家に対する現在の理解に，現段階の政治境域概念の転換が加わって，帝国主義を再び復興させると見ている．国際機関の機能は発揮されず，国際政治と経済の関係は絶えず一部の国家の私利のために再編され，一部の国家はやみくもに核武装を拡張しており，いわゆる政治認識は，国家の主体性の強化に過ぎないものとなっている，と論じている．権力の再地域化（re-regionalization of power）が進展していく趨勢には帝国主義的なあり方が表れており，それぞれの地域の中心となるのは「国民帝国」である．例えば米国，中国，ロシアが中心となり，周辺国家の権力はそれぞれの中心の国家に寄り添う．ヨーロッパ国家でさえ，フランスとドイツを中心に凝集しつつある．オクルによれば「国民帝国」は地域の社会と経済構造を変えるだけでなく，本来の主権概念を改めて定義し直そうとしている，というのである[25]．

このような議論の中でオクルは「国民帝国」が過去の帝国主義の運営ロジックを継承し，転化させると見ているけれども，しかしオクルがいうところの「国民帝国」は，基本的には国民国家が再度進化したものであり，真に民族問題に対処しようとはしないのではないかと考えられる．例えば，国民国家内部の主体／多数民族と少数民族の関係や，国民国家の内部文化の内包と認識を改めて作り上げる，といった問題への対処である．この点において「国民帝国」と帝国型国家とを対比してみると，そのどちらもが「権力の再地域化」を主張するけれども，帝国型国家の方はさらに国家内部の民族的要素を強調し，同時に政治・経済・社会・文化の再構築を進める一方で，国家外部に対してはその外交政策の影響を強化する．

現代中国を例にとると,中心から外に向かう輻射は3方向に向かっている．第一：内地と辺境地域，第二：中国と周辺の国家，第三：中国と世界，である．中国は辺境地域に対して，新疆，チベット，モンゴル，西南部等を含む「少数民族」と異文化には「民族自治制度」という管理方法を採用し，香港，マカオ，台湾との関係には「一国二制度」を原則としている．さらに外へ向かって，周辺のアジア国家との対話を進め，その他の帝国型国家との関わりから生まれる国際制度と秩序の確立を牽制する．中国にとっての上海協力機構（Shanghai Corporation Organization）と集団安全保障条約機構（Collective Security Treaty Organization）の中央アジア国際政治における意義は，この点から考察することができる．そして，たとえば近年の中国のアフリカや中東に対する営為に象徴されるような，中国と第三世界の交流関係の発展は，おしなべて現代中国が帝国型国家の方向に向かっていく「準帝国化」の過程によって必然的に規定される国家内部の変動を反映するものであろう．

江沢民時代以降，中国の外交辞令にはしばしば「大国外交」というロジックが登場しているが，この大国というのは伝統的な国際関係学が用いる「超大国あるいは大国（super power or great power)」の概念とは異なり「ポスト帝国化」あるいは「脱帝国化」の国民国家体系を区分するのに用いられる．もし大国が単純な意味で「総合的国力を強化」するものならば，中国脅威論が起きるのは必然であるといえる．しかし，中国の学者が述べるように，その「大国」の定義と機能は，大国間の関係において「協力でもって対抗に取ってかえる」という国際規範をさらに尊重すべきことを強調するものであり，同時に国内において改革開放政策の自由化の立場を保つことを可能にするものであるとされており，とすればそのことは少なくとも自らが「再帝国化」することに対する中国の期待を示すものであろう[26]．

中国中央テレビ局のドキュメンタリー番組『大国崛起』（大国の台頭）の最終回は『大道行思』というタイトルで，21世紀の大国の変化とそれに対する期待を詳細に述べ「永遠に平和で共に繁栄する和諧社会（調和の取れた社会）を作り上げることが，人類皆が努力すべきこと」と強調した．更に結論として「思想の文化浸透力，国家の凝集力，技術刷新，合理的な制度と国民の教育レベル」が大国に肝要なポイントであると認め，あたかも将来の中国が望む「大国」のモデルを暗示したかのようであった[27]．

再帝国化された帝国型国家を帝国主義の植民地のあり方と比較してみると「脱帝国化」の深層の目的は主体性（subjectivity）を求めることにある．陳光興は「批判的融合」（critical syncretism）を定義し「『融合』は高度な主体意識によって，自己の限界を越えるものであるため，植民地機構の『同化（assimilation）』を通じて総体的に作られる『雑種（hybridity）』とは異なっている」[28]と論じる．このようないい方には，植民され「同化」される側が壮絶に苦悶する姿をともなうけれども，国際関係と国家構築の観点から考察すると，最終的にはやはり「融合」という結果を招き，「脱帝国化」は往々にしてポスト帝国化を複製した国民国家の形態へと帰結する．興味深いのは「文化の融合（cultural syncretism）」の進展であり，それが，ひとたび歴史の記憶と想像，宗教，日常の生活習慣と人倫，更には文学と芸術によって伝達される表現様式と価値（流行の芸術「pop art」を含む）までをも巻き込むと，むしろ社会を構成する民衆を逡巡させ，国家のアイデンティティと形態の再構築にも影響することになる[29]．

第1類型と第2類型の政治体は，国際関係との連動の中で，故意にあるいは無意識のうちに**第4類型の「超帝国化（supra-imperialism）」転換の過程を進む．ポスト帝国化の国民国家，再帝国化の帝国型国家，及び転換期に位置**

する国家は，互いに地縁と空間を超えて実質的に連携し，同盟を結ぶことの利益と価値を認めて進行し，帝国式国家（state of empire type）**へと発展する．**

実際には近代の国民国家あるいは絶対主権概念は変化しており「超帝国化」への転換の過程で，各種の形式で同盟関係を進める．歴史的地縁を通じた政治の形によって，あるいは言語の伝播を通じて，また，軍事・経済・政治力の投射を通じて，優位国家の主導の下，価値を共にし，地縁を超えた空間である「文化圏」を作り上げ，国際関係はそこで「文化圏国際関係（inter-cultural-circle relations）」になる．文化圏というのは，伝統的な国際関係における「勢力圏（sphere of influence）」の概念とは異なり，強制的な政治影響力にとどまるものではなく，各国が強い勢力を持つ国家を通じて行ってきた変容をも示している．すなわち，優位国家の核心となる技術，制度，価値が周辺各国の転化の媒介となり，世界に対する一種の「認識論」となり，そのことにより「現代化」と「グローバル化」の過程における相互の促進と衝突が進むのである．

優位国家（帝国型国家を含む）が同盟して作り出した文化圏は，当然ながらその構造において上下高低が明確に分けられている（ただし相互作用による混合と変遷もありうる）．そこにおける精神文明・物質文明の発展は，文化・行為・技術・ライフスタイルの各方面で表現され，それは現実的な面にまで延長される．文化圏の中心が擁する最上級の精緻な文化，高度な経済繁栄，完備した政治理論と構造，そして社会倫理にいたるまでのすべてが，辺境地域によって敬愛され，学ばれるべきものとされるのである．

このような「超帝国化文化圏」を「圏際関係」（文化圏同士の関係）から表面的に描出するだけならば，往々にして特殊な政治体の各方面への影響力に注意が向けられることになる[30)]．しかし，さらに興味深いのはむしろ，その文化圏の歴史的発展の軌跡，およびその軌跡上で行われた修正と断裂である．この自制と実践の過程で，ひそかに一種の集団の主体意識と共通規範が浮上し，最終的にはそれらが政府の法的強制力および社会と民間の倫理道徳の価値観によって成型されることを通して，是非が明らかな一まとまりの規則となる．文化圏内／間の正と誤，善と悪，高尚と低俗，進歩と落後のレベルを標示・区分し，発展の方向性を追求すること，それこそが，帝国式の倫理といえるであろう．

文化圏の主体社会から，帝国の倫理に適さない，あるいは倫理を知らないと認定されると，帝国の境域の外（境域は通常，現代の国境とは異なり，地理的な概念だけを指すものではない）に置かれ，野蛮な「夷狄」に属するものとされる．帝国の自尊心は，悠久の文明，伝統，知識・技術から来るものである．辺境地域の管理について，融合と同化の程度によって，野蛮か野蛮でないかを分別し，直接あるいは間接的に統治する．帝国の周辺地域における社会のエリートたちは，帝国文明に対する漸進的なアイデンティティの同一化のため，あるいは現実の経済・生活発展の需要と依存のため，自発的に帝国の権力構造に組み入れられていくことになる．

帝国式国家は全世界の局面に目を向け，地縁のある地域を越え，グローバル化によって帝国の定義を改める．帝国式国家はまさしく新版の帝国であり，帝国の発展に関わるすべての政策についていえば，政治・経済はもちろんのこと，社会的植民もただの道具でしかなく，その背後にある最終目的はひたすら帝国の中心の価値観と利益を広めることにある．ある地域がこのように帝国に溶け込んでいく過程を受け入れなければ，衝突と抵抗が発生する可能性がある．衝突と抵抗によって双方の違いを識別するけれども，対立が終了した後，かえってどの方向に前進するのか転向するのかわからない場合もあり，その場合は帝国式の同化と管理の詳細な政策設計を必要とする．

現在，帝国式国家に比較的近いといえるのは，米国だけである（しかし実践はいつも失敗に終わり，不成熟である）．当然ながら，いわゆる米帝国（American Empire）あるいはパクス・アメリカーナ（Pax Americana）といったような言葉を使った論述と描写は非常に多い[31)]．何が帝国式国家の衰退の原因なのか？，この問題はさまざまなレベルの問題を内包している．例えば帝国と他の帝国の競合，反帝国運動，帝国の過度の発展による各種の情況（当然，財政管理と負担を含む），および伝達してきた価値観体系の是非が，いまだ議論の対象となっている．

3．現代の中華帝国型国家を演繹する
——同時に過去の中華帝国を論じる

現代中国の領土は，大清帝国が支配していた辺境地域の大部分を継承しているが，それを現代の国際関係と国家の概念の中に圧縮して組み入れてみると，中国の現実的な政治発展は決してこのような国際倫理の制度に完全に融合することはできない．冷戦の緊張構造が崩壊した後，米国とソ連が率いてきた二元／二極（bi-polar）の対抗陣営も瓦解した．現代中国は，マルクス・レーニン社会主義の民族消滅論を通じて，かろうじて自説をとりつくろうことが可能になったのではあったが，しかし中国は自由主義の民族理論と対峙しなければならず，民族／国民主権に基礎を置く国家体系との間に相容れない関係を生むこととなった．ここでは，あえて現代的なナショナリズムの理論を踏襲して中国の国家形態を論じるものであり「帝国」の概念を持ちだすのではなく，民族／国民国家がもともと解釈することのできなかった盲点を改めて検証するものである．

中華帝国は，19世紀に外来の帝国主義の侵攻に直面し，一連の戦争により完全に自信を喪失した．政治面における論争は問題の核心ではなくなって，各種の虚飾的修辞（rhetoric）になり下がった．文化の主体部分は，その支柱を失った．このような状況下において，東洋文明は，西洋文明拡張の前に休眠状態に甘んじることはなく，西洋文明を理解する手立てを尽くし，場合によって「西洋化」の趨勢を妨げることさえあった．近代の中国は「国粋派」から,それぞれ程度の異なる「体用論」（中国を体とし，西洋を用とする），さらには「全盤西化」（全面的な西洋化）に至るまで，西洋化の流れに対抗した．曾国藩，李鴻章，康有為，張之洞，また孫文らは，日本から引用した「アジア主義」を論じた．さらに毛沢東がマルクス・レーニン主義とソ連の経験か

ら開発した「永続革命論」や，鄧小平の「中国独自の共産主義」論など，枚挙にいとまがない．

清末からの一連の変法自強運動により，民国を経て，いわゆる共産主義社会改革の改造過程に入り「文革」の収束に至るまで，絶えず革命と運動が続けられることとなったけれども，新たに東洋文明としての主体を模索するこのような過程は，いずれも終点に到達することはなかった．唯一異なるのは，鄧小平による改革開放政策以後，中国が20世紀後半の西側の経済発展モデルを受け入れようとし，いわゆる中国独自の社会主義（／資本主義）を打ちだしたことである．そして社会物資と収入が安定的に増加・拡張するにおよび，中国領土の内部，周辺地域，さらにはインタラクティブに動き，拡張するアジア全体と華人社会において，伝統的な「中華帝国圏」の概念は現代性を急速に加えられ，あたかも往時の「中華帝国」の姿を再び浮かび上がらせているかのようである．

中華帝国の周辺地域に対する磁力の強さについて大雑把に論じるならば，歴史上，辺境の社会にとってはまず朝貢体制の形成がはっきりと姿を現した．商業物資の利益が上層文明の価値を拡散させたのである．もちろん周辺地域に対する影響力の問題は，過去においては自然地理的な障害と精神信仰システムの互換性という点とも密接な関係を持っていた．しかし，その具体相は必ずしも単純なものではなく，中華帝国とヨーロッパにおけるローマ帝国の拡張とを比較してみると，ローマ帝国の主導権は軍功を必要とする軍事貴族によって独占されるとともに，その領域拡張と政治的統合性はキリスト教の誉れある造物主に対する信仰と連結していたが，これに対し中華帝国における基礎は，科挙官僚体制とそれを支える儒教・仏教・道教を総合した信仰体系に依拠しており，相対的な世俗性を少なからず内包していた（もちろん，進取の精神に欠けた保守性も有していた）．

中華帝国の現代版「中華帝国型国家」に目を転じると，その発展は極点に達している．現代の国家体系の言葉で論述すると，現代の中国においては，決して典型的な「国民」のイメージが追求されているわけではない．各種の自決／自治モデルを運用して領土内のエスニック・グループ関係を調整し，彼らの単一的な国家主権への忠誠度を形作り，動態的なネットワークの中で主軸となる文明に対する自発的あるいは受動的な帰属意識を彫りだそうとするのである．過去の帝国構造を現代的な国家の形式に押し入れようとする中で，現代中国は一つの「帝国型国家」として，現代的な国家形式の中で複雑な民族政治を処理しなければならないという課題を回避できない．したがって当然ながら，帝国型国家が変容する過程において，また動態的な攪乱の中で，エスニック・グループの問題をめぐって戦争あるいは武力衝突が起こる可能性も，理論上は免れ得ないことになる．

旧帝国が絶えず変化，発展する過程において，モンゴル，新疆，チベットは現実の国際関係の中で中国の政治的領土内に入って行った．広義の中国史における「西域」，あるいは近代的な地理学で言われるところの中央アジアは，古来よりずっとユーラシアの様々な帝国勢力と文明が交流する場であり，それらの辺境部分を構成していた．したがって，各種の干渉と摩擦が絶えず，現在もなお終結してはいない．この角度から，チベット，新疆，モンゴル，さらには台湾にも切り込めば，中国史におけるいわゆる辺境地域の独立運動の研究は，歴史の大河の流れを望んで，いささかの感傷を催させるかもしれない．古代のシルクロード商人，探検家，遠征する将軍，宗教の使者，近代の帝国勢力の競争は，絶えずその地域に定住する人々をふるいにかけ，仏教，景教（唐太宗の時代に中国に入ったキリスト教のネストリウス派）からイスラーム教まで，遊牧から農耕まで，言語，思想，生活習慣はいうに及ばず，複雑で頻繁な交代が行われた．現代中華帝国型国家内における西部内陸辺境の位置づけは微妙であり，西部大開発プロジェクトによって，中国は西部の経済活動を活性化させ，さらには少数民族が自発的にあるいは無自覚のうちに帝国型国家の構造に組み入れられていくことを望んでいる．しかし，実務的な側面における操作によって，いかにそのための入念な誘因を作りだし，マイナス面の効果を招かないようにするのか，すなわち，少数民族個人に対する優遇措置（affirmative action）はもちろんのこと，その他にも適切な生態系開発，少数民族に対する貧困扶助，教育政策，漢族の移住，民族間の婚姻，宗教，および新疆生産建設兵団と地方との間の関係調整などからなる各方面において，中央の肯定的で近しいイメージをいかに作り上げるかが，当面の急務になっている．当然帝国型国家にも盛衰の過程があり，衰退の原因は究極的には，帝国の中心が主体の優勢を確保して，従来の規約やコミットメントを履行することができなかったことにある．

清朝の歴史と大清帝国の構造に関する研究成果は，現代中国の政治制度発展の背景と持続性について多くの手がかりを提供している．フランツ・ミカエル（Franz Michael）や一部の現代中国学者のように，少数の満洲族が多数の中原の漢族を効果的に200年以上も統治できた理由は，主に清朝廷が末期の明朝から帝国統治の技術の啓発を受け，修得していたからだと見なすものもいる．しかし最近の米国では「新清史」として，清の興隆期の研究について修正的な見方が出されている．エヴェリン・ロウスキー（Evelyn Rawski）とパメラ・クロスリー（Pamela Crossley）の論述では，興隆期の清が中央アジアで版図を拡張したことについて，新たに作り上げられた帝国統治構造とイデオロギーは，中国の前の王朝よりも弾力性を備えた，非常に異なったものであり，その結果，中央アジア地域を版図として統治するに適した方法が採られた，とされている．愛新覚羅の皇室は，伝統的な中国の儒家による帝国天下観に拘泥せず，独善的な政治同化意識を強制することもなかった．清朝皇帝は，中原の皇帝としてだけではなく，モンゴルの諸部族の天可汗（天から指名された王），さらにチベット仏教の法王ダライ・ラマの大施主たる転輪聖王として，理念を異にし，衝突さえもする民族ごとの文化・政治に対して，各種の政治社会的儀礼や記号・シンボルを柔軟に操り，権力を一身に集めることに成功したのである[32)]．

さらに検討を進めると，このようにその内部で様々な要素が複雑に入り混じり，それら相互にあまり協調性がない，興隆期の清における帝国構造は，実は政治実務にとって必要なものであったことを発見できる（例としてRobert Oxnam, Beatrice Bartlett の研究）[33)]．それぞれ異なった社会と文化を背景とする政治のエリートたちが合縦と連衡を繰り返していたので，皇帝は必ず自らの行政運営のネットワークを作り上げて，有効な統治を実行しなければならなかった．さもなければ，帝国の執務は当然繁雑になり，混乱を招くこととなった．実際，経済形態の変化や人口の増加にともなって，清朝末期の帝国統治は，ほぼすべて各地方の政治エリートたち（あるいはいわゆる郷紳）の独占に陥っていた．Peter Perdue のような経済史学者は，政治経済発展の観点から以下のように論じる．清朝政府は，伝統的農業社会がつねに一種の循環モデルを形成することに対しては，まずは開拓奨励と減税政策の運用で対応し，逓増する人口の圧力に対しては，生産高を増加させるよう推進しなければならず，さらに商業・交易を奨励し，主要な農産物価格を平準化し，私有化制度を健全なものにしなければならなかった．しかし経済社会がひとたび極限まで発展すると，経済のモデルチェンジを進めることができなくなる．清朝末期のネットワークは，外来の工業化がもたらした資本主義社会構造の衝撃にも直面しなければならず，帝国の政治構造は支えを失い，王朝を交代させる武力革命が新たな政治体制を求めるようになるのも必然的であった，とされる[34)]．

大清帝国の朝廷中央と各地域の関係が変化した後，清朝末期には漢族の官吏が権力の中枢部に進出するとともに，辺境地域に対しては何種類もの政治体制が用いられ，当該地区が税収の上で経済的に自給自足可能かどうかが決定された．もし財務の問題が解決できるならば，清朝廷は「行省」（省の旧称）設置の提議に同意することもあり，その場合は中央政府は権力を直接延伸し，一種の満漢共治を形成することとなった．そうでない場合は，従来の制度を変化させず，皇帝の権力が次第に弱まる中で「以夷制夷」（蛮族をもって蛮族を制す）という間接統治方式が採られることもあった．近代ナショナリズムの思潮の影響下において，辺境地域は政治的独立に向かうこともあり，モンゴル，新疆，チベットは中華民国の辛亥革命以後，このような傾向を示した．

現代中華帝国型国家の政治のひな型と「再帝国化」は，中華人民共和国が民族自治区の設置を開始した時点まで遡る．これは，すべての辺境地域の行政区分を「省」に統一した中華民国における制度設立の観念を打破し，大清帝国が残した領土遺産を省察し，安定させたものといえる．この帝国型国家の制度構築の道のりは非常に長いもので，現在に至るまで完成しておらず，2種類の動向の対立に陥っており，両者の間で足踏みと模索が続いている．一方は全面的に近代の西洋における建国／復国の経験を移植するものであり，伝統が残していた帝国の構造をひっくり返して捨て去り，植民化の「変換（transformation）」に類似したことを進める，という動きである．もう一方は，旧来の制度を改善して新しいものにすることを主張するものであり，改めて漢族と非漢族の政治・経済・社会における様々な需要の政治的位置づけと構造の「調整（accommodation）」を進める，というものである．

中華人民共和国は，ソ連の共産連邦制度構築の経験を摂取し，帝国の構造を変換した．しかし，辺境地域において独立運動が勃興することを恐れ，大量の漢族を慌ただしく辺境の地に移民させた．新疆においてイスラーム信仰の問題に直面した中央政府は，厳しい政策を反復して繰り出し，イスラームの信仰に安定の場を与えなかったが，さりとてそれを淘汰・変換することもできなかった．各少数民族の国家意識も揺れ動き，北京政府の辺境地域に対する言語政策，メディアによるプロパガンダ，そして教育政策は，絶えず動揺と撤回を繰り返した．ソ連崩壊後の中央アジア国家のあいつぐ独立によって，新疆の中国領土内における民族／国家についての認識はいっそう混淆した．また，経済発展政策が帝国構造に対して与える影響に関しても，定説は固まっていない．現在まで継続している鄧小平の改革開放政策と市場経済化が，現在存在している辺境地域の実際の政治権利分配に影響をもたらすものとして，中国の政治構造における辺境の現在の位置づけを強化するものであるか否かは，なおも研究を待たねばならない[35]．

4．「中原」から「辺境」を理解する
――現代中華帝国型国家の苦境

官を設けることで効果的に統治でき，国際条約の承認する現代国家体系の基準として普遍化することを前提として，中国の中央アジア地域における領土の確立，すなわち中国のモンゴル，新疆，チベットに対する主権問題を検討すると，論争が膠着する点は単純に復国／建国運動だけにあるのではなく，より深層の，ユーラシア古代帝国の歴史にどのように向き合うかということにある．それは，政治と戦争の歴史だけでなく，社会文化史，異なる歴史観のもとでの権力分配等に関する論議である．

エドワード・サイード（Edward Said）の『東洋学』あるいは『オリエンタリズム』（Orientalism）[36] は，現代の帝国研究の分水嶺と言え，知のコンテキストに対する思想史的研究を通して，ヨーロッパの学者がどのようにサンスクリット語文，アラビア語文等の東洋言語の資料を掌握することを通して，ヨーロッパが東洋文明を理解する上での系統的な知識を構築し，同時にヨーロッパ文明の境界を確立して，主客関係を分別したかを説明するものである．サイードは，西洋中心論を批判するだけでなく，さらに重要な問題は，ヨーロッパ人がヨーロッパの東洋学を通じて，自己を位置づける認識論にあると論じた．これと同様に，中国の知識界がどのように中原の周辺に跨るユーラシア地域の文明を理解し，現在の中国辺境に対する理解を作り上げたかを検討してみると，中国のいわゆる「中央アジア学」もヨーロッパのオリエンタリズムと同じような状況を回避することができないのか，現在の中国における，中央アジア地域の古語，芸術，物質的文明，宗教，社会生態の変化に関する出版物には，いずれもある種の思考が容易に読みとれる．そこには，秦漢からの帝国が築いた中原が統制する辺境史観が随時見え隠れし，さらにそれに19世紀以降，英露帝国の勢力が中央アジアに押しつけ，屈辱的な状

況で移植された外来の管理と統治の概念・方法が混ぜ合わされたため，強烈な政治指導意識をともない，中国文化としての主体意識を欠き，無自覚のうちに外来の植民地主義の心理状態に倣った，オリエンタリズムの言説にも似た中央アジア学が悄然と登場してくる．

過去の植民地研究の多くは，統治制度に研究対象の範囲を区切ったものであるが，対象を文化的側面にまで拡大すれば，それは単純に植民地の政治体制の問題を研究するものではなくなる．中国の近代が現代的な世界体系に組み入れられていく過程の，中国全体の政治体制内部に対する衝撃は非常に複雑なものである．中華人民共和国の建国初期に，外部世界から民族問題の処理対策を集めた時は，おびただしい量のスターリン理論とソ連の実務経験を受け入れざるを得なかった．マルクス・レーニン主義が過去の帝国主義を論評する時は，帝国が資源略奪と搾取を行い，それらの地域の異なる種族の人々を迫害したことを重く見て，資本交換の制度に注目し，国際間の不平等な関係について多く触れている．

角度を変えていえば，マルクス・レーニン主義の民族／人種差別主義に対する研究は，実はとても狭いものであり，深い分析には達していない．言語，芸術，宗教，あるいはジェンダー，医学等にまつわる問題を認識論から理解しようとはせず，各種の学問的知識の蓄積を少しばかり観察しただけで，帝国の構造の道理と動向に関して浅い理解の構図を描き出す．マルクス・レーニンが重視するのは，植民地の官吏による統治であり，およそ法律，制度，植民地政策，戦争などといった表層的な事柄であって，文化や知識のようにより微妙でより深層の問題について十分な研究を展開することはできていないのである．

そこで，中国がこのマルクル・レーニン主義の民族問題に関する理論・研究を摂取し，ソ連における「加盟共和国」のモデルを一変させて中国の民族自治区制度を設けた際には，民族自治は政権側の便宜と実益を優先するものとなった．政策決定権を少数民族に与えるのは，自治それ自体が目的ではなく，中央が効果的に統治すること，及び中央政府に起こりうる政策決定上の不備を予防し，注意することが真の目的となったのである．そのため，法律の段階では，ソ連の「加盟共和国」の権限分離は除外し，一歩進めた法律原理のうえで，中央に権力を集中するための安全弁を加えた．もちろんこれも，英・露・日の帝国主義が早期から新疆の利益をめぐって争い合ったことと関係がある．中国の民族自治区制度は，現在においても，もちろん西洋の民主を基本とする多元文化主義とは相容れないものである．現在の中国の政体には，各種形式の連邦のヴァリエーションを見ることができないだけでなく，冷戦構造下においては，むしろミハイル・コダルコフスキー（Michael Khodarkovsky）の「オーガニック・コロニアリズム（organic colonialism）」[37]に類似した態度を見出すことができる．それは，安全防衛の必要をまず重要視し，辺境外部の国防に対応しなければならないとするものである．新疆生産建設兵団の存在は，まさにこのような文脈において理解されよう．境界内における少数民族の国家意識の忠誠度が懐疑的状況にあるとき，生産建設兵団は移民による開墾と辺境地域の防衛という任務を担うこととなるが，しかし同時に民族自治権の実践のうえでは，この存在をどのように位置づけるか，適切な対処法がわからないという苦境に陥る．

「圧政と誘導」という管理・統治両面における政策モデルから脱却するならば，民族問題は現代中国政治のコンテキストの核心に至り，その結果，2種類の管理態度を形成することになる．一つは自治の概念に戻り，領土自治あるいは非領土自治の基礎を育てるというものである．もう一つの可能性は「帝国式」のアイデンティティに発展させることである．オーストリア・ハンガリー帝国がかつて多極共存主義（consociationalism）[38]を維持したことに対応する形で「民族文化自治」（national cultural autonomy）が提議[39]されるかもしれない．ただし「自治」と「土地」を分けて処理することは極めて難しく，領土自治（territorial autonomy）は当然ながら国家の再構築や分裂さえも招き，国家主権に挑戦するものである．以前のソ連，そして東ヨーロッパやアフリカ，ひいては現代中国において，多数の支配階層はもちろんのこと，少数民族／エスニック・グループの角度から論議すると，国民の忠誠心に対する信頼感の有無や民族の謀反への懸念といった要素は，往々にして自治を発展させる障害となることが多かった．このため，中国においては，西洋における自由と民主の伝統の枠組みを受け入れることによって発展するであろう多元文化主義（multiculturalism）や多民族連邦制（multinational federalism）も，いっこうに適用されず，現在のサブステート・ナショナリズム（sub-state nationalism）の紛争を解決することも難しいのである．

伝統的な大陸帝国型国家が現代国民国家にモデルチェンジして，中国の辺境地域に対する統治（中国の歴史的コンテキストにおいては「辺政」）の苦境は長らく続いている．比較の角度から古代史上の帝国の辺境を考察すると，関連する研究対象はペルシア帝国，アレキサンダー帝国，ローマ帝国，もちろん中国史上の漢・唐帝国，モンゴル帝国も含まれるなど枚挙にいとまがない[40]．

さらに時間を縮めて，地縁政治の角度から注目すると，近代の各帝国の辺境は，およそ2種類に分けることができる．一つは大陸帝国で，オスマン・トルコ帝国，オーストリア・ハンガリー帝国，帝政ロシア帝国，モンゴル帝国と大清帝国の辺境[41]等である．もう一つは海権の拡張による帝国で，大英帝国とヨーロッパが外へ向けて拡張していった帝国主義である．当然これら2種類の帝国の辺境対処の概念はまったく異なっており，基本的な相違は辺境に対するコントロールの目的と方法にある．海洋帝国は第二次世界大戦の後，ナショナリズムと反植民地主義運動に直面してほぼ解体されたが，大陸帝国の発展はこれに比較すると複雑で，ナショナリズムのイデオロギーに束縛されている．これらの歴史上の帝国の広大な土地と多くの領民を継承した現代帝国型国家についていえば，国民国家と称し，その政治的国境については明確な定義と区別がなされてはいるが，決して国の領土内で完全に国民の同質化を推進することはできなかった．主体の民族と少数民族ははっきりと分けられ，そのために国境地帯の辺境という地域は消失せず，むしろ経済分業，貧富の格差，言語と文化の隔たりが，政治的な争いをより深刻で激しいものにしたのである[42]．それぞれの形態による辺境が発展を遂げたものとしては，米国の西部開拓，ロシアの極東シベリア，日本の北海道，さらにはイスラエル西岸の開墾等のほか，当然中国西北部も含まれるが，現代の辺境が依然として持つ共通点は「偏遠性」（中心から遠く離れていること）である．

現代国家は，国際関係において加わるもろもろの主権構造の規範の中で，常に地理的な軍事戦略を考慮し，あるいは開発可能な経済資源を放棄したくないがために，歴史と現実の民族に関して論述する際，政府の統治が正統性をもつという見解を絡ませる．しかし，辺境に属する地域の実際の管理についていえば，地理的位置において遠方に位置することがはっきりしているだけではなく，さまざまなエスニック・グループのカルチャー・ギャップという問題が入り混じるために，中央政権と国家の中心的なエスニック・グループの心理においては，社会の発展に従って辺境との距離感がいっそう増すことになり，多重の管理という苦境が発生する．どの角度から見ても，辺境は常に政治権力の中心から遠く離れ，統制が難しい．

19世紀来の帝国主義がもたらした弱肉強食的な挑戦を総括し，現代中国の共産党政権が大清大陸帝国から継承した辺境の領土は，もともと紛争があり，あいまいな地域であったが[43]，いかに取捨選択してそれを現代中国の政治構造に適合させるかという必要があり，執政の焦慮がなくなることはなかった．辺境には「偏遠」という意味が含まれ，辺境は陸の国境と海の国境に分けられ[44]，現代化に適した発展の可能性について考究する必要があった．しかし，中国にとってまずしなければならなかったのは，大陸帝国が残した地理構造を処理し，国家の管轄範囲を確立することであった．そこで現代中国は近隣国の外交経験の中で，国境の区分をまず優先させた．大清帝国に源を発する広大な土地と多くの領民を前にして，多民族国家の主体となるエスニック・グループは容易に中原と辺境を区別するのだけれども，しかしながら現代中国は衰退した大陸帝国の反植民地主義の経験を有しているため，政権を握る者はいっそう「先祖の事業を捨ててはいけない」という政治的正当性を固持することになった．そして，歴史地理学が現代中国の現実的な政治と文化に対して持つ意味は，元来辺境を区切るのに用いられてきた

「偏遠性」の限界を超え，中国のナショナリズムをより強く示すようになった．現代中国の条理を理解するという点からいうならば，あるいは北京政府の解釈における辺境についていうならば，そこに強烈な政治的憂慮と警告の意味が含まれることも決して不思議ではない．そして当然のことではあるが，中国辺境に生活している各民族から見れば，過去の帝国主義に対する彼らの反感，恥辱の歴史の記憶，反植民地主義への期待は，中国政府の外国人と清朝に対する激烈な非難を必ず上回るはずのものである．

5．発展中の帝国型国家の苦境——同時に中国の反テロリズムのロジックを論じる

このような民族の情緒的反応について考慮するとき，辺境統治政策のうえで，もし北京で中国の政治を主導している者たちが辺境と中原を一心同体のものと見定めることができないならば，いい換えれば，辺境の民族の目から見て，中国が元来の帝国主義から交代し，継承した，その同じ位置にあると見なされるのならば，中原の辺境に対する認識には，およそ2種類の回路があるのではないかと推論される．第一の回路は「革命論」あるいは「分裂論」である．ここで歴史的なアナロジーを取り入れ，革命党員の活動に対する清朝の態度と敢えて比較してみると，現在の中国政府の辺境地域に対する反テロリズムは，まさに反逆者の制圧であり，その反逆者というのは太平天国や義和団の乱を連想させるものである．第二の回路は「文明論」である．これは，過去の西洋におけるオリエンタリズムの異文化に対する認識に類似している．文明的であるか否かの区別は，他者が西洋（中国の場合は「中原」）の社会秩序から生じる共通の行動規範と価値観に適合するかどうかである，と主張するものである．この2種類の認識回路から，中国の現行の「三つの勢力」（＝テロリスト，分離主義者，宗教的過激派）に関するロジックを解釈すると，公権力が社会秩序と法制基準を維持する正統性を掲げることに加え，こ

のような認識回路が中原と辺境におけるそれぞれの文化の帰属の違いを突出させるために，それぞれの価値観によって形成される様々なエスニック・グループの社会改革の優先目標が一致しないという混乱がもたらされる．最終的に双方に無理やり認めさせるとなると，双方の不満を引き起こす．しかし，一方の中原だけの側から辺境に対する判定を行えば，おそらく文明的な秩序と野蛮な落後という区別になり，相手の道理は受け入れられないものと認定され，問題を解決するために，最後は暴力的手段に訴えることしかできない，ということになるであろう．

清朝廷は各種の反乱に遭遇したが，フィリップ・A. キューン（Philip A. Kuhn）はかつて「革命論」と「分裂論」によって研究を行い，次のように論じた．ある者が武装反乱を起こして政権を奪取あるいは樹立しようと考えるならば，三つの必要条件に適合しなければならない．第一に，反乱集団は必ず執政政権の武装兵力を破壊するか吸収して，自己の強大化を図らなければならない．第二に，反乱集団は必ず帝国内部の郡・県から首都に至るまでの行政都市を奪取し，それによって経済と交通の中心と政治の合法性のシンボルを独占しなければならない．第三に，反乱集団は必ず農村地区の支配を確立し，そこに正常な生産力と兵力の供給源を確保しなければならない．これらのうち，第二と第三の２条件は不可分のものである．なぜなら，政府の運営を成功させるには都市と農村間の安定した行政連係を必要とするからである[45)]．彼の研究は主として太平天国の乱を対象としているが，当時の清朝廷の財政と正規軍に，このような武装反乱に対処する力は根本からなかった．そこで地方の民兵によって反乱に対抗することが重要となり，後に左宗棠はヤークーブ・ベクの乱を平定して，改めて新疆を回復するという事態の展開をもたらした．歴史との類比から見ると，新疆で数十年来発生している武装反乱の規模は中国の支配能力をまったく揺り動かすことができないもので，しかも広大な新疆の基層となる諸地区に対する有効な管理が政府により行使され，そのコントロールが根づいている．このような道理は即，中国政府の新疆生産建設兵団存廃の判断に結びつき「移民をもって辺境を充実させる政策」の歴史的伝統と，現在の社会安定効果を促進，合理化する．

他方，反テロリズムの抗争からかいま見える，西洋文明と非文明の戦争の背後にあるロジックは「文明論」を実に巧妙に中国の中原と辺境の対抗に組み入れようとするものである．西洋世界の反テロは，あたかも近代のヨーロッパ帝国主義拡張の認識論の思惟を踏襲するかのようであり，戦争を2種類に分類する．すなわち戦争を始める対象を文明的である敵と非文明的な敵に分けるというものである．戦争の相手が文明的な敵であれば，国際戦争法をよりどころとし，そうでない敵には，蛮族を征伐するのと同様の暴虐な手段で殺戮を行う．反テロの対象は当然後者，蛮族である．

歴史地理学の重要性は，地域的な規範の形成を顕在化させるところにある．ヨーロッパに源を発する戦争法を行為の規範として，ただ地域の成員あるいは地域が認めた外部の国々が災いを取り除くためだけに適用するもの，それこそがいわゆる正規の戦争である．背後に反映されているロジックは「非戦」である．文化の近い相手と敵対する時は，過去に受けた傷を追想し，長期的には相互に益があるという視点に基づいており，たとえやむを得ず武力をもって戦わなければならないとしても，戦争は一時的なものであり，お互いの地理的な近しさが永久に続くものであることを了解している．憎悪から殺し合うとしてもそこには一定の線引きがあり，タブーが存在することを承知しており，永久に敵対することは避けるのである．このような戦争と平和の転換ロジックは，近代のヨーロッパ内部における国際関係発展の経験に適合したものである．非ヨーロッパ的な異文化の国家システムに対しては，あるいは非文明地域の非正規の戦争については，19世紀に「小戦争（la petite guerre)」と称して，全面的な戦争の野蛮な対抗方式を実行した．相手の作戦手段と背後に隠れた行動論理がわからないだけでなく，正規な宣戦手順に従っていないため，すべての人（老人，弱者，女性と子供を含む）を敵対戦力として，一種のゲリラ戦（las guerillas）の敵と見なすのである．このように「盲目的」で程度の低い戦争相手に対して勝利を収めるには，ただ容赦ない殺戮と焦土化の戦略を実行するのみである，というものである．この戦略の背後にあるロジックは実に単純で，もしこのような作戦を実行しなければ，文明的であると自認する一方の側は，戦争法の教条によって自らを制するばかりで，皆兵の野蛮な敵に対して，まったく勝利の可能性がないことになる．結局，戦争を終結させ勝利を収めるためにゆき着くところは，相手を「殲滅する」ことなのである[46]．この角度から考えれば，北京政府の新疆の分離主義あるいは独立運動勢力に対する態度は，意識的に文明的か非文明的かの分類を行い，非文明的な人に対しては，見せしめあるいは厳罰で戒めなければ抑圧の効果を得ることができないと認識しているのではないだろうか．一方的にマイナス面のみを捉え，ヨーロッパのオリエンタリズムにおけるアジア・イメージと同様の，判で押したようなイメージでもって認識しているのではないだろうか．開発された国家，あるいは文明の発達した地域の進歩論的言説によって，自らが辺境を非常に良く理解しているという考えを固持し，さらにこれ以上の討論や研究を進めるのは余計なことであると見なし，相手が別の倫理価値を持っている可能性については自覚しない．教育水準，カルチャー・ギャップ，生活習慣，さらには貧富の格差に罪を帰するのみならず，中原は辺境の抵抗に直面すると「以小人之心，度君子之腹」(げすの勘ぐり)的な態度をとって，少数民族の怨嗟と矛盾に対峙しているのではないだろうか．

戦争は一種の報復とされ，目的は敵対している相手に厳しい教訓を与えることである．進歩的なヨーロッパを自認するならば，戦争で勝利を収めるために非人道的な手段を使うことが，道徳的にどうなのか，実は自らを蛮族と同等のレベルに置くことではないか．多くはただ「目には目を，歯には歯を」をもって正義の表現方法としているが，その正当性は実はとても薄弱で，相手にいかなる肯定的，進歩的な教訓を与えるものではない．中国の辺境地域あるいは新疆に対する道理の中で「イスラーム聖戦主義勢力」[47]と公言されている者たちが決死の覚悟で新疆への漢族移住者に対抗する場合は，漢族の統治する政府も非常手段を使って，同程度の報復を行うのだろうか？　その中には，逮捕した容疑者に対しての厳しい拷問も含まれるのだろうか？

エスニック・グループが相互に武器を持って戦うことを許すのだろうか？それでもなお刑法の手順を厳格に守るだろうか？　公開裁判によって処罰を行い，いたずらに法制典範を確立しようとはしていないだろうか？　――これらの点は，中国政府がいっそう熟慮しなければならない課題である．

もちろん中国の統治の歴史における教訓には，秦始皇帝に始まる「停戦」という伝統もある。これは，西洋の「文明論」に類似しており，天下統一のためには手段を選ばないことを強調し，天下太平を成し遂げることを究極の目標としている．このような目的論にしたがえば，現代の反テロリズムの道理において，各種の暴力と非暴力手段によって統制し，反テロという目的を達成することになる．そのため政府の公権力は対戦を行うだけではなく，反テロ暴力をもってテロの暴力に対抗するだけでなく，対抗の過程において，暴力であっても，また非暴力の争いであっても全面的な封鎖を吹聴する．そのため暴力の使用の拒絶は絶対的ではない．暴力は，最終的に神聖化する目的で選択すれば効果的に任務を完成する手段となり，さらには現段階の矛盾を合理化し「三つの勢力」に関する反テロのロジックを実践する手立てとなるのである[48)]．

理論的に見て「三つの勢力」に関する立論に欠陥があるのは明らかである．分裂主義勢力が必然的にテロリズムあるいは武装闘争を支持するわけではなく，武装闘争の勢力もイスラーム原理主義者と同等とは限らない．中国政府は新疆各地の社会運動のすべてをひとくくりにした，曖昧な「三つの勢力」という言葉によって断罪しようとしているが，決してそれぞれの「罪」を分別しようとはせず，むしろ一網打尽にしようとしている．すなわち，社会的な面で何ら疑いようのない不満の声をも根絶しようとしているのである．「民族団結」を求めるために，中国政府の「三つの勢力」に対抗するための執政原則は，その他の社会的問題の存在を全面的に却下し，すべてを政治化するものである．人権問題あるいは自治のように政治的意味に満ちている課題はいうにおよばず，保健衛生，生態環境保護，麻薬密売，経済発展計画と社会平等，少数民族の言語，文化，宗教と教育等のすべてが統一の論議に押しやられている．海外に脱出したウイグル族が発表した出版物やウェブサイトを見ると，実情にそぐわない独立・建国の夢想の他に，中国政府による各種政策制定の観点とその推進方法に対する彼らの怨嗟を容易に梳き出すことができる．それどころか漢族でさえもが「ウイグル族にはどうして本当に自分たちの権益を獲得あるいは保護する組織がないのだろうか？」と疑問を持つだろう[49]．しかしこのような反テロのロジックは，ウイグル反抗勢力の基盤を拡大させ，二分された対立的な2陣営（＝中国政府側VSウイグル反抗勢力）の間での選択を人々に強いることになる．そうなると，中国政府の側に立たないならば，対立を選ぶことしかできず，中間的で理性的な論議を行う公共の場はないのである．

6．結　　論

近代国際関係学の観点では，国民国家は主要な行動体となる．しかしそれは表象的なもので，国際関係に内在する原動力は帝国が変質したものから脱却していない．ポスト帝国化の国民国家，再帝国化の帝国型国家，脱帝国と準帝国型そして超帝国化の帝国式国家が，現在の国際関係の動態転化の形態を主導している．

中国がいわゆる辺境に対して主権を持つようになったのは，歴史的には近年のことである．しかし中央アジア地域は伝統的に中華帝国の辺境の地域であり，他の帝国と数千年もの摩擦を重ねてきた．現代の中華人民共和国は，準帝国化転換期の帝国型国家である．歴史上の中華帝国の精髄を近代国家の形式に組み入れた「準帝国型国家（quasi empire-state）」として，ナショナリズムの延長による自治権に執着するべきではなく，中原，内地の主体文明と政治・経済・社会の階層構造を革新してこそ，周辺のエスニック・グループと国家との平和共存と発展が実現できるのである．

1）台湾清雲科技大学ユーラシア研究センター（欧亜研究中心）副研究員．ロンドン・スクール・オブ・エコノミクス（LSE）にて国際関係博士号取得．専門は中国の現代国家形態と新疆問題．国立台湾大学政治学部にて学士号，ロンドン大学東洋アフリカ研究学院（SOAS）にて国際政治学修士号を取得，香港大学専門研修学院および珠海学院にて教鞭を執る．2008年に中央大学政策文化総合研究所の訪問研究者として公開講演を行った．本稿は，その講演のペーパーに大幅な加筆・修正を加えたものである．

2）孫文主導による革命団体について，興中会の1894年設立時の宗旨は「駆除韃虜，恢復中華，創立合衆政府」であった．また，中国同盟会は1905年に「駆除韃虜，恢復中華，創立民国，平均地権」という綱領を提出している．いわゆる「駆除韃虜，恢復中華」は反満洲族主義であり，民衆の清朝政府に対する敵意を煽るものと見なされている．「五族共和」説が出現するのは辛亥革命後で，孫中山「1920年11月上海国民党本部会議」（中国社会科学院近代史研究所等編『孫中山全集』第1巻，北京: 中華書局，2007年，394頁）に見ることができる．また「中華民族」という言葉は梁啓超の方が先で，1902年に『中国学術思想之変遷之大勢』の一文に書かれている．

3）費孝通（1989）『中華民族多元一体格局』北京：中央民族学院出版社．

4）日本の近代政治思想の領域は，大和ナショナリズムに対しても各種の構成と論争を持っている．これについては，丸山真男の近代日本政治思想についての著作『日本政治思想史研究』東京：東京大学出版会，1952年，改訂版1983年，および『日本の思想』東京：岩波新書，1961年．等が参考となる．また丸山の思想に対する批評としては，酒井直樹（1996）『死産される日本語・日本人―「日本」の歴史―地政的配置』東京：新曜社．

5）ナショナリズムを分類と理論によって研究する．例としてAnthony D. Smithの一連の著作，*The Ethnic Origins of Nations*, Oxford : Blackwell, 1986 ; *Myths and Memories of the Nation*, Oxford : Oxford University Press, 1999 ; および*The Cultural Foundations of Nations: Hierarchy, Covenant and Republic*, Oxford : Blackwell, 2008.

6）下記の中国の民族政策の綱領と文書を参照．「中国人民政治協商会議共同綱領」第4章　民族政策，「中華人民共和国憲法」第4条，1984年「民族区域自治法」，2009年『中国的民族政策与各民族共同繁栄発展』白書．

7）本文は20世紀の国際関係学の思想発展史すべてを検討するものではない．ここではただ「国家」についてのみ述べ，強調するものである．より正確にいえば，「主権独立の民族国家」こそが，この学科の模範となる発展の基礎だということである．各種の分析レベルと国際システムに関する早期の議論であり，そして最も広範に引用され，議論の対象とされている文献である，Singer, J. David (1961), "The Level-of-Analysis Problem in International Relations", *World Politics*, Vol. 14, No. 1, Oct. 1961, pp. 77-92．およびDeutsch, Karl W., and Singer, J.

David (1964), "Multipolar Power Systems and International Stability", *World Politics*, Vol. 16, No. 3, Apr. 1964, pp. 390－406. を参照．これらの概念に関する関連著作や評論は豊富であるが，ここでは引用を省略する．

8）国際社会は当然国内社会とは異なり，イギリスの学派は，国際関係は存在しないと指摘し，必ずしも国際政府を築き，努力しなければならないものではないとしている．真に重要なことは「国家」間の対話，価値の交流と統合によって，社会に類似する国際構造の出現につながっていくということである．初期のイギリス学派の Charles Manning，Martin Wight，Hedley Bull といったような学者は，基本はあくまで主権国家を国際関係の基本単位であると強調したが，その後の学者は比較的開放的である．しかし国際社会の発展の方向についてはいまだに論争がある．それは，国際社会には主流としての価値が存在するべきである，とする考え方と，多元的な価値の発展と実践を出来る限り容認し，国家の形態さえ堅持する必要はなく，定説はない，という考え方の間における論争である．これはいわゆる多元主義と連帯主義の論争（pluralism vs. solidarism）である．多元主義についてはRobert Jackson の著作を参考にでき，団結主義は Nicholas Wheeler の著作を参考にすることができる．イギリスの学派の国際関係論において一般に紹介されている議論としては，Linklater, Andrew and Suganami, Hidemi (2006), *The English School of International Relations : a Contemporary Reassessment*, Cambridge : Cambridge UniversityPress. を参考にできる．

9）Bull, Hedley (2002), *The Anarchical Society: a Study of Order in World Politics*, 3rd edition, Basingstoke and New York : Palgrave.

10）一般的な西洋の主権概念の歴史的発展については，Prokhovnik, Raia (2008), *Sovereignty : History and Theory*, Exeter : Imprint Academic. を参考にできる．主権概念の発展と論争についての，最近紹介された関連する議論としては，Trudy Jacobsen, Charles Sampford and Ramesh Thakur ed., *Re-envisioning Sovereignty: the End of Westphalia?*, Aldershot : Ashgate, 2008. を参考にできる．

11）Paltiel, Jeremy (2007), *The Empire's New Clothes : Cultural Particularism and Universal Value in China's Quest for Global Status*, Basingstoke and New York : Palgrave.

12）Darwin, John (2008), *After Tamerlane : the Global History of Empire*, London: Penguin.

13）Michael Hardt と Antonio Negri の共著としては，*Empire*, Cambridge : Harvard University Press, 2000 ; *Multitude : War and Democracy in the Age of Empire*, London : Penguin, 2004，および近著の *Commonwealth*, Cambridge : Harvard University Press, 2009. がある．最後に出版されたこの本は，米国の覇権の没落を記述するだけでなく「コモン」（the common）という概念を提示し，現代の財産権に抵抗するロジックとしている．

14)　現実主義の学派は20世紀の国際関係学理論の主流的地位を占める．伝統的な現実主義（traditional Realism）の主要な論者としては，E. H. Carr, Hans Morgenthau, George F. Kennan, Nicholas Spykman, Herman Kahn 等がいる．当然ながら，現実主義の本質も変化を続け，新現実主義（neo-Realism）と新古典現実主義（new classical Realism）に発展したが，欧米の国際関係学界においてはなお重要視されている．

15)　20世紀の国際関係と歴史に源を発する現実主義学派を紹介しているテキストは枚挙にいとまがない．比較的新しいものとしては，Nye, Joseph (2009), *Understanding International Conflicts : an Introduction to Theory and History*, 7th edition, New York and London : Pearson Longman がある．

16)　セキュリティ・ジレンマの論議については，Collins, Alan (1997), *The Security Dilemma and the End of the Cold War*, Edinburgh and New York : St. Martin's Press を参照．

17)　特に自由主義国際関係学の見方，国際経済と主権関係の最近の論議としては Steil, Benn, and Hinds, Manuel (2009), *Money, Markets and Sovereignty*, New Haven : Yale University Press を参照．

18)　例として，Harbour, Frances (1999), *Thinking about International Ethics: Moral Theory and Cases from American Foreign Policy*, Boulder : Westview Press.

19)　エスニック・グループ，ナショナリズムの発展，西洋の国際関係発展に関する論議は，Mayall, James (1990), *Nationalism and International Relations*, Cambridge : Cambridge University Press を参照．

20)　類似の方向性を持つロジックは，学派を構成して研究する国際関係学の姿勢に従い，過去20年間非常に発展してきた．この角度から国家の安全を論じ，全世界に国家安全に対する一つのコンセンサスが生まれるかどうかという点，あるいは国際社会学におけるいわゆる安全文化と称されるものについては，Katzenstein, Peter J. (1996), *The Culture of National Security: Norms and Identity in World Politics*, New York : Columbia University Press.

21)　レーニンの書籍が最初に出版されたのは1916年で，その後改訂も行っている．ここでは，Lenin, Vladimir, *Imperialism, the Highest State of Capitalism*, introduction by Norman Lewis and James Malone Junius, London : Pluto, 1996. を参照．

22)　レーニンが1915年に編集した『革命プロレタリアと民族自決権』*The Revolutionary Proletariat and the Right of Nations to Self-Determination* の一文．*Lenin Collected Works*, Moscow : Progress Publishers, 1974, Vol. 21, pp. 407−414 を参照．

23)　1970年1月1日付人民日報社説を参照．社会帝国主義の概念の源は，20世紀の初期にドイツ社会民主党の国策反省に遡ることができる．主な学者として，

Hans-Ulrich Wehler がおり，他では Geoff Eley，Timothy Mason 等.

24）Lenin, Vladimir, “The Immediate Tasks of the Soviet Government (1918)”, in *Lenin Collected Works*, Vol. 27, 4th English Edition, Progress Publishers, 1972, pp. 235−77. を参照.

25）Okur, Mehmet Akif (2007), “Rethinking Empire After 9/11 : Towards A New Ontological Image of World Order, Perceptions”, *Journal of International Affairs*, Vol. 12, Winter 2007, pp. 61−93. 参照.

26）石之瑜（1999)「解読『大国外交』：論両岸的差異」(『政治科学論争』第 13 期)，147−164 頁.

27）中国中央テレビ局が 2006 年 11 月から『大国崛起』と題して放送した，自局制作の全 12 回のドキュメンタリー．15 世紀来の世界の大国発展の記録を振り返る内容．中国政府と各界のエリートたちが「大国」について定義と議論を行い，放送とは別に同タイトルの叢書も出版された.

28）陳光興（2006)『去帝国：亜洲做為方法』台北：行人出版社.

29）溝口雄三『方法としての中国』はこのような思考を啓発し，その他の文化の参考点を探し，長期の進化の観点から「脱帝国化」は必ずしも「国民国家」に向かうものではなく，他の可能性もあると述べている．溝口雄三（1989)『方法としての中国』東京：東京大学出版会を参照.

30）Darwin, J, *op. cit.*, pp. 491−93.

31）帝国式国家は空間を超えた利益同盟となる．パクス・アメリカーナを例に取ると，日本がこのような構造下でどのように発展していくべきかという論議がある．例として，Hiroshi Shibuya, Makoto Maruyama and Masamitsu Yasaka eds, *Japanese Economy and Society under Pax-Americana*, Tokyo : University of Tokyo Press, 2002 を参照.

32）Rawski, Evelyn (1996), “Reenvisioning the Qing : The Significance of the Qing Period in Chinese History”, *Journal of Asian Studies*, Vol. 55, No. 4, pp. 829−850 ; Crossley, Pamela (1999), *A Translucent Mirror: History and Identity in Qing Imperial Ideology*, Berkeley and London : University of California Press を参照.

33）Oxnam, Robert (1975), *Ruling from Horseback : Manchu Politics in the Oboi Regency, 1661−1669*, Chicago : University of Chicago Press. および Bartlett, Beatrice (1991), *Monarchs and Ministers : the Grand Council in Mid-Ch‘ing China, 1723−1820*, Berkeley and London : University of California Press を参照.

34）Perdue, Peter (1987), *Exhausting the Earth: State and Peasant in Hunan, 1500−1850*, Cambridge : Council on East Asian Studies, Harvard University を参照.

35）2009 年 7 月 5 日に起きたウルムチ騒乱の善後処理について，中国政府の新疆に対する管理政策を観察してみると，新疆の共産党委員会書記であった王楽泉を更迭したほか，中央は緊急会議「新疆工作座談会」を開催して，新たな政治を推進すると決定するとともに，2008年5月12日の四川大地震の被災地区の再建モデルを新疆に対しても強力に進めることを決定した．これにより，新疆の80余りの県は，19の省・区／市からの1対1の支援を得るとともに「十二五」（第12次5カ年計画）期間中に，2兆元の資金投資で不足を補われることとなった．過去の「絶対安定論」が終結し，続いて「経済団結論」が起きたことを象徴するものである．「東に深圳在り，西にカシュガル在り」のスローガンさえ登場した．さらにウイグル族の集中する南部の3地方行政区（カシュガル地区，ホータン地区，クズルス・クルグズ自治州）に対して「特別援助」を行い，5年以内に南新疆地区の経済発展に具体的な成果を出そうとしている．中国政府の新疆新政策と開発政策の展望については，下記のウェブサイトを参照．
http://news.163.com/special/00014D3T/xjmeeting.html

36） Said, Edward (1978), *Orientalism,* New York : Pantheon を参照.

37） Khodarkovsky, Michael (2002), *Russia's Steppe Frontier : the Making of a Colonial Empire, 1500−1800*, Bloomington : Indiana University Press. を参照.

38） Weller, Marc and Wolff, Stefan eds. (2005), *Autonomy, Self-governance and Conflict resolution: Innovative Approaches to Institutional Design in Divided Societies*, London and New York : Routledge を参照.

39） Nimni, Ephraim ed. (2005), *National Cultural Autonomy and its Contemporary Critics*, New york and London : Routledge を参照.

40） 古代帝国の興隆と比較研究については，Raaflaub, Kurt and Rosenstein, Nathan eds. (1999), *War and Society in the Ancient and Medieval Worlds : Asia, the Mediterranean, Europe, and Mesoamerica*, Washington DC : Center for Hellenic Studies, Trustees for Harvard University. および Isaac, Benjamin (2004), *The Invention of Racism in Classical Antiquity*, Princeton: Princeton University Press. あるいは，Ostler, Nicholas (2006), *Empires of the Word: a Language History of the World*, New York: Harper Perennial を参照.

41） 近代帝国主義の拡張と内在するロジックの論議は, Islamoğlu, Huri and Perdue, Peter eds. (2009), *Shared Histories of Modernity : China, India and the Ottoman Empire*, London and New York : Routledge. あるいは Darwin, J., *op. cit.* および Lieven, Dominic (2000), *Empire: The Russian Empire and Its Rivals*, London : John Murray 等を参照.

42） 辺境の移民の動機は，苦境に置かれたとき衝突を解決するべき方法とされる．比較研究の経緯は Geiger, Danilo (2006), "States, Settlers and Indigenous Communities", in Danilo Geiger ed., *Frontiers Encounters : Indigenous Communities and Settlers in Asia and Latin America*, Copenhagen : International Work

Group for Indigenous Affairs, pp. 3−40 を参照．

43)　清代康熙年間，中国とロシアの外交折衝と，西洋の宣教師に調査を依頼して地図を作製し，政府の管轄能力範囲の地理上の極限を理解し，領土意識の調整をするようになった．しかし中国の上下階層が明らかな世界観を改変するものではなく，大清帝国の領土に対する所有権の概念はなおも定まっていなかった．孫喆（2008）「科学與政治：浅析影響康熙皇輿全覽図絵製的幾個因素」『西方人與清代宮廷（1644−1911）国際学術研討会論文集』中国人民大学清史研究所・旧金山大学利瑪竇中西文化研究所（The Ricci Institute for Chinese−Western Cultural History），265−276 頁を参照．

44)　中国社会科学院辺疆史地研究センター前主任馬大正の辺境の定義に関しては，以下を参照．http://chinaborderland.cass.cn/show_News.asp?id=2053．

45)　Kuhn, Philip A.（1970），*Rebellion and its Enemies in Late Imperial China : Militarization and Social Structure, 1796−1864*, Cambridge : Harvard University Press.

46)　Ringmar, Erik, "'How to Fight Savage Tribes?' : The Global War on Terror in Historical Perspective", *Terrorism and Political Violence*, forthcoming.

47)　中国国内における 1990 年代以降の新疆暴動に対する出版・研究は，通常の場合，政府が暴動の首謀者について極端に政治的なイスラーム主義者だと認定していることを背景に，米国の 9.11 同時多発テロ発生により世界的な反テロ論が形成された後，より国際聖戦組織に罪をなすりつけるようになった．また，彼らの組織名称として「東トルキスタン・イスラーム運動」，「伊扎部特」，「伊吉拉特」，等を挙げている．http://www.cass.net.cn/file/20081009201490.html（『中国社会科学院報』「剣指‘東突’反恐昇級」（2008 年 10 月 9 日））を参照．実際は，新疆の暴動はあるものは突発的事件であり，またあるものは組織的に計画されたものだが，それぞれの性質は多少異なっている．これらの事件と国際的な政治イスラーム活動との関連性については，確実な証拠に基づいて考えなければならない．

48)　中国の文芸思想界では，近年このような論調がさかんに登場している．張芸謀（チャン・イーモウ）の映画『英雄』（邦題：HERO），及び汪暉等のいくつかの文芸評論等である．王静（2007）「蔡国強，汪暉：爆破的儀式」（『東方芸術』2007 年第 11 期），10−19 頁．

49)　この突出した問題の背後にある意識は非常に複雑だが，ウェブサイト上へのフィードバックを見ると，興味深い発見がある．閲覧者たちの率直なコメントは「政策が許可しない」とするか，あるいはその組織を「東トルキスタン（DT）」と決めつけるものであり，政府の反テロ・ロジックが作り出した，黒でなければ白だというように二分する社会意識を見ることができる．「維吾爾在線全球中文社区」（ウイグル・オンライン世界中国語コミュニティ）の国際サイト掲示板を参照：http://www.uighurbiz.net/bbs/viewthread.php?tid=215531&extra=page%3D15

参考文献

日本語文献

丸山真男（1952，1983改訂版）『日本政治思想史研究』東京：東京大学出版会.

丸山真男（1961）『日本の思想』東京：岩波新書.

酒井直樹（1996）『死産される日本語・日本人：「日本」の歴史-地政的配置』東京：新曜社.

溝口雄三（1989）『方法としての中国』東京：東京大学出版会.

英語文献

Bartlett, Beatrice (1991), *Monarchs and Ministers: the Grand Council in Mid-Ch'ing China, 1723–1820*, Berkeley and London : University of California Press.

Bull, Hedley (2002), *The Anarchical Society : a Study of Order in World Politics*, 3rd edition, Basingstoke and New York : Palgrave.

Collins, Alan (1997), *The Security Dilemma and the End of the Cold War*, Edinburgh and New York : St. Martin's Press.

Crossley, Pamela (1999), *A Translucent Mirror: History and Identity in Qing Imperial Ideology*, Berkeley and London: University of California Press.

Darwin, John (2008), *After Tamerlane: the Global History of Empire*, London : Penguin.

Deutsch, Karl W. and J. David Singer (1964), "Multipolar Power Systems and International Stability", *World Politics*, Vol. 16, No. 3, pp. 390–406.

Geiger, Danilo (2008), "States, Settlers and Indigenous Communities" in Danilo Geiger ed., *Frontiers Encounters : Indigenous Communities and Settlers in Asia and Latin America*, Copenhagen : International Work Group for Indigenous Affairs, pp. 3–40.

Harbour, Frances (1999), *Thinking about International Ethics : Moral Theory and Cases from American Foreign Policy*, Boulder: Westview Press.

Hardt, Michael and Antonio Negri (2000), *Empire*, Cambridge : Harvard University Press.

Hardt, Michael and Antonio Negri (2004), *Multitude : War and Democracy in the Age of Empire*, London : Penguin.

Hardt, Michael and Antonio Negri (2009), *Commonwealth*, Cambridge : Harvard University Press.

Isaac, Benjamin (2004), *The Invention of Racism in Classical Antiquity*, Princeton : Princeton University Press.

Islamoğlu, Huri and Peter Perdue eds. (2009), *Shared Histories of Modernity : China, India and the Ottoman Empire*, London and New York : Routledge.

Jacobsen, Trudy, Charles Sampford and Ramesh Thakur eds. (2008), *Re-envisioning*

Sovereignty: the End of Westphalia?, Aldershot : Ashgate.

Katzenstein, Peter J. (1996), *The Culture of National Security: Norms and Identity in World Politics*, New York: Columbia University Press.

Khodarkovsky, Michael (2002), *Russia's Steppe Frontier : the Making of a Colonial Empire, 1500–1800*, Bloomington: Indiana University Press.

Kuhn, Philip A. (1970), *Rebellion and its Enemies in Late Imperial China : Militarization and Social Structure, 1796–1864*, Cambridge : Harvard University Press.

Lenin, Vladimir (1996 reprint), *Imperialism, the Highest State of Capitalism*, introduction by Norman Lewis and James Malone, London: Pluto.

Lenin, Vladimir (1974 reprint), "The Revolutionary Proletariat and the Right of Nations to Self-Determination", in *Lenin Collected Works*, Volume 21, Moscow : Progress Publishers, pp. 407–414.

Lenin, Vladimir (1972 reprint), "The Immediate Tasks of the Soviet Government", in *Lenin Collected Works,* Vol.27, Moscow: Progress Publishers, pp. 235–277.

Linklater, Andrew and Hidemi Suganami (2006), *The English School of International Relations : a Contemporary Reassessment*, Cambridge : Cambridge University Press.

Lieven, Dominic (2000), *Empire: The Russian Empire and Its Rivals*, London : John Murray.

Mayall, James (1990), *Nationalism and International Relations*, Cambridge : Cambridge University Press.

Nimni, Ephraim ed. (2005), *National Cultural Autonomy and its Contemporary Critics*, New York and London: Routledge.

Nye, Joseph (2009), *Understanding International Conflicts: an Introduction to Theory and History*, 7th edition, New York and London : Pearson Longman.

Okur, Mehmet Akif (2007), "Rethinking Empire After 9/11 : Towards a New Ontological Image of World Order, Perceptions", *Journal of International Affairs*, Vol 12, pp. 61–93.

Ostler, Nicholas (2006), *Empires of the Word : a Language History of the World*, New York : Harper Perennial.

Oxnam, Robert (1975), *Ruling from Horseback: Manchu Politics in the Oboi Regency, 1661–1669*, Chicago : University of Chicago Press.

Perdue, Peter (1987), *Exhausting the Earth: State and Peasant in Hunan, 1500–1850*, Cambridge : Council on East Asian Studies, Harvard University.

Prokhovnik, Raia (2008), *Sovereignty : History and Theory*, Exeter: Imprint Academic.

Paltiel, Jeremy (2007), *The Empire's New Clothes: Cultural Particularism and Universal Value in China's Quest for Global Status*, Basingstoke and New York : Palgrave.

Raaflaub, Kurt and Nathan Rosenstein eds. (1999), *War and Society in the Ancient and Medieval Worlds : Asia, the Mediterranean, Europe, and Mesoamerica*, Washington DC : Center for Hellenic Studies, Trustees for Harvard Universitiy.

Rawski, Evelyn (1996), "Reenvisioning the Qing: The Significance of the Qing Period in Chinese History", *Journal of Asian Studies*, Vol. 55, No. 4, pp. 829-850.

Ringmar, Erik (2011, forthcoming), "'How to Fight Savage Tribes?' : The Global War on Terror in Historical Perspective", *Terrorism and Political Violence*.

Said, Edward (1978), *Orientalism*, New York : Pantheon.

Shibuya, Hiroshi, Makoto Maruyama and Masamitsu Yasaka eds.(2002), *Japanese Economy and Society under Pax-Americana*, Tokyo : University of Tokyo Press.

Singer, J David (1961), "The Level-of-Analysis Problem in International Relations", *World Politics*, Vol. 14, No. 1, pp. 77-92.

Smith, Anthony D. (1986), *The Ethnic Origins of Nations*, Oxford : Blackwell.

Smith, Anthony D. (1999), *Myths and Memories of the Nation*, Oxford : Oxford University Press.

Smith, Anthony D. (2008), *The Cultural Foundations of Nations: Hierarchy, Covenant and Republic*, Oxford: Blackwell.

Steil, Benn and Manuel Hinds (2009), *Money, Markets and Sovereignty*, New Haven : Yale University Press.

Weller, Marc and Stefan Wolff eds. (2005), *Autonomy, Self-governance and Conflict resolution: Innovative Approaches to Institutional Design in Divided Societies*, London and New York : Routledge.

漢語文献

中国人民政治協商会議共同綱領，第4章：民族政策.

中華人民共和国憲法第4條.

中国的民族政策与各民族共同繁栄発展白皮書，2009.

民族區域自治法，1984.

中国中央電視台（2006）『大國崛起』12集紀録片，北京：中央電視台.

石之瑜（1999）「解読「大国外交」：論両岸的差異」（『政治科学論叢』1999年第13期），147-164頁.

馬戎（2004）「理解民族関係的新思路：少数族群問題的‘去政治化’」（『北京大学学報』2004年第6期），122-133頁.

陳光興（2006）『去帝国：亜洲做為方法』台北：行人出版社.

孫中山（1985）「1920年11月在上海国民党本部会議」『孫中山全集』第1巻，台北：中華書局，394頁.
孫喆（2008）「科学与政治：浅析影響康熙皇与全覧図絵製的幾個因素」『西方人与清代宮廷（1644－1911）国際学術研討会論文集』中国人民大学清史研究所・旧金山大学利瑪竇中西文化歴史研究所（Ricci. Institute for Chinese-Western Cultural History, University of San Francisco），265－276頁.
費孝通（1989）『中華民族多元一体格局』北京：中央民族學院出版社.

第 III 部

現代に生きる人々

第5章

パレスチナ・アラブ人によるヘブライ語小説
——アントン・シャマスの『アラベスク』とヘブライ語をめぐる考察——

細田和江

アントン・シャマス「聖の入り口」
「緩衝地帯でぼくは白昼夢を見ているんだ.」
（詩集『緩衝地帯』から）

はじめに

1948年イスラエル建国より，パレスチナ人の多くが難民となった．その中には隣国ヨルダンやシリア，レバノン，イラクなどに離散したものもいれば，自分たちの村を追われたものの，イスラエルの領内にとどまった国内離散民もいた．国連パレスチナ難民救済事業機関（UNRWA）によると，国連によって認定されているパレスチナ難民は世界で470万人（2009年）を超えている[1]．

パレスチナ・アラブ人の中でも故郷にとどまることのできた人々は，イスラエル国家の市民として市民権「エズラフート」[2]を与えられた[3]ものの，イスラエル国家の安全を脅かす危険のある集団として1966年までは，その居住地域を3分割（北部ガリラヤ地方，西岸地域，南部ネゲブ／ナカブ砂漠地帯）され，軍事統治下に置かれた[4]．彼らはイスラエル市民として暮らし，ユダヤ人と同じIDカードとパスポートを持つだけでなく，ヘブライ語を母語と同様に自由に話すものも多い．「ユダヤ人国家」であるイスラエルにおいて，その人口20%あまりがこうした非ユダヤのパレスチナ・アラブ人[5]であることが広く知られるようになったのはごく最近である．

本章では，彼らイスラエルのパレスチナ・アラブ人の状況を概観し，実質二言語環境（バイリンガル）[6]におかれた彼らによる，ヘブライ語の文学がどのように現れたかを紹介する．また，その中の一人であるアントン・シャマス（1950-）と彼の小説『アラベスク』を取り上げ，彼がなぜヘブライ語でこの作品を描いたのかを探る．

1．イスラエルのパレスチナ・アラブ人

(1)　イスラエルのパレスチナ・アラブ人を取り巻く政治状況

（建国～80年代初頭）

1948年の第一次中東戦争の結果，イスラエルの市民権を与えられたパレスチナ・アラブ人たちは，先述した通り，1948-1966年までイスラエル軍の統治下におかれた．イスラエル軍は，1945年に制定されたイギリス委任統治時代の緊急法をそのまま適用し，パレスチナ・アラブ人の居住区を分割，それぞれの間の移動を原則的に禁止した．こうして彼らはイスラエルの市民でありながら，軍の逮捕・拘留におびえて暮らさなければならなかった．1966年に軍事支配が終了したあとも，引き続きイスラエル政府による監視は続いた．さらに，イスラエル政府は1956年のパレスチナ・アラブ人のうち，ドゥルーズ派[7]の指導者と合意し，ドゥルーズ派をIDF（イスラエル国防軍）に編入した．当時イスラエルのパレスチナ・アラブ人は国民皆兵でありながら，国防上の理由から兵役を免除されていた．この合意以降，ドゥルーズ派も兵役の義務を負うことになり，彼らは他の「パレスチナ・アラブ人」と分離し，イスラエル社会に組み込まれていった．

1960-70年代にかけてイスラエルは，第三次中東戦争でヨルダン川西岸（ヨルダン），ゴラン高原（シリア），ガザ地区（エジプト）を占領し，国土を拡

大した．それに対し，離散パレスチナ人のなかからPLO（パレスチナ解放機構）が結成され，対イスラエルの武力闘争が始まった．1972年にはミュンヘン五輪の人質事件や，日本赤軍によるテルアビブのロッド空港乱射事件，73年には第四次中東戦争と紛争が続く．第四次中東戦争は，イスラエルがエジプトなどのアラブ諸国から奇襲を受け，甚大な被害を被った初の戦争であった．また1979年，キャンプデービッドの合意によってエジプトと和平条約を結んだことで，シナイ半島入植地の放棄を決定した．つまり70年代はイスラエルが対外的に大転換した時期であった．この合意によって，イスラエルは安定的な石油の供給ルートを得ることができた．他方で1981年，イスラエル軍はイラクが開発していたオシラク原子力施設を空爆，破壊し，周辺アラブ諸国への強硬姿勢を維持していた．

イスラエル国内に目を向けると，1971年に「ブラック・パンサー運動」が起こる．これはイスラエルのミズラヒーム（東洋系／非ヨーロッパ系のユダヤ人）が自らの権利獲得を求めた活動である．建国当初から，シオニスト労働党の指導部はアシュケナジーム（ヨーロッパ系）が中心であった．他方周辺アラブ諸国から移民したイラク系，あるいはモロッコ系などのユダヤ人は「アラブ人」と呼ばれ，いわば「二級市民」として扱われていた．「ブラック・パンサー運動」は，こうした社会的差別の撤廃を叫び，政党として変革を求めていった．1973年に結党したシオニスト右派の政党リクードは，彼らの運動を支持することで，1977年労働党にかわり政権を担った．こうした非ヨーロッパ系ユダヤ人による抗議行動は結果的に，イスラエル社会でのミズラヒームの影響力を向上させた．

1980年代に入ると，イスラエル政府はシナイ半島に建設した入植地からの段階的な撤退を始めた．2005年のガザ撤退（放棄）の際と同様，入植者の反対に遭いながらも1982年3月入植地ヤミットを最後に，完全撤退を完了した．シナイ半島を返還した一方で，イスラエル政府はその他の占領地（ヨルダン川西岸，ガザ，ゴラン高原）への入植を進めている．1980年7月に制定された「エルサレム法」は，エルサレムが不可分であり，イスラエル国の首都であると宣言した．さらに1981年12月には「ゴラン高原法」が成立する．同法により1967年から軍政下においていた，ゴラン高原のアラブ人（多くがドゥルーズ派）に市民権を付与することで，実質的に併合した．

80年代，イスラエル国内では，ユダヤ人とパレスチナ・アラブ人の衝突が激しくなる．1980年7月には，アラブ人地区の首長の暗殺未遂事件がおこる．ナブルスの市長バッサーム・シャカア（1930-），エルビーレの市長イブラーヒーム・タウィール（1943-），ラマッラーの市長カリーム・ハラフ（1935-1985）の車に爆弾が仕掛けられ，シャカアとハラフはそれぞれ足を切断する大けがを負った．これはユダヤ人の狂信的な入植者による犯行であった．他方，アラブ人によるバスへのテロ攻撃も多発，双方が報復を繰り返した．

経済的にも60年代から80年代にかけて，イスラエルは大きく変化，発展している．1967年のヨルダン川西岸，ガザを併合したことによって，両地区からのパレスチナ人の流入が始まった．彼らは安価な労働者として，工場や農園で重用され，イスラエルの経済発展に大きな影響を与えた．また1980年には建国以来使用していた通貨リラを廃止し，新通貨シェケルとした．さらに1985年にはシェケルをデノミネーションしたニューシェケル（NIS）へと切り替えを行い，経済危機を乗り越えた．

以上のように，イスラエルは対外的，内政ともに，「アラブ」に対する強硬姿勢は保ちつつも，ドゥルーズ派の懐柔，ミズラヒームを含めたユダヤ人の統合，1967年の占領後，労働力としての西岸／ガザのパレスチナ人の利用など，イスラエル国家の維持，発展のための政策は積極的に行ったといえる．こうした状況においても，イスラエルのパレスチナ・アラブ人は市民権を持ちながらも，イスラエル市民としてユダヤ人と平等に扱われることはなかった．「ブラック・パンサー」運動により，建国当初から「アラブ」として，差別を受けていたミズラヒームの人びとの待遇は改善されたものの，パレスチナ・アラブ人の状況は不安定なままであった．

(2)　イスラエルのパレスチナ人による文学

パレスチナ人の文学は，当初，イスラエルの建国と第一次中東戦争の結果，パレスチナから離散した人びとの中からでてきた．これは，故郷を追われたパレスチナ人の多くが知識人階級であったことが一因である．パレスチナの文学は50年代の世界の潮流と，民族の離散という悲劇によって，その「政治性」が常に問題となっていた．アラブ詩の伝統は口承の抵抗詩に引き継がれた．小説も，当時サルトルが提唱した「アンガジュマン（参加の文学）」の影響もあり，作家たちは創作とともに言論活動や，政治活動を積極的に進めた．そうしたディアスポラのパレスチナ人の中に，ガッサン・カナファーニー（1936–1972）がいる．日本でも第三世界との連帯という旗印のもと，パレスチナ支援を行った作家や知識人たちが現れた．彼らはA. A作家会議と連携してアラブを中心とした中東の文学を積極的に紹介した．その一環としてガッサン・カナファーニーらパレスチナ作家の作品が翻訳された．

こうした，離散パレスチナ人の文学とは別に，イスラエル領内のパレスチナ人の中からも文学が生まれた[8]．イスラエルのなかから抵抗を叫んだ詩人マフムード・ダルウィーシュ（1941–2008）やドゥルーズ派詩人のサミーフ・アルカーシム（1939–），小説家のエミール・ハビービー（1922–1996）はアラビア語で著作を行った．彼らはアラブ文学の一部として，他のアラブ諸国でも受け入れられている．とりわけダルウィーシュは，幼少時に故郷のビルウェ（アッカーの東にあった村）から離散，一時はレバノンに逃げるも舞い戻り，最終的にハイファに住居を構えると，月刊誌の編集長として働きながら「抵抗詩」というジャンルを発展させその名を国内外に広めた．1961, 65, 67年の3回にわたり投獄[9]，1971年イスラエルを離れ，オスロ合意後の1994年ヨルダン川西岸のラマッラーに「帰還」した．2008年に亡くなった際には，アラファト議長に次いで，パレスチナ自治政府による国葬が行われた．彼の詩「IDカード」（*Bitaqat hawiyah*：1964），「パレスチナの恋人」（*Ashiq min filastin*：1966）は，抵抗詩として現在も口承で詠い継がれている．

イスラエルのアラブ文学研究家であるAmi Elad Bouskilaは，「パレスチナの文学とは何か？それはパレスチナ人たちによって書かれた文学である．この定義はエジプト人たちによって書かれたエジプト文学や，イラク人たちによって書かれたイラク文学のように，他の現代アラブ文学のものとさしたる違いはない．しかしながら問題は，パレスチナ文学は誰がパレスチナ人なのかというより正確な定義を要求していることである」(Bouskila 1999 : 9) と，「パレスチナ文学」という言葉が示している範囲を特定する困難さをといている．また彼は，パレスチナ人の「第一の集団は，イスラエルの外からアラブ諸国や（特に，レバノン，ヨルダン，エジプト，イラクとシリア）かアラブ諸国外のアラブ人の人口の中心地（ヨーロッパ，アメリカ）に居住して，現風景をつくり出すパレスチナ人たちを含んでいる．第二の集団は，イスラエル国境内に居住しているパレスチナ・アラブ人たちを含んでいる.」(Bouskila 1999 : 9）と，1948 年の離散以降，パレスチナ人には二つの集団があると述べた．彼はさらにこの二グループに加え，1967 年の第三次中東戦争（六日間戦争）によって，ヨルダンとエジプトからそれぞれイスラエル領に組み込まれたガザとヨルダン川西岸のパレスチナ人のグループも文学の独自性を持ち始めたため，事実上パレスチナ文学は三つに分けられると結論づけている．

アメリカのパレスチナ移民の詩人であり，アラブ文学の研究者でもある Salma Khadra Jayyusi もまた，自身が編集したパレスチナ文学のアンソロジーの前書きで「私達が“現代”パレスチナ文学について語る際，すぐに 2 つの文学に直面する，つまり，歴史的地域であるパレスチナの大地で今なお生きている作家の文学と，ディアスポラの作家の文学に.」(Jayyusi 1992 : 4) と，イスラエルから離散した人と，そこに居続けた人との文学を分けて考えている．さらに彼女は，二つの文学は 1967 年の第三次中東戦争で，イスラエルが歴史的パレスチナのすべてを手中におさめ国境が開かれるまでほとんど接触もなく発展していったため，独自に特徴を獲得していったとも述べている[10)]．

加えて，離散のパレスチナ人との隔たりがもっとも顕著となったのは，占領者の言葉であるヘブライ語で著作をはじめたパレスチナ・アラブ人の存在であった．彼らはイスラエルの占領からおよそ20年間，一部の例外を除いては，文学，特に小説を発表することはなかった（Bouskila 1999 : 40）．しかし1962年，イスラエルの*Ha'olam haze*誌や*Ha'aretz*紙でジャーナリストとして活躍していたアタラ・マンスール（1932–）はアラビア語の小説『そしてサミーラは帰ってきた』(*Wabaqiyat Samira* : 1962）を発表した．これがイスラエル領内のパレスチナ・アラブ人が発表した初の小説であった．彼が1966年に出版した『新たな光の中で』(*Be 'or ḥadash* : 1966）も，イスラエルのパレスチナ・アラブ人によってはじめてヘブライ語で書かれた小説である[11)]．作品は第一次中東戦争で親を失い孤児となったアラブ人の少年ユースフ・マフムードが，父の友人であったユダヤ人バルーフ・ミズラヒによって育てられ，ヨッシー・ミズラヒとしてキブツ[12)]で生きていくさまが描かれた．ヨッシーは，ユダヤ人としてなんとかキブツにとけ込み，メンバーとして受け入れられようとした．しかし彼がパレスチナ・アラブ人だとわかった後，キブツは正式な受け入れを拒んだ．作品には当時，自由と平等をうたっていたキブツが，実際はヨーロッパ系ユダヤ人中心の世界にすぎなかったことが描かれている．

その後，ドゥルーズ派のナイーム・アライディ（1950–）やアントン・シャマスなど，イスラエル建国後に生まれた世代によってアラブ人のヘブライ語文学が登場している．アライディは詩人として主に詩集をヘブライ語で発表している[13)]だけでなく，小説も発表している[14)]．アライディのほかにも，同じくドゥルーズ派の詩人サルマン・マサルハ（1953–）がアラビア語とヘブライ語の詩集を発表し，彼のヘブライ語の詩集『ここからひとつ』(*'Eḥad mikan* : 2004）はイスラエルの大統領賞を受賞した．

2002年，ムスリムとして初のヘブライ語作家サイード・カシュア（1975–）が登場し，『踊るアラブ人』(*'Aravim roḳdim* : 2002)，『夜を待ちわびて』(*Va-yehi boḳer* : 2004）『2人称単数』(*Guf sheni yaḥid* : 2010）の3作を発表した．『踊るアラブ人』に出てくる主人公は，イスラエル政府の教育プログラムによってユダヤ人学校に入学するイスラエルのアラブ少年である．若くして幼なじみと結婚した彼は，ベイト・サファーファというエルサレム市内のアラブ人居住地区に住む．ある日ユダヤ人に襲撃された彼は，自分がユダヤ人に見えることを感謝し，こうつぶやく．「僕はパレスティナ人とはちょっと違う.」(Kashua 2002 : 154) 主人公が居を構えるベイト・サファーファは，1948年の第一次中東戦争（イスラエル独立戦争）によって村の中に国境線（グリーンライン）が引かれたことにより，村の東側がイスラエル，西側がヨルダン領と分割されてしまった場所である．この村の住民はある日を境に親兄弟，親類が引き裂かれ，1967年ヨルダン川西岸がイスラエルに併合されるまでのおよそ20年間双方の行き来を禁じられた．主人公はユダヤ人とともに学んでいく中で，いかに自分たちパレスチナ人の地域が遅れているか，そして蔑まされているのかを身をもって体験する．作品にも懸命にpの発音を身に付けまわりのユダヤ人にとけ込もうとする主人公が描かれている[15)]．

> 僕は普通のイスラエル人よりもっとイスラエル人に見える．ユダヤ人が言うんだ.「君は全然アラブ人に見えないね.」こう言われるといつもうれしい．それは人種差別な発言だと批判する人がいるけれど，僕は常にお世辞，つまり成功の徴と受け取っている．結局のところ，これが僕のなりたかったことなんだ，ユダヤ人になることが．そのために懸命に努力したし，最終的にうまく行ったのさ．(Kashua 2002 : 67)

カシュアの作品にはマンスールやシャマスが描いた，イスラエルのユダヤ人社会と自分たちの持つアラブ世界の伝統，双方からの疎外を感じている主人公はもはや登場しない．むしろかわって，アラブ社会に生きている親の世代やベールを纏った妻を背後に隠し，積極的にイスラエル社会に紛れ込んでいる若い世代を描いた．

彼らパレスチナ・アラブの作家たちは，アラビア語とヘブライ語の翻訳者としても知られている．シャマスがエミール・ハビービーの代表作『悲楽観屋サイードの失踪にまつわる奇妙な出来事』(*Al-Waqa'i al-gharibah fi-ikhtifa'*

Said Abi al-nahs al-mutasha'il : 1974）をヘブライ語に翻訳したことで，1992年ハビービーがイスラエル賞を受賞することになった．シャマスはまた，ホロコーストの悲劇を描いたカ・ツェトニック（1909–2001）の『灰の星』（*Kokhav ha'efer* : 1963）をアラビア語に翻訳，レバノン人作家エリヤス・ホーリー（1948–）が，パレスチナ人の悲劇「ナクバ[16]: *Nakbah*」を描いた『太陽の門』（*Bāb al-shams* : 1998）ではヘブライ語版の編集を行った．アライディもシリア出身のアドニス（1930–）の詩集のヘブライ語への翻訳（1989）など，イスラエル社会においてアラブ文学の紹介を行っている．

アントン・シャマスの『アラベスク』は，こうした状況のもと，1986年に出版された．ヘブライ語で書かれたこの物語は出版されるや国内外で大きな話題を呼んだ．

2．アントン・シャマスの小説『アラベスク』が描いた世界

（1）　作家の経歴

アントン・シャマス（1950–）は，イスラエル建国後に生まれたキリスト教徒のパレスチナ・アラブ人作家である．1950年イスラエル北部ガリラヤ地方にあるキリスト教徒の村ファッスータに生まれ，その後家族とともにハイファへ移り住み，1968年からはエルサレムのヘブライ大学で英文学を学ぶ.彼はヘブライ大学で英文学を専攻した初のパレスチナ・アラブであった．当時について彼は，「1968年18歳の時に，私は選択肢がなかったのではなく選択したのだ，つまりヘブライ語を自分の継母の言語としてみなすことを選び取ったのである」（Shammas 1983 : 29）と語っている．1970–1975年には月刊のアラビア語文芸誌*Ash-Sharq*の編集に関わった．その後ヘブライ語の新聞*Kol ha-'ir*などでコラムを書くなどフリーのジャーナリスト，テレビのディレクターとしてマスコミで活躍する．1987年9月にアメリカへ

渡った彼は，客員教授としてミシガン大学に招かれ，現在もなお同大学のアラブ文学の教授としてアメリカに在住している．

シャマスは学生時代からすでに文芸誌 *Keshet* に詩を発表していた．1974年には初の詩集『覚醒と睡眠の囚人』（*Asīr yaqẓatī wa-nawmī*）をアラビア語で出版，さらに同年ヘブライ語の詩集『ハードカバー』（*Kerikhah ḳashah*）を発表した．1979年には詩集『緩衝地帯』（*Sheṭaḥ hefḳer*）を出版，翌年1980年にレヴィ・エシュコール賞（優れたヘブライ語の文学作品に送られる賞）を受賞している．1982年にはヘブライ語の子供向け童話『世界で一番の大嘘つき』（*Hasaḳran hakhi gadol ba'olam*）を出版した．

70年代半ばには『二つの声』（*Beshnei ḳorot*：1974–1976）というアラビア語とヘブライ語の短編・詩が半々に収録されている作品集を編集した．この中には，アルカーシムやイスラエル現代文学の重鎮 A. B. イェホシュア（1936–）などが含まれている．さらに戯曲にも精力的に取り組み，80–90年代にかけてイスラエルで公演が行われている．

詩人として，またジャーナリストとして活躍していたシャマスは，1986年4月に初の小説『アラベスク』（*Araveskot*）を発表した．ヘブライ語で書かれたこの作品は，1年と経たないうちにイスラエルで21,000部を売り上げるベストセラーとなった後，アメリカでも英訳が話題になり，その年のニューヨークタイムスのベスト7冊のうちの1冊に選ばれた．2010年現在，英語を含む7カ国語に翻訳されている[17]．

(2)　小説の構成

小説『アラベスク』は一見，作家アントン・シャマスの自伝的な作品である．そして彼自身，この小説をオーストラリア出身の作家クライブ・ジェイムス（1939–）の代表作『当てにならない回顧録』（*Unreliable Memoirs*：1980）から「最初の小説のほとんどはうんざりする自伝である．この自伝はうんざりする小説である.」という一節で始めている．しかしながら，物語の構造は大変複雑で，自伝としてあらすじを追うことは困難である．

「アラベスク」とはフランス語で「アラビア風の」という意味であり，一般的には様々なモチーフをシンメトリーに組み合わせた蔓草模様の総称である．小説『アラベスク』は，シャマス一家の周辺に起こったことがらが，アラベスク文様のように絡まりあって進んでいく[18)]．音楽の分野では「アラベスク」が一つの楽想を幻想的あるいは装飾的に展開する作風を表しているが，シャマスはこれを物語で表したといえる．作品は10章からなり，その一つ一つはユダヤ人，パレスチナ人が綴った短い詩編で始まっている．

この小説の最も大きな特徴は，偶数章と奇数章でそれぞれ別の時間・空間軸を用いていることにある．まず，奇数章では1800年代の終わりから1983年までのおよそ100年間にわたる主人公「アントン・シャマス」の一家の歴史が「回想」の形であらわされている．この作品はヘブライ語で書かれているが，その中には様々なアラビア文化がちりばめられている．奇数章の舞台の中心は，著者が生まれたレバノン国境にほど近い村ファッスータである．この村を中心として紡ぎ出された物語には，文章のところどころに登場するアラビア語の語彙や，キリスト教の伝統行事，土着の信仰が描かれ，ガリラヤ地方・レバノン・シリア周辺に居住していたパレスチナ・アラブ人が当時どのように暮らしていたのかを描いている．

それぞれ第１章は「お話」，３章「また別のお話」，５章「また別のお話」，７章「またまた別のお話」，９章「またまたまた，最後のお話」という章題がつけられている．第１章は主にシャマス一家の歴史が綴られ，第３章には1948年ファッスータでおこった出来事が中心に語られているものの，時代はエピソードごとに前後し，登場する人物も様々である．

図はシャマス一家の家系図と人物相関図（主な人員）である．また年表は奇数章に書かれている主な年代を時系列に並べ替えたものである．

年表からも窺える通り，シャマスは，歴史の中にシャマス一家の家族史が位置づけられるのではなく，家族の歴史の中に，パレスチナ・アラブ人の歴史を位置づけたのである．

奇数章では，家族の歴史が年表通りに「回想」されるのではない．この部

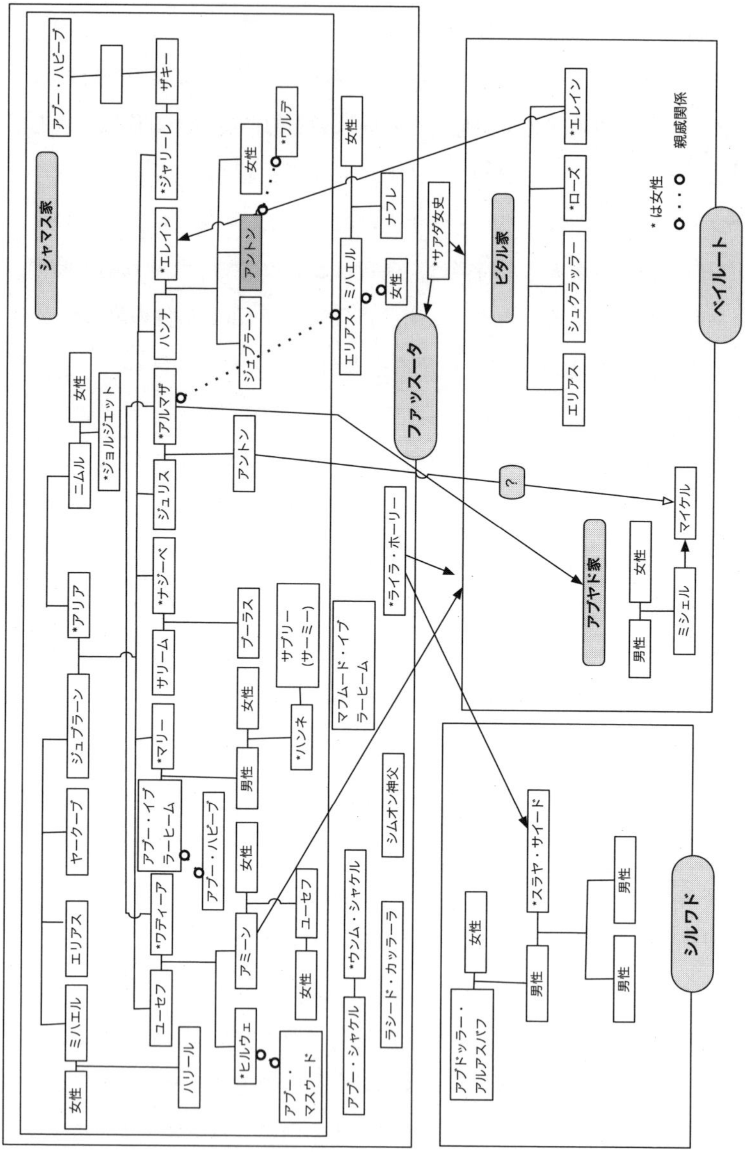
シャマス家
アブー・ハビーブ
ザキー
*ジャリーレ
*エレイン
ハンナ
*アルマザ
ジュリス
*ナジーベ
サリーム
*マリー
アブー・イブラーヒーム
*ワディーア
ユーセフ
女性
ニムル
*ジョルジェット
*アリア
ジュブラーン
ヤークーブ
エリアス
ミハエル
女性
ハリール
アントン
ジュブラーン
女性
*ワルデ
アントン
ブーラス
サブリー（サーミー）
女性
*ハンネ
男性
アブー・ハビーブ
女性
アミーン
ユーセフ
女性
*ヒルウェ
アブー・マスウード
女性
ナフレ
エリアス・ミハエル
女性
マフムード・イブラーヒーム
*ウンム・シャケル
アブー・シャケル
シムオン神父
ラシード・カッラーラ
*ライラ・ホーリー
ファッスータ
*サアダ女史
ビタル家
*エレイン
*ローズ
シュクラッラー
エリアス
?
マイケル
アブヤド家
女性
男性
ミシェル
ベイルート
*は女性
親戚関係
*スラヤ・サイード
女性
男性
男性
男性
アブドッラー・アルアスパワ
シルワド

図　人物相関図

年　　表

関係はすべて主人公「アントン・シャマス」とのもの

1872年		祖母アリア誕生（オスマン朝・タバコ法制定）
1800年代末		祖父ジュブラン，ニムルとともにブラジルへ渡る
1914？		祖父ジュブラン，再び南米（アルゼンチン）へ渡る（10年間音信が途絶える）
1920		叔父ユースフ，アルマザの姉妹ワディーアと結婚
1926		ザキ叔父の祖父アブー・ハビーブ，ニューヨークへ
1928	1月21日	叔父ジュリスとアルマザの息子アントン誕生
		ジュリス，アルゼンチンへ渡る
1929		アントン，ベイルートで死亡？
1933		サアダ女史，ファッスータへ
1936		孤児ライラ・ホーリー，ベイルートのビタル家へ
		母エレイン，フランス語の教師となるためベイルートからファッスータへ
1937		母エレイン，ベイルートへ帰る
1938	9月	アラブ大暴動がピークに達する
		母エレインの兄エリヤスの結婚
1940	1月3日	母エレインと父ハンナ，ベイルート郊外のマロン派教会（聖エステファン教会）で結婚式
1946	12月	アルマザの叔父ユースフの息子アミーン，ファッスータから去る
1948	4月23日	ハイファ陥落
	4月1日	ユダヤ軍のファッスータ侵攻
1948年末		ライラ・ホーリー，ヨルダンへ追放→イスラームに改宗，スラヤ・サイードとなる
1950		主人公アントン・シャマス誕生
1954	3月31日	祖母アリア死去
1960年代		シャマス一家ハイファへ移住
1970？		叔父ジュリス，アルゼンチンで死去
1978	6月19日	父ハンナ死去（享年70歳）
1981		アルマザ死去
1982		レバノン戦争
	1月	アミーン，ベイルートからファッスータへ25年ぶりに帰る
1983	2月	マリー叔母の孫ハンネがベイルートで自動車爆弾によって死亡
	4月	シャマスとスラヤ・サイードの面会
		マイケル・アブヤドとアントン・シャマスの面会（偶数章）
		ユースフ叔父死去

分は作者と同姓同名の主人公「アントン・シャマス」が語り手として分断し，彼自身が一人称で，時間軸を超え，空想を交えて語っている．それぞれのエピソードは脈絡もなくつながり，読み手は物語がいつ，誰のことを語っているのかわからなくなる．現代文学の名作ガルシア・マルケスの，様々な物語の断片がちりばめられている『百年の孤独』(*Cien Años de Soledad* : 1967) のように，奇数章はどこからでも読み始めることができる構成となっている．

唯一物語を通して，このばらばらのエピソードのなかに，ある一つの謎が語られている．主人公「アントン・シャマス」は，彼の名前の由来であり，赤ん坊の頃に亡くなった叔父夫婦ジュリスとアルマザの息子アントンが実は，現在も別人として生きているのではないかという疑問を抱き，1981 年幼い頃過ごしたファッスータへと向かう．彼がユーセフ叔父からの伝聞から過去をたどっていく過程の中に，彼が生まれる前の，両親や祖父母の人生，彼が幼い頃の些細な出来事，歴史の渦に飲み込まれていくパレスチナ人たちの運命が，断片的に組み込まれている．そこには，イスラエルの建国によって，歴史のすみに追いやられてしまった市井のパレスチナ人たちの生活が描かれている．例えば，シャマスの父と母の結婚の場面はこう語られる．

> 若いカトリックのカップルがベイルート郊外の村で結婚した．ベイルートのカトリック教会の司祭がパレスチナ出身の青年のために式を行うことを拒否したため，彼らはマロン派の教会の聖エステファン教会へ行かなければならなかった．1940 年 1 月 30 日のことだった．3 日後，主の迎接祭の日，彼らは結婚した夫婦として最初のミサを祝った．そして同日ベイルートへ戻った．雨が降り始め，カースミーヤ橋は洪水によって流されてしまっていた．そのため，ファッスータへの夫婦の旅は遅れてしまった．
>
> その週の月曜日の夜明け，その日はレント[19)]の初日で，アリアおばあちゃんは，心配で雨の中びしょぬれになって，病に伏せていたマリー

> 叔母さんの家に来た.「なぜ寝てるんだい？」おばあちゃんはいった.「公現祭（1月6日）のときからずっと，ハンナから連絡がないんだ．だからずっとパンの皮を飲み込むことができないよ.」公現祭に，僕のおばあちゃんは，キリスト教徒の習慣に従って，パン生地を丸めたものを正方形の布の上に置いて，それを一晩木につるしておいていた．そうすると，一年を通して発酵し，イースト菌を供給した．コーヒーカップほどの大きさの雨粒が降り続き，マリー叔母さんがいっていたように，村は海の真ん中の小舟のようだった．けれども叔母さんは病床から起き上がると，新郎新婦に何が起こったのか調べるために，おばあちゃんと一緒にルメイシュ村へ赴いた．彼女たちは4年前のアラブ大反乱が起こったとき，イギリス軍によって設置されたフェンスのあるマンスーラ門からレバノン国境を越えた（Shammas 1986 : 28−29）.

ここには1936年のアラブ暴動に言及しているものの，実際はキリスト教の伝統が根付いたシャマス一家の生が語られている．ほかにも，19世紀から20世紀にかけてのアラブ人の南米への大量移民や，キリスト教と民間信仰／まじない，「ダブケ」[20]や「ミジュワジュ」[21]など様々なアラブの民族文化が作品に登場する．こうした物語は，大きな「歴史」からはこぼれ落ちてしまった小さな「お話」であり，派手なものではない.

作者シャマスは故郷ファッスータの人々について，こう説明している.

> ファッスータというぼくの故郷の村人は流浪という運命からは免れた．だから記憶の底に沈み込んだ恥の感覚が常につきまとっていた．それは他のパレスチナ人たちがその土地を記憶の中だけに留めて立ち去っていったのに，その土地に残り続けるという特権を享受してきたという恥なのだ（Shammas 1993 : 5.）.

他方偶数章は「今／現在」（1980年代初頭）の「ディアスポラ」での出来

事を，主人公シャマスを中心として時間軸通りに描いている．章題は，第2章から「語り手：ペール・ラシェーズ墓地」[22)]，第4章「語り手：メイフラワーⅠ」，第6章「語り手：メイフラワーⅡ」，第8章「語り手：メイフラワーⅢ」，第10章「語り手：メイフラワーⅣ」である．

偶数章は主にシャマスが参加した国際作家プログラムでの出来事で，アメリカのアイオワを舞台に進められているが，第2章だけは異なっている．「語り手：ペール・ラシューズ墓地」というパリに実在する墓地の名がついた章題の通り，パリでの出来事を中心に描かれている．ナディアを除く3人はともに4章以降のアイオワの作家プログラムに参加する若手作家である．彼らはアメリカに渡る前，それぞれパリを訪れたのである．

この章はわずか36ページが21に細かくわけられ，その中に「三人称」，「ナディア」，「アミラ」，「イェホシュア・バール＝オン」という4人の人物が交互登場する[23)]．この章が他の9章と根本的に異なるのは視点の相違である．第2章を除く全てはシャマス自身が語り手となっているのに対し，第2章は4人それぞれが主体となっている．そしてこの「三人称」というのは主人公の「シャマス」本人で，彼だけが三人称で語られている．この章の語りはほとんどモノローグである．4人全員がパリにいるにもかかわらず，実際交差するのは「三人称」シャマスと彼の親戚カマルの妻「ナディア」だけである．そしてこの「ペール・ラシェーズ」はそれに続く章で，作家会議に参加した「シャマス」とアミラの共作による掌編であることが判明する．つまり，偶数章もまた，物語の中に物語を含んでいるのである．

第4章以降は，国際作家会議の招待で，世界各国の若手作家たちとともにアメリカのアイオワに滞在している主人公「シャマス」が，彼自身の一家の歴史を記述しようとする構想を練りつつ，生活を送っている姿が書かれている[24)]．「メイフラワー」というのは彼ら作家たちが滞在する学生寮のことである．イギリスからピルグリム・ファーザースを乗せて，アメリカのプリマスに到着した船，メイフラワー号からとったもので，作者シャマスはおそらくこの寮に集う作家たちを，アメリカに初めて移民し，多くの困難の中，お互いが協力して国を創っていったピルグリム・ファーザースと重ねたのかも知れない．彼らの中には，主人公「シャマス」の友人であるイスラエルのユダヤ人作家イェホシュア・バール–オンや，ナザレ出身のパレスチナ人作家のパコ，さらには，ユダヤ人とアラブ人の両親を持つエジプト人アミラ，アイルランド人のリックなど，アイデンティティや民族衝突を抱える国から来た人物が登場する．彼らはあらゆる場所でアイデンティティの問題を議論していく．そのなかで，イェホシュアは，「シャマス」をモデルとしたアラブ人が主人公の小説の構想を練っている．

最終章では「シャマス」の叔父の息子アントンと推される人物，マイケル・アブヤドが，実はアルマザの息子，アントンではないにもかかわらず，アントン・シャマスの名で自伝を書いていることを主人公「シャマス」に告白し，彼にその自伝を託した．そしてこの自伝こそが，奇数章で描かれた物語となっている．小説は最後に主人公「シャマス」が作者であることを否定した．つまり，自伝的に描かれた『アラベスク』は，誰によって書かれたのかが曖昧なまま終わりを迎えるのである．

3．ヘブライ語で書くこと

繰り返し述べている通り，『アラベスク』はヘブライ語を用いて，ガリラヤ地方のアラビア語世界とそこに生活しているパレスチナ人を描いた．ブスキラはシャマスとアライディを比較して，シャマスがヘブライ語で著作することに関して，「継母の言語を選びとり，母語を捨てた」と考えているのに対し，アライディにはヘブライ語で創作することに何の躊躇もないことを指摘している（Bouskila 1999 : 47）．また，ハイファ大学アラビア文学科の教授 Reuven Snir は，アライディがヘブライ語とアラビア語を自由に使い分け，その間を相互に行き来しているのに対し，シャマスがアラビア語で書くことをやめてしまったことについて，アライディはヘブライ語・アラビア語の両方の文化に属していることに誇りを持っているが，シャマスは「母語であるアラビア語の中で離散して」しまったと感じ，「責務」としてヘブライ語で書くことを選択したのだと指摘した（Snir 2001 : 212）.

シャマスはなぜ母語であるアラビア語ではなく，支配者の言語であるヘブライ語で作品を発表することにこだわるのであろうか．彼はあるコラムで，イスラエル建国後，イスラエルのパレスチナ・アラブ人たちは「アラブ文化」から隔離されてしまったのだと語る.

> 1967年まで，イスラエルのアラブ人はまさに文化的な隔離状態で暮らしていた．一方で彼らは現代アラブ文化からあらゆる面で切断されていたが，もう一方で彼らのヘブライ語についての無理もない留保が意味したのは，彼らが世界の文化，いうまでもなく新興のヘブライ文化からも切断されているということであった」（Shammas 1980 : 10）

そして，67年に東エルサレムを含むヨルダン川西岸・ガザがイスラエルに併合され，「向こう側」の同胞と再び出会ったとき，シャマスは彼らとの隔たりを感じたのである.

こうした，西岸・ガザのパレスチナ・アラブ人に対するアンビバレントな感情は同じくマンスールも持っていた.

> ……併合後に「向こう側の」アラブ人たちは教育程度も高く，ヨルダンで軍の幹部や政治家，判事など国家の中枢に関わっていた．……確かに自分たちは彼らに比べ社会保障などでは優遇されているかもしれないが，彼らには「移動性」がある……我々と彼らの間のギャップは決して縮まらない．彼らは，我々にとって，外国人なのだ（Dunsky 1989）

こうしたアラブ文化との断絶を感じたシャマスは，最終的に自分がアラビア語で著作する意欲をなくしていく．さらに，1983年には「このところ，イスラエルでアラビア語を使って書くことは非常に孤独な取り組みであり，勇気がいる行動である．その取り組みはインフラが欠けているために孤独なのである．」(Shammas 1983 : 43) と語り，『アラベスク』を発表する前からすでにアラビア語で創作することに限界を感じていた．

又，『二言語解決案』という小論で彼は，マグレブ出身の作家がかつての植民者の言語であるフランス語で創作することによって，内部から植民地主義を批判すると同時に，アラブ文学に「冒険的要素」を与えることとなる，と語っている (Shammas 1993 : 16)．

シャマスが挑戦したのは自分が属している支配者の言語で作品を書くことであった．シャマスを含め，カシュア以外のイスラエルのパレスチナ・アラブの作家たちがキリスト教徒かドゥルーズ派であることは決して偶然ではない．彼らは「アラブ」としてユダヤ国家イスラエルのマイノリティであるだけでなく，イスラム教徒が8割を占めるパレスチナ・アラブのマイノリティであり，また敵国イスラエルで暮らしている「パレスチナ人」の「裏切り者」である．こうした「周縁」の意識が作家にヘブライ語で著作させることになったのだろう．彼はこうも語っている．

> 第三世界――ぼくはこの用語をきちんと定義せずに使っているが――の作家たちは植民地本国の内側からかつての植民地主義者の文化を払拭しようとしている．この作家たちにとって植民地主義者の脱領域化こそが自らの領域を主張しうる唯一の方法なのだ．(Shammas 1993 : 15)

言語が共同体を意識させ，それを強固なものにするということを強く認識していたからこそ，19世紀末，エリエゼル・ベン・イェフダ (1858–1922) は長らく祈祷用の言語としてのみ使われていたヘブライ語をユダヤの地エレツ・イスラエルの国語として新たにつくり出した．

こうしてイスラエルの国語となったヘブライ語を，被支配者であるアラビア語話者のシャマスたちが自由自在に操り文学作品をつくり出す，これは支配言語への同化という危険をはらんだものであるが，ヘブライ語＝「ユダヤ人のことば」という図式を揺さぶることにもなる.

1970年代のはじめ，シャマスはアラビア語でもいくつかの詩編を発表していた.しかしその後間もなくヘブライ語での創作活動に切り替えていった. Dalia Amitとのインタビューで彼は,「ある人はヘブライ語の散文を書くための「厚かましさ」を必要としている. そして，完璧な「厚かましさ」を持って，自分の道具を磨きあげるため懸命にならなければならない. 振り返ってみると,（ヘブライ語の）詩は言語とのちょっとした戦闘なのである……私は特別な荷物を持ってその言葉のところにきたが，自分の言葉は忘れなかった. しかし，この本を書いた時，私は自分の言葉を全く忘れていた. あるいはそうではなく，私はそれを自分の言葉で書いていた……私は際立った用心深さと尊敬の念を持ってその言葉を扱おうとしていた.私が私の他の文化や，もう一方の側で，アラブ人の幾人かにとって存在しない世界から，持ってきたすべての荷物を新しい言葉のなかに保存しようとしていた.」(Bouskila 1999 : 108）と答えている. またシャマスはこうも述べている.「私は自分の初めての小説，ヘブライ文字で書かれたアラブの物語を書くのに両手をつかったのだ.」(Brenner 2001 : 99）つまり彼はヘブライ語を使うことで，アラブ文化の外にでたのではなく，あくまでも自分の背景に存在しているアラブ文化をヘブライ語で描いているという認識なのである.

シャマスは『アラベスク』を母語のアラビア語で書かなかっただけではなく，この作品を翻訳あるいは，彼自身が翻訳を行うことも拒否していた. その理由として彼は,「私はヘブライ語でその村（ファッスータ：筆者注）について書いた. もし私がアラビア語でそれを書いていたら，どんな話がでてくるかわからない. もし私がその村についてアラビア語で書いていたら，私は明らかにもっと危険な状態に置かれるだろう. 逆説的ではあるが，ヘブライ語は私に安全を与えているように思われるのだ. もし私がアラビア語で書いていたら，この自由を持つことができなかったであろう，なぜなら私の叔父や叔母が何といったであろうか？……私はヘブライ語をかくれみのとして使用しているのである……村の若い世代は（ともかく）それを全て読むだろうし，正しいことや間違っているとわかり，私が死ぬ日まで私を追跡するだろう.」(Shammas 1989 : 10) ということを挙げている．つまり，この「自伝的な」物語を母国語で発表することによって，自分の親類を含んだ周りに与える影響と，パレスチナ世界での彼の立場が危うくなることを憂慮しているのである．実際『アラベスク』は当初アラビア語で書かれていたのだが，自分の故郷の人びとへの影響を考え，ヘブライ語に変更したのだ，ということをMuhammad Siddiqとのインタビューで明らかにしている (Siddiq 2000 : 163.)．その結果，彼の小説『アラベスク』が7か国語に翻訳されていることは，すでに述べた通りであるが，この7カ国語の中に彼の母語であるアラビア語は含まれていない．

おわりに

『アラベスク』に描かれた100年あまりの間，パレスチナの地は大国の大義に翻弄された．祖母の生まれた1872年はオスマン朝に支配されていたが，その後イギリス軍が現れ，さらにイスラエルが建国する．こうした大きな歴史の渦に飲み込まれながら，シャマス一家は生きていたのである．そしてこれはシャーム地方[25)] のアラブ人たちの歴史でもあった．

『アラベスク』に描かれたパレスチナ・アラブ人の歴史にはユダヤ人やイギリス人と勇ましく戦った英雄譚は存在しない．Elias Khouryは，イスラエルの建国によっておこったパレスチナの「ナクバ」を描いた文学作品はほとんどないと指摘している[26)] が，『アラベスク』もまた「ナクバ」自体を描いてはいない．しかし，当時のパレスチナ・アラブ人で「ナクバ」を経験することなく，自分の村にとどまった人びとが，時代の渦に巻き込まれ「生活している」様を描いたのである．そこには，イスラエル軍への協力，あるいは密輸ネットワーク，さらにはユダヤ人との交渉による追放の回避があった．それは英雄譚どころか離散したパレスチナ人にとっては「裏切り」の歴史とも言える．しかし現実，力を持たないパレスチナ人の一部はこのように歴史を生きたのである．つまり，『アラベスク』の奇数章は，決して「正史」足り得ない，パレスチナ・アラブ人の「小文字の歴史小説」ともいえるのである．

シャマスが描いているのは，サミーフ・アルカーシムやマフムード・ダルウィーシュのような抵抗を叫んだ愛国的な「パレスチナ」ではない．またガッサン・カナファーニのような，離散パレスチナ人が描いたような辛い記憶，もしくは在りし日の素晴らしい日々への思慕でもない．エミール・ハビービーの作品で表された強烈な皮肉でもない．

彼は自分の祖先たちが暮らしてきたキリスト教の村を描くことで，この地方に住むパレスチナ人の歴史を語る一方，現在自分が生まれ育った祖国である「イスラエル」を「自分の居場所」として語り，そのなかで生きていることを読者に宣言したのであった．

主に偶数章で語られた，主人公による「アラブ」「ユダヤ」「イスラエル」のアイデンティティの定義がもとになっておこった，ユダヤ人作家A. B. イェホシュアらとの出版後の論争[27]により，結果として彼はイスラエルを捨てることとなった．しかしながら「パレスチナ系」の「イスラエル人」，つまりイスラエルのパレスチナ・アラブ人作家によって描かれた『アラベスク』は，優れたイスラエル文学の一つとして現在もなお存在しているのである．

1）UNRWAの統計より．2009年12月の時点で，実際登録されているパレスチナ難民の数は4,766,670人である．“UNRWA in Figures, 31 December 2009”, http://www.unrwa.org/etemplate.php?id=253（2010年6月5日アクセス）

2）イスラエルの市民権に関しては，拙論『「イスラエル人」とは何か？』（細田2009a）を参照せよ．

3）1948年第一次中東戦争後，イスラエル領内のパレスチナ人人口は約150万人から15万人に激減した．

4）1945年イギリス委任統治下に制定された防衛法を1949年イスラエルが条例を付け加え，緊急法として引き継いだ．その目的は，「国民の安全，イスラエルの安全，公共の秩序の維持，暴動，謀叛，反乱の抑制，食糧や生活必需品の供給，などを確保すること」であった．主な条例は以下のようなものである．
第110条：すべての市民は警察の管理下に置かれる．軍司令官は市民の国内旅行に関して警察に届けることを強制する．
第111条：軍司令官は特定の告発を行うことなく，市民をある期間拘束できる．
そのほか，一定地域の居住禁止，国外追放，家屋の没収・破壊なども軍司令官に権限が与えられていた．サブリ・ジュリス『イスラエルのアラブ人』2章「軍事政府の果した役割」，エル・アスマール,ファウジ『リッダ』p. 411参照．

5)　イスラエルの領内に居住し，市民権を保持しているアラブ系住民に対しては「イスラエル・アラブ」，あるいは「アラブ人」という呼称が使われることが多い．しかし，彼らの中でも自分たちは「パレスチナ人」である，と言う者もいれば，「イスラエル人」である，「ムスリム」である，とそれぞれ見解が異なる．本論稿では「(イスラエルの）パレスチナ・アラブ人」という表現に統一している．これに関して菅瀬は「イスラエルのアラブ人市民」の用語を採用している（菅瀬 2009 : 18−22）．

6)　イスラエルのパレスチナ・アラブ人は，多和田葉子らが用いる「エクソフォニー」を生きているともいえる．

7)　ドゥルーズ派とは，イスラームのイスマーイール派から分離した異端派の集団.イスラエルやシリア，レバノンなどコミュニティーがある．イスラエルでは，アラブ系市民ではあるが，徴兵システムに組み込まれ，他のパレスチナ・アラブ人と一線を画した扱いを受けている．

8)　カナファーニーは『占領下パレスチナにおける抵抗文学』で，イスラエルに残された「アラブ人」詩人たちがいかにして抵抗詩を発表するに至り，自らの声を発するようになったのかを論じている（Kanafani 1966）．

9)　サミーフ・アル＝カーシムも，ダルウィーシュ同様,投獄された．

10)　Jayysi : 1992 : 5. ただし第三次中東戦争の後は，ヨルダン川西岸と東エルサレムがイスラエルの支配下に入ったことで，占領という形ながらも領内のパレスチナ人とディアスポラのパレスチナ人の一部とが再び統一されたため，現在まで全く別の歴史をたどったとはいえない．

11)　単行本ではこの『新たな光の中で』が最初となるが，マンスールはそれ以前の1959年雑誌*Keshet*ですでに「コーヒーふたつ」(*Pa'amaym Kafe* : 1959）という掌編を発表している．これは母袋夏生により，最近学術誌に邦訳が掲載された．

12)　キブツとはイスラエルの社会主義共同村で，私有財産を禁止し，自主生産を行う社会集団の形態である．イスラエル建国前後から70年代までは世界中の注目を集めたが，現在は機能していない．

13)　『どうやって愛せるのか』(*'Eikh 'Efshar Le'ehov* : 1972),『村に戻って』(*Hazarti el Hakfar* : 1986）など．

14)　『運命の洗礼式』(*Tvirah Katalanit* : 1992)．

15)　アラビア語にはｐという音がないため，外国語のｐの音はｂで代用されることが多い．この作品の中にも主人公が学校でpop musicをbob musicといって笑われたという体験が語られている（Kashua 2002 : 92）．

16）「大惨事，大災禍」という意のアラビア語．イスラエルの建国と，その後の戦争によって多くのパレスチナ人が被った悲劇（虐殺，難民化）を表す．

17）現在までに翻訳されているのは，英語（*Arabesques* : 1988年〔アメリカ〕，1988/89年〔イギリス〕），フランス語（*Arabesques* : 1988年），スペイン語（*Arabescos* : 1988年），オランダ語（*Arabesken* :1989年），ドイツ語（*Arabesken* : 1989年），イタリア語（*Arabeschi* : 1990年），ポルトガル語（*Arabescos* : 1991年）の計7か国語（国別に見ると8か国語）である．

18）この作品は現実に作品を書いている作家と主人公,さらに主人公の名前の由来となっている叔父の息子と3人のアントン・シャマスが出てくるため，主人公のシャマスには「シャマス」とかぎ括弧を用いる．

19）四節句とも呼ばれるキリスト教の習慣で，復活祭前の日曜日を除く40日間断食などの悔い改めを行う．

20）パレスチナ地方の伝統舞踊．

21）アラブの伝統楽器．2本の節をもつ縦笛．

22）ペール・ラシェーズ墓地はフランスのパリ郊外にあるもっとも大きい墓地の一つである．作品の中にも言及されているが，マルセル・プルーストをはじめとした著名な作家，あるいは政治家，知識人などが埋葬されている．

23）英語のバージョンでは21にわけられたパーツに，それぞれ話し手となる人物の名前が記されているが，ヘブライ語のバージョンでは単に1から21の数字で区切られているだけである．ただし，ヘブライ語の性質で，話者の性別がわかり，文章の中にも固有名詞が出てくることから読者はその語り手を知ることができる．

24）実際，作者のアントン・シャマスは，1981年アイオワ大学主催の作家プログラムに参加しているが，小説に描かれたメンバーは実際とは異なっている．イェホシュア・バールオンのモデルと考えられているA. B. イェホシュアも1968年に参加している．

25）現在のシリア，レバノン，イスラエル，パレスチナ自治区を含む地域．歴史的シリア，大シリアとも呼ばれる．

26）岡2008 : 273.

27）『アラベスク』が発表される前年の1985年から，シャマスとイェホシュア，さらにイラク系ユダヤ人作家サーミー・ミハエル（1926−）らを巻き込み，レオム（≠国民,民族）としての「イスラエル人」「ユダヤ人」などについて大きな論争がおこった．その詳細に関しては,（臼杵1996）「マイノリティと国家：民族国家vs.民主国家」163−184頁．を参照せよ．

参考文献

エル＝アスマール，ファウジ／城川桂子訳（1981），『リッダ：アラブ人としてイスラエルに生きる』，第三書館．

細田和江（2009a）「「イスラエル人」とは何か」，『総合政策研究（中央大学）創立15周年記念特別号』：203−218頁．

ジュリス，サブリ／若一光司・奈良本英佑訳（1975）『イスラエルのなかのアラブ人』，サイマル出版会．

岡真理（2008）『アラブ,祈りとしての文学』，みすず書房．

菅瀬晶子（2009）『イスラエルのアラブ人キリスト教徒：その社会とアイデンティティ』，渓水社．

臼杵陽（1998）『見えざるユダヤ人：イスラエルの《東洋》』，平凡社．

Araidi, Naim (1992), *Tvirah Katalanit*, ［運命の洗礼式］, Tel Aviv : "Bitan" Publishers (ヘブライ語).

Bouskila, Ami Elad (1999), *Modern Palestinian Literature snd Culture*, London : Frank Cass.

Brenner, Rachel Feldhay, (2001), "The Search for Identity in Israeli Arab Fiction : Atallah Mansour, Emile Habiby, and Anton Shammas", *Israel Studies*, vol. 6, no. 3, pp. 91−112.

Dunsky, Marda. (1989), "Standing on the Green Line", *Jerusalem Post*, June 16.

Jayysi, Salma Khadra (1992), *Anthology of Modern Palestinian Literature*, New York : Columbia University Press.

Kanafani, Ghassan (1966), 奴田原睦明／高良由美子訳, " 'adab al-muqawamah fi filastin al-muhtalla", ［占領下パレスチナにおける抵抗文学］, 野間宏編（1974），『現代アラブ小説選』，創樹社，339−392頁．

Kasua Sayed. (2002), *Aravim Rokdim*, ［踊るアラブ人］, Moshav Ben-Shemen: Modan Publishing House Ltd.（ヘブライ語).

Laqueur, Walter. & Barry Rubin eds. (1969, 2008), *The Israel-Arab Reader*, Penguin Books : London.

Mansour, Atallah. (1966), *Be Or Hadash*, ［新たな光の中で］ Tel Aviv : Karni Publishers LTD.（ヘブライ語).

Marzorati, Gerald. (1988), "An Arab Voice in Israel", *New York Times Magazine*, September 18.

Shammas, Anton (1979), *Sheṭaḥ Hefḳer,* ［緩衝地帯］ Tel Aviv : Hakibbutz Hameuhad.

—— (1980), "Mitahat laEtz, Mitahat laKurat Gag : Yoman Kria'" ［木陰，あるいは屋根の下：日記］, *Iton 77*, (April-May), pp. 8−11 (ヘブライ語).

—— (1983), "Diary", in Arouph Hareven ed., *Every Sixth Israeli: Relations between the Jewish Majority and the Arab Minority in Israel*, The Van Leer Jerusalem Foundation : Jerusalem, pp. 29−44.

—— (1986), *Arabeskot*, ［アラベスク］, Tel-Aviv : Am Oved (ヘブライ語).

—— (1989),''Yitzu zumani shel hafatzim nilvim', *Haaretz*, 13, June 1989, p. 10.

—— (1991), "Amerka, Amerka", *Harper's Magazine*, Feb., 282, pp. 55–61. ／臼杵陽訳（1993）「二言語解決策」,『みすず』, 410, 2–18 頁.

Siddiq, Muhammad (2000), "On Composing Hebraic Arabesques," *Alif : Journal of Comparative Poetics*, No. 20, pp. 155–167 (アラビア語).

Snir, Reuven (2001), "'Postcards in the Morning" : Palestinians Writing in Hebrew, *Hebrew Studies*, 42, pp. 197–224.

第6章

多様化するゾロアスター教徒

――改宗ゾロアスター教徒に対するパールシー・コミュニティの反応――

香月法子

はじめに

現在，ゾロアスター教徒が最も多く居住する国は，いうまでもなくインドである．彼らインドのゾロアスター教徒は，インドにおいてはパールシー（ペルシア人）と呼ばれている．世界中でゾロアスター教徒数10～14万人といわれる中，およそ7万人が暮らしている．このような少ない人口にもかかわらず，彼らパールシーたちの多く，つまり保守派は，両親，あるいは父親がゾロアスター教徒である子供にのみゾロアスター教への入信を認めている．しかしそのインドにおいても，昨今，一般論として新聞などでは，ゾロアスター教は改宗を受け入れる宗教として報じられることが，たびたび見られる[1)]．ただしこのような記事では，パールシーは改宗を認めていないと断りを入れている．

なぜこのような表現をされるに到ったのか．パールシー以外のゾロアスター教徒とは誰なのか．本稿では，現在のゾロアスター教徒の実情を文献および実地の調査にもとづいて考察していきたい．

なお本論文中に記載されている組織・大会等の設立年，役割等に関しては，添付資料1「本論文中の組織・大会名一覧（設立・開始年代順）」および，添付資料 2「本論文中の組織・大会における，これまでに見られる主な受入対象」の一覧表を参照されたい．

1．改宗ゾロアスター教徒とは

(1)　多様化するゾロアスター教徒

インドのパールシー以外のゾロアスター教徒は現在，大きく二つのカテゴリーに分けることができる．一つはイラン系のゾロアスター教徒たちであり，もう一つは改宗ゾロアスター教徒たちである．イラン系のゾロアスター教徒というのは，代々，イランとくにヤズドやテヘラン，ケルマーンなどにおいて，ゾロアスター教を信奉し，コミュニティの一員としてゾロアスター教を守ってきた人々である．彼らは長い困難な歴史を通して貧窮し，ゾロアスター教における多くの儀礼等を失いつつも，団結し，生き抜いてきた人々である．そして改宗ゾロアスター教徒とは，1991 年のソビエト崩壊後，主に中央アジア地域において先祖の宗教に返ることを望み，パールシーやイラン系ゾロアスター教徒たちとの接触を通して，入信儀礼を行った人々，あるいはまったくゾロアスター教との縁のなかった，キリスト教徒やイラン系イスラーム教徒などのゾロアスター教への改宗者のことである．

彼らそれぞれの関係は，必ずしもうまく行っているとはいえない．例えばパールシーとイラン系ゾロアスター教徒は，ササン朝滅亡後も連絡を取り合い，お互い助け合いながらゾロアスター教を保持してきた．しかし地理的に遠く，またそれぞれのマジョリティ社会のゾロアスター教に対する態度の違いから，次第に慣習や儀礼，宗教に対する考え方に相違が生じていった．彼らは互いに同胞意識を持ちながら，文化的違いが障壁となり，現在でも個人レベルでの交流はなかなか進んでいない．一方，イラン系ゾロアスター教徒と改宗ゾロアスター教徒の関係に，今のところそれほど大きな障害はない．イラン系ゾロアスター教徒は，改宗ゾロアスター教徒を同じゾロアスター教徒としては見ていない．だがその中でも，イラン系改宗者の先祖の宗教に返りたいという気持ちに共感している．

ではパールシーと改宗ゾロアスター教徒との関係はどうか．パールシーに彼ら改宗者の存在が知られるきっかけとなったのは，1983年にニューヨークでパールシー聖職者によって行われた，アメリカ人キリスト教徒のゾロアスター教への改宗儀礼である[2)]．パールシー保守派はこの改宗に驚き，反対し，その改宗者をゾロアスター教徒としては認めないことを通達している[3)]．それから1990年代に入り，ソビエト崩壊前後から，中央アジアやロシアにおいてゾロアスター教を信奉する人々が出てきた．当初，彼ら改宗ゾロアスター教徒たちは，北米のゾロアスター教徒組織 Federation of Zoroastrian Associations of North America（以後FEZANA）[4)]と[5)]，それからインドのパールシー改革派が主催するZoroastrian College（以後ZC）[6)]と接触するようになった．この時点においてパールシー保守派は，中央アジアやロシアの改宗ゾロアスター教徒に関してほとんど反応を示していなかった．しかし現在においては，改宗ゾロアスター教徒の存在を認めるどころか，彼らの改宗行為を阻止しようという動きも見られる．むろん全パールシーが保守派であったり，全イラン系ゾロアスター教徒たちが逆に改革派で，改宗ゾロアスター教徒に対して，同じ感情を抱いているわけではない．パールシーであっても改宗ゾロアスター教徒に協力するものもいる．

我々が一般にゾロアスター教徒とはいかなる人々か，と考えたとき，今でもそれはゾロアスターの教えに従い，火を崇めている人々といった程度の認識であろう．確かにそうであるが，それだけでは十分ではなく，上述のように，世界各地には多種多様なゾロアスター教徒がおり，しかもその関係は単純ではない．パールシーとイラン系ゾロアスター教徒の，正統なゾロアスター教徒と認め合う関係であっても，人口減少による危機的な状況にもかかわらず，統一的な組織もなく，団結にはほど遠い状態にある．

(2) 主な改宗ゾロアスター教徒のグループ

さて改宗ゾロアスター教徒は大きく二つに分けることができる．一つはそれまでゾロアスター教とは何の縁もなかったが，その教義を学ぶことで改宗をした，あるいはしたいと望んでいる，キリスト教やイスラーム教などの，他宗教からの改宗者とそのグループである．彼らは近年の欧米におけるゾロアスター教研究や，インターネットの普及を利用して得たい情報を得，独自の解釈に基づいてゾロアスター教を信奉している．彼らはヨーロッパ各地や北米，中南米などに多く見られる．彼らに影響を与えているのはムスリムに生まれ，Zarathushtrian Assemblyを指導するアリ・ジャファレイ[7)]，そして一部のイラン系及びパールシーらである．もう一つのグループは2，3世代前まではゾロアスター教徒であったが，ソビエトによる中央アジア支配と，それに伴う共産主義政策によって，宗教が禁じられたことで信仰を失っていた中央アジアの人々である．ソビエトが崩壊した1990年代から彼らはFEZANAなどと接触し，ゾロアスター教の入信儀礼を受けることを望んでいる．このような人々に影響を与えているのが，祖母がゾロアスター教徒だったというロシア人で，St. Petersburg Zoroastrian Communityを指導するパブロ・グローバ[8)]，そして一部のイラン系およびパールシーらである．

1) Zarathushtrian Assembly

アリ・ジャファレイはムスリムに生まれ，カラチでパールシーのゾロアスター教聖職者マネクジー・ダッラ[9)]に師事し，ゾロアスター教に改宗した人物である．彼は母方，父方とも数百年前まではゾロアスター教徒であったと主張している[10)]．彼は1990年にロサンジェルスで数人の仲間とZarathushtrian Assemblyを設立し，北米や中南米を中心にゾロアスター教の布教活動を行っている．彼の活動や改宗儀礼の様子はYoutubeに掲載されている[11)]．その方法は，儀礼を最も良く保持しているパールシーが行う入信儀礼とは異なっており，簡略化されている．

アリ・ジャファレイの下で改宗を希望する人々の中にはイラン系が多く見られる．このようなイラン系は主に，1979年のイラン・イスラーム革命によって，アメリカやカナダに移住してきた人々である．彼らは革命以前のイランにおいて，パフラヴィー王朝が率先して復興したイスラーム以前の文化に触れたこともあり,先祖の宗教であるゾロアスター教に郷愁を持っている[12)]．このような背景もあり，イラン系ゾロアスター教徒との関係は，お互い友好的である[13)]．

しかし一方でパールシー保守派とは，2000年の7th World Zoroastrian Congress in Houston（以後　第7回WZC）以来，対立する立場となっている[14)]．WZCとは，パールシーとイラン系ゾロアスター教徒および彼らの配偶者のみが参加して行っている，おおよそ4年に1回のお祭りである．第7回WZCにはジャファレイも一スピーカーとして出席する予定であった．しかし主にパールシー保守派の反対により[15)]，彼の出席はキャンセルされた．これ以降，ジャファレイはパールシー保守派を刺激しないよう，パールシー保守派が関わって運営しているような組織と直接交流することは避けている．ジャファレイは，California Zoroastrian Center（以後CZC）[16)]が発行する *Zoroastrian Journal* に度々寄稿したり[17)]，彼が執り行う入信式をCZCのホールで行うなどしていることから，FEZANAのメンバーでもあるCZCとの関係は維持しているといえる．2010年現在，アリ・ジャファレイは90才前後である．今のところZarathushtrian Assemblyには彼以外に目立った人物はなく,彼の後継者を見出すことができないといった状況にある．なお *Zoroastrian Journal* に寄稿する人々の名前から，彼らがイラン系ゾロアスター教徒なのか，あるいはイラン系改宗ゾロアスター教徒なのかを区別することは難しい．またこのような活動に賛同するパールシーの投稿も見られる[18)]．

2）St. Petersburg Zoroastrian Community

もう一人の改宗ゾロアスター教徒指導者パブロ・グローバは，ロシアに嫁いできたイランのゾロアスター教徒であった曾祖母を持つロシア人である[19)]．彼は自身の教えについて，自らの親から引き継がれてきたゾロアスター教に関する知識と，バダクシャン地方のズルヴァン教徒から受けた占星術に関する知識によると主張している．彼は主にロシア各地でゾロアスター教を広めている．彼の下ではロシア人改宗ゾロアスター教徒だけでなく，中央アジア，特にタジキスタンとウズベキスタンの一部の改宗ゾロアスター教徒らが指導を受けている．ロシア人改宗ゾロアスター教徒とは，文字通り改宗者であるが，一方のタジク人，ウズベク人の場合，ほんの2，3世代前まで，ゾロアスター教徒であったという背景的な違いが見られる．

3）All India Shah Behram Baug Society

パールシーの中にも，彼ら改宗ゾロアスター教徒を支援する人々がいる．その代表がAll India Shah Behram Baug Societyを主催するメヘル・マスター＝ムースである[20)]．彼女は，20世紀初頭に登場したパールシーの精神的指導者ベフラムシャー・シュロフ[21)]の教えに従い，1980年代から，師の教えを広める活動をしている．ベフラムシャー・シュロフは1858年にスーラトの聖職者階級に生まれ，18才前後に放浪の旅に出て，イランのフィルドーシュという場所で，隠れゾロアスター教徒に出会ったという[22)]．彼は隠れゾロアスター教徒にゾロアスター教の奥義を学び，帰郷後，これを広めたとされる．しかしこのベフラムシャー・シュロフについては，その人生も含めて，具体的なことはほとんど分かっていない．彼は，禁欲などといった，本来ゾロアスター教にはなかった教えを取り入れた．後には，神智学の人体オーラ説や祈祷のバイブレーション効果などを教えの柱に加え[23)]，現在でもパールシーの特に保守的な人々から支持されている[24)]．その一派がマスター＝ムース率いるAll India Shah Behram Baug Societyである．

上述の通り，マスター＝ムースは1991年，モスクワとドシャンベを訪問し，改宗ゾロアスター教徒らと交流を始めた．特に改宗ゾロアスター教徒らは，彼女を通してゾロアスター教の入信式を行うことや，インドへ行ってパールシーらと共にゾロアスター教を信仰することを望んでいた[25)]．このためマスター＝ムースは，彼らのうちの数名をインドに招いて寺院に連れて行ったり[26)]，改宗者に理解を示すパールシーのゾロアスター教聖職者の協力を得て，インドだけでなくタジキスタン，ウズベキスタンなどでも入信式を行っている．この西トルキスタン一帯には，ササン朝時代までにゾロアスター教が普及していた[27]．だがすでに骨壺（オツアリ）を使用するなど[28]，イランのゾロアスター教徒には見られない，独自の文化も持っていたことが知られている．そしてササン朝滅亡後においては根強い抵抗が続いたものの，次第にそのほとんどがイスラームへ改宗したとされている[29]．またその多くがイスマーイール派に属しているといわれている[30]．

その後，西トルキスタンにおけるゾロアスター教徒については，旅行記などの僅かな情報しかない．19世紀に東インド会社の命でパミール高原などを旅行したイギリス海軍大尉は，旅行記に，バダクシャン地方でゾロアスターの教えを信奉する人々に会ったと記している[31]．一方，ゾロアスター教への入信を希望しているタジク人の中には，祖父が生前，家族に隠していたものは『アヴェスター』[32]の祈祷文だったとか[33]，曾祖母がゾロアスター教徒だったといった話が多く聞かれる[34]．彼らは，アラブ軍が彼らの地へ攻め入った際，ゾロアスター教徒たちはバダクシャンなどの山岳地帯へ逃れた，そしてロシア軍が来る少し前に，バダクシャン地方周辺をおさめたムスリムの王によって，ほとんどがイスラーム教へ改宗したなどといっている[35]．

特にタジキスタンでは，ソビエト崩壊後，国を挙げてタジキスタン人としてのアイデンティティ確立に力を入れている．この際，そのシンボルとして用いられているのが「アーリヤ」である．タジキスタンでは彼らこそ正統なアーリヤの子孫であり，ゾロアスターはタジキスタン最初の預言者であったとしている[36]．ここで注意しなければならないのは，タジキスタン政府がゾロアスター教や『アヴェスター』などを通して，アーリヤを自分たちのルーツとして主張してはいるが，彼らのほとんどはゾロアスター教への改宗は考えていない[37]，ということである．彼らのこのような主張は，あくまでもソビエト崩壊によって始まった新たなる国づくりの過程において，独自のアイデンティティ確立のためのシンボルを求めているにすぎない．実際にゾロアスター教への改宗希望者はかなり少数である．

(3) 小　括

以上のように現代においてゾロアスター教徒といっても，その歴史的，文化的等の背景はまちまちである．彼らの協会等の成り立ちにおいても，各地域，各グループが独自の過程を経ており，かつ相互関係はほとんどないといえる．そして改宗者たちの多くが，現代も信仰を守り続けるパールシーやイラン系ゾロアスター教徒と直接の接触を持つ以前に，文献やインターネットから得た情報だけで，独自にゾロアスター教を解釈しているといった状態にある．一方のパールシーやイラン系ゾロアスター教徒たちのゾロアスター教理解は，文献やインターネットの情報だけではなく，彼らの歴史や伝統的慣習をも通して行われている．このような相違にもかかわらず，現在，改宗者たちは独自のゾロアスター教解釈をもって，パールシーらとの接触を試みようとしているため，相互に摩擦が生じるといった状況にあるのである．

2．改宗ゾロアスター教徒によるパールシーとの接触とパールシー保守派の反発

(1) 近現代における改宗者とパールシー・コミュニティの接触事例

わかっている中で，近年，最初の改宗ゾロアスター教徒は，パールシーと結婚したフランス人女性スーニー・タタである[38)]．彼女，というよりは彼女の家族が，彼女のパールシー・コミュニティにおける他のパールシーとの同等の権利を求めて裁判を起こしたのは1906年のことである．結果，彼女の権利は認められなかったが，初めて法廷においていかなるものがパールシーかを定義した裁判であった．この定義は現在でも，いかなるものがパールシーで，いかなるものがゾロアスター教徒なのかという問題に対して，しばしば引用されている．その後，再び改宗ゾロアスター教徒がパールシー・コミュニティを震撼させたのは，先にも述べた1983年のアメリカ人の改宗事例である．

中央アジアやロシアの改宗ゾロアスター教徒らがパールシーと接触しだしたのは，インターネットが普及し，かつソビエトが崩壊した1991年頃からである．タジキスタンのゴルノ・バダクシャン州出身のゾロアスター教徒で，ドシャンベに居住するパルヴォナ・ジュムシェドワ[39]という人物が，FEZANAに接触してきたのが最初であったと考えられる．ジュムシェドワはゴルノ・バダクシャン州を中心に2万人のゾロアスター教徒がおり，今でも火葬をしない，髪や爪を不浄なものとしている，ノールーズを祝っているなど，ゾロアスター教の風習を守っていると報告した[40]．同時に彼は，そう遠くない昔にイスラーム教へ改宗したともいっている．彼らはゾロアスター教を学ぶことを望んでおり，同時に経済的支援も期待しているともいう．これに応えるように，一部の北米のゾロアスター教徒によって支援が呼びかけられたが[41]，具体的な支援は行われなかった．その後，タジキスタンが内戦になったこともあり，彼らからの連絡は途絶えがちになった．

その間の1993年には，パールシーが主にイランの同胞支援のため設立した，イギリスに本部を置くWorld Zoroastrian Organization（以後WZO）が，そのメンバー資格をゾロアスター教徒だけでなく，彼らの非ゾロアスター教徒の配偶者およびそのような夫婦の子供までに拡大した[42]．これは配偶者であれば非ゾロアスター教徒であっても，WZOの委員会メンバー資格があるということを意味していた．このためパールシー保守派はWZOの決定を非難した．インドにおいても1994年に祖父がパールシーでゾロアスター教徒だったというネヴィル・ワディア[43]の改宗が，パールシーのゾロアスター教高位聖職者によって行われた．ネヴィルは元々キリスト教徒であったが，パールシー・コミュニティに莫大な寄付をしてきたワディア家の継承者でもあった．今もいくつかの代表的なパールシー住宅地はワディア家の土地に建っている．このためネヴィルの改宗受け入れは，様々な論争を呼んだ．

その一方でロシアではペレストロイカが始まった頃から，ゾロアスター教に帰依を希望する人々が出始め，1989年にはパブロ・グローバが主催するZervano-Zoroastrian Schoolが学校として正式に登録された[44]．1996年頃からは彼の率いる St. Petersburg Zoroastrian Community が FEZANA と接触するようになった．1999 年当時では，60 名が彼の主催しているコミュニティに参加しているといっている[45)]．また 1999 年にはウズベキスタンの Zarathushti Anjuman in Uzbekistan が FEZANA と接触してきた[46)]．ここではアヴェスタ語研究者ルスタム・アブドカミロフ[47)] が大学などでアヴェスタ語を教えている．彼が率いるアンジュマン（anjuman，協会）には 150 名程が集まっているという．アブドカミロフは，中央アジアのゾロアスター教について調査しに訪れた研究者から，クスティ（kusti，ゾロアスター教徒の聖紐，天国への羅針盤とされる）をもらって使用しているという．また彼は，聖職者になるための儀礼を受けることを望んでいる．その他にもウクライナやドイツからも，改宗ゾロアスター教徒らが FEZANA に接触してきた[48)]．そして彼らの大多数がイランからの移住者である．

2000 年に入り，タジキスタンからの接触が再び始まった．彼らは以前と違い，主にタジキスタン北部のドシャンベやホジェンドの住民である．しかし彼らが元々タジキスタン北部の出身者なのか，南部からの移住者なのかは不明である．また彼らは FEZANA だけではなく[49)]，主にマスター＝ムースとの接触を持った[50)]．特に内戦後からは，タジキスタン政府もマスター＝ムースとの接触に積極的に関わり始めた．だが上述のように政府のゾロアスター教への関心の高まりは，あくまでも文化的な側面のみであり，彼らの，タジキスタンはゾロアスターの生誕地だという主張を裏づけるために，関係を結びたかったものと見られる．

(2)　近年におけるパールシー保守派と改宗ゾロアスター教徒の摩擦

同時に，この頃からパールシー保守派と改宗ゾロアスター教徒の間に，最初の摩擦が生じた．それは先に述べた第 7 回 WZC の際である．元々北米の教徒はパールシーもイラン系も，インドのパールシーに比べ改革的で，改宗ゾロアスター教徒らとも友好な関係を持つことを心がけてきた．FEZANA がその機関誌に，度々改宗ゾロアスター教徒らの記事を載せていることからも，そのことが窺われる．このような流れで，第7回WZCの一主催者であったFEZANAは，Zarathushtrian Assemblyのアリ・ジャファレイを講演者の一人として招待したのである．上述のように，これを開催以前に知ったパールシー保守派は，自らの欠席をちらつかせるなどして一斉に抗議を起こした．WZCには当然インドの保守的なパールシーも参加する．むろんジャファレイ側も保守派の抗議内容を根拠のないものとして反論したが，結局，会議主催者側がパールシー保守派に譲歩し，ジャファレイの出席はキャンセルとなった．これを機にジャファレイやZarathushtrian Assemblyは，パールシー保守派が関わる組織やイベントには出席しなくなった．

2001年にはイラン系ゾロアスター教徒聖職者カムラン・ジャムシェディ[51]によって，中央アジアの改宗ゾロアスター教徒の入信式が行われた．2002年にはタジキスタンの改宗ゾロアスター教徒がマスター＝ムースと共に，ムンバイのパールシーの拝火寺院に入場した[52]．インドでは聖火が汚れるという理由で，パールシーとイラン系ゾロアスター教徒以外の異教徒の拝火寺院への入場を禁止している．このため改宗ゾロアスター教徒の寺院への入場は，パールシー・コミュニティ内では重大なミスと受け止められ，以後，寺院前には寺男や警備が置かれるようになった．またインドにおいてもゾロアスター教徒と非ゾロアスター教徒による結婚，つまり外婚が増加し，かつその結婚式がゾロアスター教に則った方法で行われることが問題となった．これを受け6名のパールシーのゾロアスター教高位聖職者は，このような外婚及びその子らのゾロアスター教への入信を認めない決議文を発表し，コミュニティ内に新たな混乱を招いた[53]．

このような状況にあっても，FEZANAは改革的な教徒が多いこともあり，引き続き改宗ゾロアスター教徒らに好意的な態度を示し続けた．2002年の*FEZANA Journal*冬号では，編集者のドリー・ダストゥール自らが訪問した，ロシアやスウェーデンの改宗ゾロアスター教徒の現状を掲載した[54]．さらに2003年にはUNESCOの主催で，3000th Anniversary of Zoroastrian Cultureがタジキスタンで開催されるのに合わせて，北米やイランのゾロアスター教徒らもイベントやレクチャーを開き，便乗して祝った[55)]．タジキスタン政府もマスター＝ムースを招待し，もてなした[56)]．彼女はこのイベントに合わせ，パールシーの篤志家などから3,000ドルを得て，タジキスタンのZoroastrian Cultural Center建設に寄付をしている．その他，2003年にデリーのDelhi Parsi Anjumanが，協会メンバーに限って，非ゾロアスター教徒の配偶者も受け入れることを表明している[57)]．

2004年頃からはカムラン・ジャムシェディやパールシーのゾロアスター教聖職者らによる，改宗ゾロアスター教徒のための集団入信儀礼が，組織的に世界各地で行われ始めた．*FEZANA Journal* 2004年春号でロヒントン・リベトナは[58)]，以前から構想してきた世界統一ゾロアスター教徒組織（World Body，以後WB）を特集し，その中で改宗ゾロアスター教徒の組織も何らかの形でWBに参加する，という新たな案を示した[59)]．しかしこの案はインドのパールシー保守派の猛反対を引き起こした[60)]．人口が減少する一方のパールシーやイラン系ゾロアスター教徒に対して，改宗ゾロアスター教徒の数は数十万とも想像されており，数だけを考えれば，正統なゾロアスター教徒たちが飲み込まれてしまうというのが，保守派の主な反対意見である[61)]．こうしたことから保守派は反対集会を開催したり，7人のパールシーのゾロアスター教徒高僧によるWB不参加表明を発表したりしている[62)]．

これに対しWBの提唱者や，WB参加を前提に話を進めていたBombay Parsi Punchayet（以後BPP）[63)] などは，組織の構造としてパールシー保守派が懸念するような事態にはならないことを説明している[64)]．WB案を掲載した*FEZANA Journal*は同年の冬号の聞き取り調査で，入信式を行ったヨーロッパおよび中央アジアの改宗ゾロアスター教徒数は125名，希望者はさらにいるとしている[65)]．イランに関しては正確な統計が取れず，ゾロアスター教徒は3万から9万人といわれているが，おおよそ2万7,000千人が正統なゾロアスター教徒だろうとしている．また9万という数字は，潜在的なゾロアスター教徒を含んだ数だろうとし，さらにこのような潜在的なゾロアスター教徒というのは，必ずしもゾロアスター教への改宗を望んでいるわけではなく，憧れのような感覚でゾロアスター教に親しみを感じている人々と説明している[66]．

引き続きFEZANAはロシアやウズベキスタンの教徒の紹介[67]，ブリュッセルで開かれる7th International Congress of Zoroastrian（以後ICZ）の案内などを掲載した[68]．第7回ICZは主にイラン系でヨーロッパに移住し，かつイスラーム以前の文化や，さらにゾロアスター教に興味を持つ人々が設立したEuropean Center for Zoroastrian Studiesが2004年10月末に主催したイベントである[69]．ゾロアスター教に関する研究発表だけでなく，アリ・ジャファレイとカムラン・ジャムシェディによってナオジョテや結婚式も行われた．その内容はほとんどがWZCと似ている．ただし参加者はイラン系，改宗ゾロアスター教徒，そしてパールシーも含まれている．さらに2004年にはジャムシェディと思われる人物が，Bozorg Bazgasht Organization（great return organization）を設立し，ヨーロッパなどを中心に希望者にゾロアスター教の入信式を行っていた[70]．これまでに13回ほど集団入信儀礼を行い，2010年6月にもロンドンでの集団入信儀礼が行われた．入信希望者のほとんどがイラン系である．

同じく2004年にはAssociation for Revival of Zoroastrianism（以後ARZ）が，ゾロアスター教徒女性と非ゾロアスター教徒の結婚式，及び彼らの子供の支援を目的に設立された[71]．2005年にはムンバイにおいてもゾロアスター教徒女性と非ゾロアスター教徒同士の結婚と，彼らの子供の入信式を支援するAssociation of Inter-Married Zoroastrians（以後AIMZ）とARZが，ムンバイのアパートに，火を焚いて儀礼を行える場所を確保，二人のゾロアスター教聖職者も名前を公表し，協力することを表明した[72]．彼ら二人の聖職者は2006年にタジキスタンで開催されたYear for Revival of Aryan Civilisationにマスター＝ムースとともに参加し，ウズベキスタン，タジキスタン各地で，45名の希望者に対して入信式を行った[73]．この際，拝火寺院建設予定地でのジャシャン（jashan，大祭）も行っている．

(3)　パールシー保守派の主張と改宗ゾロアスター教徒に対する反発

一方，インドの超保守派は，世の中の趨勢が改宗ゾロアスター教徒を認めつつある現状から，正統なゾロアスター教徒を守るためだとして，World Alliance of Parsi and Irani Zarthoshtis（以後WAPIZ）を結成した[74]．彼らは*WAPIZ page*という機関紙を月2回発行し，改革派を徹底的に批判している．このような中，2005年にロンドンで開催された第8回WZCにはWorld Zoroastrianと題しながらも，パールシーとイラン系ゾロアスター教徒のみの参加となった[75]．ここでもWBに関してセッションがもたれたが，保守派とWB推進派の溝は埋まらず，2006年にFEZANAは正式にWB設立計画一時中止をHP上で発表したのである[76]．

今日のところ実際にゾロアスター教への改宗は多くはないが，しかし無くなる様子もない．2007年にはタジキスタンやロシアからの改宗希望者が，マスター＝ムースの主催するZoroastrian Collegeのサンジャーン（インド，グジャラート州の村）校で勉強し，かつ入信式を受けたことが報告されている[77]．また2006年のタジキスタンでの改宗者に対する入信式を，パールシーのゾロアスター教聖職者が行ったことについて，WAPIZが*WAPIZ page*で批判した[78]．これに対しマスター＝ムースは反論し，彼ら中央アジアの教徒こそ，ゾロアスターの教えを最初に受け入れた人々の子孫かもしれないと述べている[79]．そして2010年2月には，同じくZCサンジャーン校で，ロシア人の改宗ゾロアスター教徒が聖職者になるための儀礼を行いつつあった[80]．しかしこれは保守派の強い抗議によって中断を余儀なくされ，再開の目処は建っていない．この出来事はパールシー保守派と改宗ゾロアスター教徒の溝を，決定的なものにした．

パールシーとイラン系ゾロアスター教徒たちがコミュニティ内で信仰してきたゾロアスター教は，インターネットの登場で，彼らだけの宗教ではなくなった．ロシアの改宗ゾロアスター教徒たちはパールシーの持っている知識と儀礼を求めて，そして中央アジアの改宗ゾロアスター教徒は主に経済的支援を求めて，それぞれパールシーに接触してきたといえる．この接触に対し，特にパールシー保守派が三度にわたって文書で拒否した．しかし改宗ゾロアスター教徒に対しては効果を発揮せず，反対にパールシーの中にも協力者が出てきた．改宗ゾロアスター教徒によるパールシー保守派の意思表示の無視，及び改宗ゾロアスター教徒というのが一体世界にどれだけいるのかわからないといった不安感から，パールシー保守派は次第に追いつめられ，結果，2010年2月の強硬な抗議に到ったものと考えられる．

(4)　小　　括

以上のように改宗ゾロアスター教徒がパールシー・コミュニティの保守派と接触を試みればみるほど，その関係が悪化していることが分かる．一方，イラン系ゾロアスター教徒は，特にイランの改宗ゾロアスター教徒に共感を持っている．なぜなら元を正せばイラン系改宗ゾロアスター教徒の先祖はゾロアスター教徒であったと考えているためである．イラン系ゾロアスター教徒とイラン系改宗ゾロアスター教徒を，名前や名字，外見から区別することは難しい．このためCZCなどに見られるように，北米では彼らはともに活動することも珍しくない．このようにイラン系ゾロアスター教徒とパールシーよりも，イラン系ゾロアスター教徒とイラン系改宗ゾロアスター教徒との関係の方がより交流が進んでいるのである．一方でイラン系も含めた改宗ゾロアスター教徒はパールシー保守派との交流は絶っている．つまり現状では，パールシー保守派は世界のゾロアスター教徒の中で，孤立しつつあるということができる．

3．パールシー保守派と改宗ゾロアスター教徒対立の要因

(1)　改宗ゾロアスター教徒側における要因

ロシアや中央アジアの改宗ゾロアスター教徒に共通していることは，ゾロアスター教に関する知識や，儀礼のための道具がなく，パールシーを通じて

これらを獲得したいと望んでいる点である．その目的のために単にパールシーらを招待して友好関係を築くだけでなく，自らもインドを訪問し，ゾロアスター教徒として得られるものを得て帰ろうという様子が，彼らの行動から窺われる．イラン系改宗ゾロアスター教徒も，その知識はパールシーのゾロアスター教聖職者マネクジー・ダッラから得たものである．しかしこれに加えて中央アジアの改宗ゾロアスター教徒たちは，パールシーに対し就労ビザ取得支援や，寺院建立のための財政的支援を求めたりする場合もある[81]．このことからパールシーの経済力も，中央アジアの改宗ゾロアスター教徒たちがパールシーと接触する一つの動機であることがわかる．

また改宗ゾロアスター教徒はしばしば自らを，「選択によるゾロアスター教徒（Zoroastrian by choice)」と称している[82]．彼らはゾロアスターの説いた「選択の自由（Freedom of Choice)」を，改宗の正統な理由づけに用いているのである[83]．この点について主に聖典『アヴェスター』のヤスナ30章2節を根拠に挙げている．ここにその訳を挙げる．「耳をもって御身たちは聞けよ最勝のことを，明らかな心をもって御身たちは見よ（最勝のことを)．(それは）ひとりひとりが自分自身のためにする，選取決定に関する二種信条のことで，(それというのも）重大な走行に先だち，それに（われらを）目ざめしめんためです」[84]．一方のパールシー保守派は，同じ箇所を挙げて，「二種信条」とは異なる二つの宗教のどちらかではなく，善と悪という道徳的な二種だとし[85]，改宗ゾロアスター教徒の主張に反論している．また『アヴェスター』には改宗を否定する箇所がない．さらに実際にパールシーの歴史においても，少数の例ではあるが新しい信仰者を受け入れてきた事実がある[86]．

このような聖典解釈の違いだけでなく，改宗ゾロアスター教徒の側がパールシーの立場や，コミュニティの事情を顧みず，インターネット上にある彼らにとって都合の良い情報のみでパールシーを判断していることも，対立の要因の一つとして挙げられる．ロシア系であれイラン系であれ，中央アジアの諸民族であれ，彼らは近年になってインターネットを通じ，パールシー・コミュニティの現状を知ったことは明らかである．確かにイギリス統治時代のパールシーはインド経済を牽引し，現在でも活躍する人は少なくない．またパールシー・コミュニティは一見，全体が豊かで恵まれた環境にあり，様々な面で社会的に優遇されている印象を受ける．しかしパールシーのコミュニティ内には様々な問題があるのも事実である．そして改宗ゾロアスター教徒に賛同する人々もいれば，反対する保守派もいる．豊かな人もいれば，ずっと貧しい生活に甘んじている人々もいるのである．加えてパールシーは初めから金持ちであったわけではない．彼らも農業や手工業に従事し，厳しい生活をしていた時代も当然あったのである．それゆえパールシーとは，このような「苦労」をともにし，生き抜いてきた一つの家族の集団と考えるべきなのである．だからこそ自分たちのコミュニティに対して，惜しみない財政支援も可能なのである．何の事情も知らず，ここに外部からいきなり入り込もうとすれば，反発を受けるのは当然のことである．

現在でもパールシー・コミュニティには一部に，貧困層に含まれる人々が存在することも事実である．そのような家族とも見なす自らのコミュニティ構成員が困難な状況にある時に，先に外部を支援するといったことは，パールシーとしては理解できないものなのである．このような状況において，改宗ゾロアスター教徒らが財政的な支援を求めることは，当然ながら彼らはパールシーの財産が目当てなのではないかという警戒心を呼び起こす結果となる．加えてインドにおいては，国による福利厚生が十分でないことから，自分たちで支えているコミュニティ独自の福利厚生は，それに代わるものとして重要である．さらに近年青年層の社会的向上心の欠如が問題になっており，今後，コミュニティの収入も減っていくことが予想される．ここにさらなる負担が増えることは，パールシーにとっては脅威なのである．さらにパールシーの人口減少も，パールシーが改宗ゾロアスター教徒に脅威に感じる要因となっている．BPP は人口減少に対して様々な対策を講じているが[87]，3 割が高齢者であるパールシー・コミュニティにとって[88]，その人口を増加に転じることは容易なことではない．そして改宗ゾロアスター教徒がどれだけいるのか，正確なことは何もわかっていない．このためもし，改宗ゾロアスター教徒をパールシーが受け入れれば，パールシー・コミュニティの財産を狙って改宗ゾロアスター教徒が大挙して押し寄せるのではないかと，パールシー保守派は必要以上に警戒しているのである．

さらにイラン系，ヨーロッパ系，中央アジア系の改宗ゾロアスター教徒たちが信仰するゾロアスター教と，パールシーやイラン系ゾロアスター教徒が信仰するゾロアスター教は同じかといえば，必ずしもそうではない．パールシーも「ゾロアスター教」とは何か，いまだ明確なことを表明したことはない．パブロ・グローバは彼自身がズルヴァン教占星術を取り入れていると公表しており，ロシアのコミュニティもその影響を認めていた[89]．この点においてすでにパールシーが信仰するゾロアスター教とは異なっている．2010年2月にインドで聖職者になるための儀礼を受けていたのは，パブロ・グローバの元でゾロアスター教を信仰している古株であったと考えられる．この人物もまた占星術を取り入れているといっている[90]．

中央アジアの改宗ゾロアスター教徒たちがパールシーからゾロアスター教を学ぶことができたとしても,それは彼らの先祖の信仰を取り戻すことには,ただちに結びつかない．なぜなら中央アジアのゾロアスター教徒たちは，すでに述べたようにササン朝時代からその風習にイラン系との違いが見られたからである．一方で19世紀中頃の旅行者の記録には髪の毛や爪を穢れとしているとか，火を息で吹き消すことを禁じているなどと，一般的にゾロアスター教徒の特徴と言われている事実を記している[91]．しかしこれらが果たして真にゾロアスター教の影響なのかどうかは,今の時点では決定できない．また近年の研究では，タジキスタン，ゴルノ・バダクシャン州の結婚式では花嫁は頭を7重に覆うなどの報告がなされている[92]．だがパールシーの場合，3重に覆うことはあっても7重に覆うことはない．これは単に周囲のイスラーム教徒には見られない風習を，全てゾロアスター教に帰しているのではないかという疑いをもたざるを得ない．先に述べたように祖父が大事にもっていた書物を，彼の死後にあけてみたら聖典『アヴェスター』であったという，タジキスタンの改宗ゾロアスター教徒の報告もある[93]．しかしゾロアスター教を知らなかった子や孫が，しかもソビエト政権時代にはキリル文字を採用していた中で，どうやってそれを『アヴェスター』と確認できたのか，検証する必要がある．拝火寺院の遺跡が中央アジアでは多く見つかっているが，これもまた中央アジアの改宗ゾロアスター教徒の先祖が使っていたのかいなかったのか，彼らの信仰形態も含めて，歴史的に検証しなければならない．

(2)　パールシー側における要因

今日のような改宗ゾロアスター教徒とパールシー保守派の対立構造ができあがったことには，パールシー側にも要因がある．上述の両者の接触過程において，パールシー保守派は再三，彼ら改宗ゾロアスター教徒を同じゾロアスター教徒としては受け入れられないことを表明してきた．しかし改宗ゾロアスター教徒らが，これを深刻に受け止めてきた様子は見えない．このことがかえって両者に大きな摩擦を生んだのである．改宗ゾロアスター教徒の間に深刻さが見られない理由はいくつかある．第一に，改宗ゾロアスター教徒はパールシーから宗教的知識を得たいと考えているにもかかわらず，パールシーのゾロアスター教聖職者に対し，何の権威も感じていないということが挙げられる．これは単に改宗ゾロアスター教徒がパールシーについてよく知らない，ということだけではない．パールシーの内部においても，例えばマスター＝ムースと共に行動している人々のように，パールシーのゾロアスター教高位聖職者の決議を重視しない人々が少なくないのである．

これはパールシー自身にも問題がある．19世紀以降，パールシーの間で聖職者の権威の低下はずっと問題視されてきたことであり，この対策として聖職者に高等教育を受ける機会を増やしたり，生活支援を行ってきたりもした．しかしこの対策がいまだ功を奏していないのである．なぜなら聖職者の家族の生活から教育まで，すべてをコミュニティが支援しているために，聖職者自信に自らの力で向上しようという意欲が欠けており，精神的にも支援に依存するという構造が，世代をまたいで確立されてしまっているためである．聖職者の尊重は，彼ら自身の学歴や生活水準だけによってもたらされるものではない．精神的向上こそ，聖職者尊重の必須条件である．

またネヴィル・ワディアの改宗受け入れの件や，イランではゾロアスター教徒でなくとも寺院に入場できるという事実がある．さらにイラン系はパールシーよりも入信式を受ける年齢が一般的に高く，成人してから受ける教徒も見られる．加えてイラン系ゾロアスター教徒でもパールシーでも，保守派が教徒として必須のものとして考えるスドラ（Sudre，この世の悪と闘うための鎧をシンボルとした白衣）とクスティを着用しないものも少なくない．このような状況から，2，3 代前がゾロアスター教徒だったとする中央アジアの改宗ゾロアスター教徒たちが，自分たちも容易にパールシーに受け入れられるだろうと考えるのも無理のないことなのである．以上のように，パールシー・コミュニティにおける聖職者の権威の低下および伝統的慣習の衰退もまた，改宗ゾロアスター教徒とパールシー保守派の対立の要因の一つである．

(3)　パールシーと改宗ゾロアスター教徒の双方に見られる要因

ソビエト政権下にあったロシアやタジキスタン，ウズベキスタンの人々は宗教が厳しく制限されていたこともあり，中には無神論であった人々もいることは確かである．彼らにしてみれば，ペレストロイカが始まり宗教が解禁されたことで，初めて宗教を信仰する，あるいはイラン系も含めて祖先の宗教を取り戻すという状況にあるのであって，宗教を変える，改宗というより本来の宗教へ戻るといった感覚にあると考えられる[94]．一方パールシーにとって「改宗」とは，現在の生活基盤を捨てることを意味している．パールシー・コミュニティ内の女性が，非ゾロアスター教徒と結婚した場合，パールシー・コミュニティでは彼らにコミュニティ内に止まることを認めていない．実際に彼女たちが改宗していなくとも外婚をした場合，改宗と同等と見なし，女性は生まれたコミュニティからのいっさいのサービスを受けることはできないのである．逆に非ゾロアスター教徒の女性がゾロアスター教徒の男性と結婚すれば，その女性はパールシー・コミュニティに受け入れられ，そこを生活基盤とすることになる．このような背景からパールシーの特に保守派は，もし改宗者を受け入れたら，彼らもコミュニティに受け入れなければならなくなり，ひいてはコミュニティ内の福利厚生も提供しなければならないのでは，と考えているのである．このように「改宗」という行為がもたらす状況が，改宗ゾロアスター教徒とパールシーの間では違っている．お互いこの違いを認識していないために，互いの主張が平行線をたどっていることも，両者の摩擦を生む要因の一つである．

さらにパールシーが改宗者を認めない理由として，彼らを取り巻く社会的事情もある．インドではイギリス統治時代よりヒンドゥー教徒対ムスリムの，暴力をともなう対立が問題となってきた．そして現代では両者の対立は，選挙に絡んだ政治的な背景があるとも言われている．しかし2008年のムンバイテロに見られるように，イデオロギーの違いや経済的格差もインドにおける宗派暴動の背景にある．このような政治的，経済的そしてイデオロギー的な社会的摩擦は，パールシーも無視できない．なぜならパールシーはインド社会においては，全体的に恵まれたコミュニティを形成している．むろんこれは自助努力による結果なのだが，しばしば周囲の妬みから暴徒に襲われたこともある[95]．圧倒的に数の少ないパールシーは，周囲の宗教的マジョリティと極力摩擦を避けたいというのは，当然のことである．加えてイランだけでなく，中東などにもパールシーやイラン系ゾロアスター教徒は居住している．イランにおいては現在もイスラーム教から他宗教への改宗を禁じている[96]．もしパールシーが改宗受け入れを認めてしまえば，イスラーム圏に居住する同胞に危害が加わるというのも，彼らが改宗受け入れを否定する理由となっている[97]．イラン系ゾロアスター教徒も，一部の改宗ゾロアスター教徒に共感しながらも，付き合いはコミュニティに害がない場合に限っているというのが現状なのである．

(4)　小　　括

以上のように，パールシーも改宗ゾロアスター教徒も，ゾロアスター教について同じインターネットや欧米などの情報を用いて，それを理解することに努めているが，相互理解といった点においては，まったく進んでいないどころか，気にも留めていないといえる．パールシー自身，インドに移住してから1000年以上経つ中で，ヒンドゥー教を中心とするインド文化の影響を受けてきた．イランや中央アジアのゾロアスター教とは，また別の発展を遂げてきたのである．ただパールシーはイラン系ゾロアスター教徒と移住後も断続的に交流を続けていたため，彼らはお互いをゾロアスター教徒と確認する間柄であったり，18世紀頃まではパールシーは宗教的な問題に関して，イランのゾロアスター教徒に指導を仰いでいた[98)]．このような歴史的交流がお互いに同胞と認め合い，パールシーにおいては，彼らイラン系ゾロアスター教徒だけをパールシー以外では正統なゾロアスター教徒と考える結果となったわけである．過去におけるこのようなパールシーとイラン系ゾロアスター教徒の関係は，今後のパールシーと改宗ゾロアスター教徒の相互理解にもヒントになるのではないかと考えるのである．

おわりに

2008年10月に，BPP（Bombay Parsi Punchayet, パールシーのムンバイにおける自治組織）の理事選挙が，パールシーであれば誰でも投票できる普通選挙法によって行われた[99)]．選挙では保守派の圧倒的な勝利に終わり，結果，パールシー・コミュニティは保守化傾向をさらに加速した．WAPIZ（World Alliance of Parsi and Irani Zarthoshtis，パールシー保守派の組織）によって保守派の意見が代弁され，BPPによってその意見が実施されるという構造ができあがったのである．本来BPPは慈善事業管理が主な業務であるが，最近は改宗者を受け入れないことの表明だけでなく，改宗者に協力するパールシー聖職者のコミュニティからの閉め出しや，改宗者のための儀礼妨害などに関わっている[100)]．しかしこのような行動はパールシー保守派だけであり，かえってその行動が彼らを孤立させつつある．現在のように改宗者を拒むばかりの一方通行では，改宗ゾロアスター教徒たちがパールシーの状況を理解することはできず，なんの解決ももたらさないといえる．さらにパールシーは，このままではインド的な，ゾロアスター教の特殊な一派として終わることも考えられる．

中央アジアの改宗者たちは，今でこそ違った習慣，風習あるいは宗教を持っているが，かつてはパールシーの先祖たちと同様のゾロアスター教を信仰してきた歴史がある．しかしその後，別々の歴史を歩みすでに千年以上が経っていること，中央アジアの改宗ゾロアスター教徒がいうところの伝統的な教えや慣習が，必ずしもパールシーのそれと一致しないことなどからも，再び同じ信仰を持つことはもはや不可能である．このような状況を認識し，彼らの中に残るゾロアスター教の影響や歴史を知り，彼らとパールシーの何が同じで何が違うのか，比較検討することは重要である．かえってそれによりパールシー自身のゾロアスター教理解が深まるとも考えられる．そしてまたイラン系ゾロアスター教徒との交流が，お互いに何をもたらしたか検証することは，今後の改宗ゾロアスター教徒との接触を，どのように考えれば良いのか参考になるだろう．むろん，改宗ゾロアスター教徒たちも，彼らの考えるゾロアスター教というものが，パールシーのそれとは違うこと，さらにパールシーの歴史や社会的立場などを理解する必要がある．

長く交流を続けてきたイラン系ゾロアスター教徒とパールシーが，現在のところ一つの統一組織すら設立できない現状を考えれば，たとえ改宗ゾロアスター教徒と友好な交流関係ができても，それがすぐさまコミュニティの融合につながるとは考えにくい．それよりもパールシーは，彼ら自らのゾロアスター教を見直す良い機会と考えて，改宗ゾロアスター教徒の登場を歓迎すべきではないだろうか．

1）‘Are Parsis in self-destruct mode?’, rediff. com（Online), 2004年11月11日配信記事．‘Saving Ms Pestonjee’, The Times of India（Online), 2010年3月

7日配信記事．キラン・セティ（2008）『驚異の超大国インドの真実：インド人だからわかる！ ビジネスの将来性と日本人の大誤解』東京：PHP研究所，105頁．

2）Cooper, P. (1983), "The Navjote of Joseph Peterson", *Parsiana*, Vol. 5, No. 10, pp. 2−7.

3）Parsiana, (1995), "The Punchayet's Priorities : The BPP press conference covered a range of topics including the issue of recognizing Neville Wadia's navjote", *Parsiana*, Vol. 17, No. 7, p. 57.

4）北米各地にあるゾロアスター教徒の協会の統一組織として，1987年に設立された．年に一回の総会やスポーツ大会などを開催している．主に教徒同士の交流が目的．

5）Djamshedov, P. (1991), "Remnants of Zoroastrianism is Soviet Badakshan", *FEZANA Journal*, Vol. 4, No. 2, pp. 6−7.

6）Zoroastrian College．ベフラムシャー・シュロフを師と仰ぐメヘル・マスター＝ムースらがAll Indian Shah Behram Baug Societyの学校として1986年に設立．主に短期間の公開講座などを開いている．Zoroastrian College (2008), "Zoroastrian College project in Tajikistan and for olde Iran and former U.S.S.R. countries", *World Congress*, Mumbai : Zoroastrian College.

7）Ali Jafarey，イラン系改宗ゾロアスター教徒．

8）Pavro Globa，ロシア系改宗ゾロアスター教徒．St. Petersburg Zoroastrian Communityについては資料1を参照．

9）Maneckji Dhalla (1875−1956)，コロンビア大学でウイリアム・ジャクソンなどに師事し，博士号を取得．その後，帰郷し様々なゾロアスター教研究を残した．

10）Jafarey, A. (2007), "Welcom to all: with her navjote performed at the age of 44, Amy Jafarey kept ties with members of all faiths", *Parsiana*, Vol. 30, No. 7, pp. 37−39.

11）主な動画は，YouTube, "001 Zoroastrian Initiation Ceremony" <http://www.youtube.com/watch?v=q_QBT029FzA&feature=channel>．撮影日不明．YouTubeに動画が登録されたのは2009年4月6日．YouTube, "Dr. Bruno from Poland converted to Zoroasterian", Part 1 <http://www.youtube.com/watch?v=-0ja5gBs99I> to 5．撮影日不明．YouTubeに動画が登録されたのは2009年11月20日．CZC（注16参照）のホールにて行われている．

12）Amighi, J. (1990), *The Zoroastrians of Iran : Conversion, Assimilation, or Persistence*, New York : AMS Press, p. 229.

13）Foltz, R. (2009), "Iranian Zoroastrians in Canada: Balancing Religious and Cultural Identities", *Iranian Studies*, Vol. 42, No. 4, p. 576.

14）2000年12月27日～2001年1月1日 7th World Zoroastrian Congress in Husotnにおける，筆者の現地調査より．

15）'THE PLAIN REALITY Behind THE INTRICATE FALSITY' <http://www.

factnfalse.com/index.htm> にアリ・ジャファレイ自身がまとめた保守派，改革派のメールやレポートが掲載されている．

16） California Zoroastrian Center は1980年に非営利組織として登録された，ゾロアスター教を学びたいあらゆる人に開かれたセンターである．1987年にはイラン系ゾロアスター教徒の寄付によって630名収容可能なホール付の建物が建設され，今日も活動を続けている．参照 CZC HP（http://www.czc.org/）．

17） *Zoroastrian Journal* 創刊号から寄稿している．例えば Jafarey, A. (2006), "Nowruz", *Zoroastrian Journal*, Issue 1, p. 4, Jafarey, A. (2008), "Good and evil", *Zoroastrian Journal*, Issue 12, p. 11.

18） 例えば McIntyre, D. (2007), "Women in Ancient Iran through Achaemenian Times", *Zoroastrian Journal*, Issue 6, p. 4.

19） Valyaev, A. (1996), "Russian Zoroastrians in Moscow, St. Petersburg and Azerbaidzhan and...", *FEZANA Journal*, Vol. 9, No. 3, p. 14.

20） Meher Master-Moos，ムンバイのパールシー．

21） Behramshah Shroff（1858－1927），スーラト出身のパールシー．20世紀初頭から彼独自のゾロアスター教解釈を広めた．

22） Dadrawala, N. (1999), *Zarathushtrian Saints : Masters, Mystics & Martyrs,* Mumbai: Union Press, pp. 59－62.

23） Mehta, S. (2009), *Thus Spake the Magavs*, California: Mazdayasnie Connection.

24） 2007年1月1日の The centenary years of the propagation of Khshnoom の記念講演など，Ilm-e Khshnoom への調査より．マスター＝ムースも Soicety 設立当初は，ベフラムシャーの教えを広める活動が主で，改宗者への支援等は行っていなかった．

25） Master=Moos, M. (1992), "Help for the Tajiks", *FEZANA Journal*, Vol. 5, No. 2, p. 24.

26） Jamaspasa, K. & F. Kotwal (2002), "The Editor, Jam-e Jamshed", Jame Jamshed <http://www.jamejamshedonline.com/>，2002年2月配信記事．

27） 江上波夫編（1987）『中央アジア史』（世界各国史16）東京：山川出版社，452頁．

28） 香山陽坪（1963）「オスアリについて：中央アジア・ゾロアスター教徒の蔵骨器」（『史学雑誌』第72巻9号），54－68頁．

29） 江上　前掲書，476－478頁．

30） Roy, O. (2000), *The new Central Asia: the creation of nations*, New York : I. B. Tauris, p. 143.

31） Wood, J. (1841), *Personal Narrative of a journey to the Source of the river Oxus*, London : William Clowes and Sons, p. 333.

32） Avesta，宗祖ゾロアスターの直説を含むゾロアスター教の聖典．本来21巻からなるが，現存するのはその内の4分の1ほどである．

33） Rahnamoon, F., "Report on Tajikistan 2006", Tajikistan 2006 Fund <http://

ahura.homestead.com/TAJIK2006.html>, 掲載日不明.

34）　Mama, A. (2007), “From Dushanbe, with love”, *Parsiana*, Vol. 30, No. 7, p. 39.

35）　Djamshedov, P., *loc. cit.*

36）　Laruelle, M. (2007), “The Return of the Aryan Myth : Tajikistan in Search of a Secularized National Ideology”, *Nationalities Papers*, Vol. 35, No. 1, pp. 51–65.

37）　Atkin, M. (1994), “Tajiks and the Persian World”, Manz (ed.), *Central Asia in Historical Perspective*, Boulder : Westview Press, p. 137.

38）　Sooni Tata (–1923), Ratanji Dadabhoy Tata (1856–1926) の妻．第4代タタ財閥会長 Jahangir R. D. Tata（1904–1993）の母．フランス人．Palsetia, J. (2001), *The Parsis of India : Preservation of Identity in Bombay City*, Leiden : Brill, pp. 226–251.

39）　Parvona Djamshedov，タジク人改宗ゾロアスター教徒．

40）　Djamshedov, P., *loc. cit.*

41）　Keyan, R. (1991), “Help for the Tajiks”, *FEZANA Journal*, Vol. 4, No. 4, p. 20.

42）　Mama, A. (1993), “WZO : Adapting to change”, *Parsiana*, Vol. 15, No. 12, pp. 12–15.

43）　Neville Wadia．父親がキリスト教徒との結婚に際し，ゾロアスター教からキリスト教に改宗した．ネヴィル自身もキリスト教の洗礼を受けている．Parsiana, *loc. cit.* Engineer, S. (1999), “Confessions of a convert: In his last interview the late Neville Wadia shared his reminiscences of his childhood and family”, *Parsiana*, Vol. 22, No. 4, pp. 38–39, 48.

44）　Valyaev, A., *loc. cit.*

45）　Sachkovskaya, E. (1999), “With Greetings from Russia”, *FEZANA Journal*, Vol. 12, No. 1, pp. 55–56.

46）　Abdukamilov, R. (1999), “Zarathushti Anjuman in Uzbekistan”, *FEZANA Journal*, Vol. 12, No. 1, pp. 53–54.

47）　Rustam Abdukamilov．ウズベク人改宗ゾロアスター教徒．

48）　Fedorenko, V. (1999), “Zarathushti community in Ukraine”, *FEZANA Journal*, Vol. 12, No. 1, p. 48. Master=Moos, M. (1999), “Mazdasnans in Germany/Austria”, *FEZANA Journal*, Vol. 12, No. 1, p. 48.

49）　Dastoor, D. (2002), “Many faces of Zarathushtis”, *FEZANA Jorunal*, Vol. 15, No. 4, pp. 21–23, 68.

50）　Master=Moos, M. (2003), “ZUM - Zoroastrian Universal Movement”, *FEZANA Journal*, Vol. 16, No. 3, p. 21.

51）　Kamran Jamshidi，イラン系ゾロアスター教聖職者．Master=Moos, M. (2003), “Celebration in Tajikistan”, *FEZANA Journal*, Vol. 16, No. 4, pp. 34–37.

52）　Jamaspasa, K. & F. Kotwal, *loc. cit.*

53）インドの6名のゾロアスター教高位聖職者によって，連名で発表された宣言文より．これはJam-e Jamshedに掲載された．“Resolution Passed by the High Priests of the Parsi Zoroastrian community”, Jam-e Jamshed <http://www.jamejamshedonline.com/>, 2003年3月23日配信記事．コミュニティの反応についてはOlivera, R. (2003), “it hurts to be abandoned by my community”, The Times of India <http://timesofindia.indiatimes.com/>, 2003年3月29日配信記事，Nair, M. (2003), “Parsis divided on intermarriages issue”, Mid Day <http://www.mid-day.com//>, 2003年3月27日配信記事など．

54）Dolly Dastoor．当時，*FEZANA Journal* 編集者．元FEZANA代表（1994–1998）．第7回WZCの実行委員会委員長でもあった．Dastoor, D. (2002), *loc.cit.*

55）Dastoor, D. (2003), “the Fourth Millennium of Zarathushti Culture : a UNESCO celebration”, *FEZANA Jorunal*, Vol. 16, No. 4, pp. 29–33. FEZANA Journal (2004), “Global celebrations of the UNESCO-declared fourth millennium of Zarathushti Culture”, *FEZANA Journal*, Vol. 17, No. 1, pp. 16–22.

56）Master=Moos, M. (2003), *loc. cit.*

57）Gandhi, P. (2003), “Overt acceptance”, *Parsiana*, Vol. 26, No. 2, p. 8.

58）Rohinton Rivetna．パールシー．アメリカに居住．長年，コミュニティ活動に携わっており，FEZANA設立のイニシアチブもとった人物．*FEZANA Journal* はFEZANAの季刊誌．1991年創刊．

59）Rivetna, R. (2004), “towards a robust infrastructure for Zarathushtis of the world”, *FEZANA Journal*, Vol. 17, No. 1, pp. 58–60.

60）FEZANA Journal (2004), “Voices against the world body”, *FEZANA Journal*, Vol. 17, No. 4, pp. 15–17.

61）Parakh, T. (2005), *Some crucial points about the proposed world body*, private report.

62）高僧7名の連名でBPPに宛てた手紙．FEZANA Journal (2004), “Letter from the High Priests”, *FEZANA Journal*, Vol. 17, No. 4, p. 15.

63）Bombay Parsi Punchayet，ムンバイのパールシーのための自治組織として，1728年に設立された．現在は主にパールシー・コミュニティ内の慈善事業を管理している．Palsetia, *op. cit.,* p. 66.

64）Shroff, M. (2003), “World Body of Zoroastrians”, *BPP Review*, Autumn 2003, p. 12.

65）Dastoor, D. (2004), “Zarathushtis of Europe and Central Asia”, *FEZANA Journal*, Vol. 17, No. 4, pp. 66–68.

66）Varjavand, P. (2004), “The Zarathushti religion in Iran today”, *FEZANA Journal*, Vol. 17, No. 4, pp. 28–30.

67）Master=Moos, M. (2005), “From Russia to Zoroastrian College”, *FEZANA Journal*, Vol. 18, No. 2, p. 38.

68) Khazai, K. (2004), “7th International Congress of Zoroastrian Culture and Iranian/Central Asia Studies”, *FEZANA Jorunal*, Vol. 17, No. 3, p. 44.

69) European Center for Zoroastrian Studies (2005), “7th International Congress of Zoroastrian Culture and Iranian/Central Asia Studies”, European Center for Zoroastrian Studies (www.gatha.org), 2005年9月4日配信記事.

70) Bozorg Bazgasht Organization Home page <http://www.bozorgbazgasht.com/example.html> より.

71) Patel, J. (2005), “The broken barrier”, *Parsiana*, Vol. 28, No. 3, p. 2.

72) Mama, A. (2005), “The AZR agenda: The start of a prayer hall that welcom outmarried Zoroastrians with their families is a major victory for the liberals”, *Parsiana*, Vol. 28, No. 3, pp. 20–23.

73) Master=Moos, M. (2006), “Aryan Revival in Tajikistan September 2006”, Fravahr Organization <www.fravahr.org>, 2006年12月11日配信記事.

74) WAPIZ設立記念パンフレットより. World Alliance of Parsi Irani Zarathoshtis (2005), *WAPIZ : World Alliance of Parsi Irani Zarathoshtis*, Mumbai : WAPIZ.

75) 2005年6月21日～7月4日, 8th World Zoroastrian Congress in London における, 筆者の現地調査より.

76) FEZANA (2006), “World Body Report at 2006 FEZANA AGM”, FEZNA <www.fezana.org>.

77) Mama, A. (2007), *loc. cit.*

78) WAPIZ (2009), “Faramroze Mirza is not just a Renegade Priest - He is a DISHONEST Renegade Priest”, *WAPIZ page*, 7th August, p. 1.

79) Vakil, S. (2009), “Conversin canard”, *Parsiana*, Vol. 32, No. 6, p. 14.

80) Nair, M. (2010), “Parsis storm Zoroastrian College to stop conversion of Russia”, Mumbai Mirror.com<http://www.mumbaimirror.com/index.aspx>, 2010年2月20日配信記事.

81) Master=Moos (2007), “Zoroastrian college work : Your help needed”, Fravahr Organization <www.fravahr.org>, 2007年5月30日配信記事.

82) 例えばRivetna, R. (1999), “The new Zarathushtis by Choice”, *FEZANA Journal*, Vol. 12, No. 1, pp. 56–58. Mama, A. (2008), “Haurvatat is a flow : Swedish Zoroastrian Alexander Bard speaks of Zarathushtra’s appeal to intellectuals all over the world”, *Parsiana*, Vol. 30, No. 17, pp. 14–16. Alexander Bardは1992年に, イラン系ゾロアスター教徒聖職者によってゾロアスター教に改宗. 彼は「改宗は選択」と表現している.

83) Jafarey, A. (2000), “Freedom of Choice : Meaning and Message of Yasna 30 : 2”, Zarathushtrian Assembly <http://www.zoroastrian.org>, 掲載日不明. この記事は2000年の7th WZCと平行して行われた, ジャファレイの特別講演抜粋.

84) 伊藤義教（1967）「アヴェスター」辻直四郎訳者代表『ヴェーダ・アヴェスタ

ー』（世界古典文学全集第3巻）東京：筑摩書房，330頁．

85）　Mistry, P. (2004), “Proselytization is not the answer”, *FEZANA Journal*, Vol. 17, No. 1, pp. 75–77.

86）　15世紀にパールシーがイラン系ゾロアスター教徒に送ったリヴァーヤット（Rivayat, 宗教的事柄に関する質問を集めた往復書簡．15世紀から18世紀頃までに26回程，交わされた．）に，雇っている奴隷のゾロアスター教への改宗希望を受け入れても良いかどうか，という質問などが含まれていた．また1882年にもムンバイで，パールシー高位聖職者によって，父親がゾロアスター教徒で母親が非ゾロアスター教徒であるところの成人9名に対して入信儀礼が行われた．Dhabhar, B. (1999), *The Persian Rivayats of Hormazyar Framarz and Others : Their Version with Introduction and Notes*, Mumbai : The K. R. Cama Oriental Institute, pp. 275–276. Palsetia, J., *op. cit.,* p. 228. Kanga, J. (2003), “Priestly contradictions: Since the High Priests contend there is no conversion in Zoroastrianism let them present the evidence, states the author”, *Parsiana*, Vol. 25, No. 9, pp. 26–29, 41.

87）　PTA (2010), “Letter from - Chairman - Bombay Parsi Panchayat”, Bombay Samachar <http://bombaysamachar.com/new/>，2010年3月21日配信記事．

88）　PTA (2009), “Situational Analysis of the Elderly Parsis in India”, Bombay Samachar <http://bombaysamachar.com/new/>，2009年11月29日配信記事．

89）　Sachkovskaya, E., *loc. cit.*

90）　Mama, A. (2004), “Hom Yasht in Russia”, *Parsiana*, Vol. 26, No. 11, p. 24.

91）　Wood, J., *loc. cit.*

92）　Bekhradnia, S. (1994), “The Tajik Case for a Zoroastrian Identity”, *Religion, State and Society*, Vol. 22, No. 1, p. 118.

93）　Rahnamoon, F., *loc. cit.*

94）　Rahnamoon, F. (2003), “Editorial”, *Iran Zamin*, Vol. 4, No. 4, pp. 1–4.

95）　香月法子（2006）「パールシーの慈善行為の効果：インド宗派暴動の視点から」（『地域文化研究』第9号，地域文化学会），61–71頁．

96）　イラン系改宗ゾロアスター教徒らは，主に北米，ヨーロッパへ移住した人々である．Bozorg Bazgasht Organization Home page <http://www.bozorgbazgasht.com/example.html> によれば，イラン在住でゾロアスター教への改宗を希望するものは，主に国外で改宗儀礼を行う．

97）　Mama, A. (2007), “The hospitable hotelier : From owning hotels, winning gold medals for yachting and managing community affairs, Byram Avari believes in lending a helping hand”, *Parsiana*, Vol. 29, No. 12, pp. 17–18.

98）　Rivayat を指す．注90参照．

99）　香月法子（2009）「ボンベイ・パールシー・パンチャーヤット選挙と2008年11月のムンバイ連続テロ」（『地域文化研究』第12号，地域文化学会），150–160頁．

100) Nair, M. (2009), “Parsi Punchayet shuts out 2 priests from Doongerwadi”, Mumbai Mirror.com <http://www.mumbaimirror.com/index.aspx>, 2009年7月27日配信記事. Nair, M, (2010), “Parsi lady seeks cop cover for Navjot of kids”, Mumbai Mirror.com <http://www.mumbaimirror.com/index.aspx>, 2009年4月13日配信記事など.

資料1 本論文中の組織・大会名一覧（設立・開始年代順）

設立年	設立地	略称	名称	主な設立目的・役割
1728年	インド	BPP	Bombay Parsi Punchayet	ムンバイのパールシー・コミュニティ自治組織
1925年	インド	DPA	Delhi Parsi Anjuman	デリーのパールシーとイラン系ゾロアスター教徒のための協会
1960年	イラン	特になし	World Zoroastrian Congress	パールシーとイラン系ゾロアスター教徒が協力し，相互の交流を深めるために始められた世界大会
1970年	ウズベキスタン	特になし	Zarathushti Anjuman in Uzbekisntan	ウズベキスタンの改宗ゾロアスター教徒組織
1980年	アメリカ	CZC	California Zoroastrian Center	ゾロアスター教についての情報を広める文化センター．*Zoroastrian Journal*を発行している．FEZANAにも加盟している
1980年	イギリス	WZO	World Zoroastrian Organization	イランやインドのパールシー貧困層を支援する組織
1983年	インド	特になし	All India Shah Behram Baug Society	パールシーのMeher Master=Moosが設立した組織．19世紀のパールシー，Behramshah Shroffの教えに従っている
1986年	インド	特になし	Zoroastrian College	All India Shah Behram Baug Societyの教育機関
1987年	北米	FEZANA	Federation of Zoroastrian Associations of North America	北米のゾロアスター教徒協会をまとめる組織．季刊誌*FEZANA Journal*を発行
1989年	ロシア	特になし	Zervano-Zoroastrian School	ロシア人Pabel Globaが自身のゾロアスター教解釈を教える教育機関
1990年	北米	ZA	Zarathushtrian Assembly	イラン人Ali Jafareyが設立した組織
1991年	インド	AIMZ	Association of Inter-Marreid Zoroastrians	外婚をしたゾロアスター教徒女性やその家族を支援する組織
1994年	ロシア	特になし	St. Petersburg Zoroastrian Community	Zervano-Zoroastrian Schoolを基盤として，占星術師Pavro Globaの協力のもと，設立された組織
2004年	インド	ARZ	Association for Revival of Zoroastrianism	外婚をしたゾロアスター教徒女性やその家族を支援する組織
2005年	インド	WAPIZ	World Alliance of Parsi and Irani Zarthoshtis	パールシー保守派によって設立された組織．月2回，*WAPIZ page*を発行
不明	ベルギー	ICZ	European Centre for Zoroastrian Studies	改宗ゾロアスター教徒らによって，ゾロアスター教を学ぶ目的で設立されたセンター
不明	ノルウェー	特になし	Bozorg Bazgasht Organization	改宗希望者にゾロアスター教の入信儀礼を行うための組織．同じくノルウェーのDet Norske Zarathushtriske Trossamfunn（2004年設立）が母体

資料2　本論文中の組織・大会における，これまでに見られる主な受入対象

名　　称	これまでに見られる主な受入対象				
	パールシー	イラン系ゾロアスター教徒	イラン系改宗ゾロアスター教徒	その他の改宗ゾロアスター教徒	パールシーとイラン系ゾロアスター教徒の配偶者
Bombay Parsi Punchayet	○	○			
Delhi Parsi Anjuman	○	○			○
World Zoroastrian Congress	○	○			○
Zarathushti Anjuman in Uzbekistan				○	
California Zoroastrian Center	○	○	○	○	○
World Zoroastrian Organization	○	○	○	○	○
All India Shah Behram Baug Society	○	○	○	○	○
Zoroastrian College	○	○	○	○	○
Federation of Zoroastrian Associations of North America	○	○			○
Zervano-Zoroastrian School				○	
Zarathushtrian Assembly	○	○	○	○	○
Association of Inter-Marreid Zoroastrians	○	○			○
St. Petersburg Zoroastrian Community	○	○	○	○	
Association for Revival of Zoroastrianism	○	○			○
World Alliance of Parsi and Irani Zarthoshtis	○	○			
European Centre for Zoroastrian Studies	○	○	○	○	
Bozorg Bazgasht Organization	○	○	○	○	

参考文献

足利惇氏（1972）『ペルシア宗教思想』東京：国書刊行会.

———（1988a）「印度パルシー一族とその習俗」岩本・小林・渡瀬編『足利惇氏著作集』第二巻インド学，東京：東海大学出版会，219－265頁.

———（1988b）「波斯『エズド』に於ける拝火教の現況」伊藤・井本編『足利惇氏著作集』，第一巻イラン学，東京：東海大学出版会，52－29頁.

伊藤義教（1967）「アヴェスター」辻直四郎訳者代表『ヴェーダ・アヴェスター』（世界古典文学全集第3巻）東京：筑摩書房，325－396頁.

江上波夫編（1987）『中央アジア史』（世界各国史16）東京：山川出版社.

岡田明憲（1982）『ゾロアスター教：神々への讃歌』東京：平川出版社.

———(1984)『ゾロアスター教の悪魔払い』東京：平川出版社.
香月法子（2006）「パールシーの慈善行為の効果：インド宗派暴動の視点から」(『地域文化研究』第9号，地域文化学会)，61-71頁.
———(2009)「ボンベイ・パールシー・パンチャーヤット選挙と2008年11月のムンバイ連続テロ」(『地域文化研究』第12号，地域文化学会)，150-160頁.
香山陽坪（1963）「オスアリについて：中央アジア・ゾロアスター教徒の蔵骨器」(『史学雑誌』第72巻9号)，54-68頁.
キラン・セティ（2008）『驚異の超大国インドの真実：インド人だからわかる！ビジネスの将来性と日本人の大誤解』東京：PHP研究所.
黒柳恒男（1973）「パールシーの信仰と歴史」『アジア仏教史・インド編Ⅴ：インドの諸宗教』東京：佼成出版社，285-318頁.
Abdukamilov, R. (1999), “Zarathushti Anjuman in Uzbekistan”, *FEZANA Journal*, Vol. 12, No. 1, pp. 53-54.
Amighi, J. (1990), *The Zoroastrians of Iran : Conversion, Assimilation, or Persistence*, New York : AMS Press.
Atkin, M. (1994), “Tajiks and the Persian World”, Manz (ed.), *Central Asia in Historical Perspective*, Boulder : Westview Press, pp. 127-143.
Bekhradnia, S. (1994), “The Tajik Case for a Zoroastrian Identity”, *Religion, State and Society*, Vol. 22, No. 1, pp. 109-121.
Boyce, M. (2001), *Zoroastrians : Their Religious Beliefs and Practices*, London & New York : Routledge & Kegan Paul Ltd.
Dadrawala, N. (1999), *Zarathushtrian Saints : Masters, Mystics & Martyrs*, Mumbai : Union Press.
Dastoor, D. (2002), “Many faces of Zarathushtis”, *FEZANA Jorunal*, Vol. 15, No. 4, pp. 21-23, 68.
——— (2003), “the Fourth Millennium of Zarathushti Culture: a UNESCO celebration”, *FEZANA Jorunal*, Vol. 16, No. 4, pp. 29-33.
——— (2004), “Zarathushtis of Europe and Central Asia”, *FEZANA Journal*, Vol. 17, No. 4, pp. 66-68.
Desai, S. F. (1977), *History of the Bombay Parsi Punchayet 1860-1960*, Mumbai : Parsi Punchayet Funds and Properties.
Dhabhar, B. (1999), *The Persian Rivayats of Hormazyar Framarz and Others : Their Version with Introduction and Notes*, Mumbai: The K. R. Cama Oriental Institute.
Engineer, S. (1999), “Confessions of a convert : In his last interview the late Neville Wadia shared his reminiscences of his childhood and family”, *Parsiana*, Vol. 22, No. 4, pp. 38-39, 48.
Fedorenko, V. (1999), “Zarathushti community in Ukraine”, *FEZANA Journal*,

Vol. 12, No. 1, p. 48.

FEZANA Journal (2004), "Global celebrations of the UNESCO-declared fourth millennium of Zarathushti Culture", *FEZANA Journal*, Vol. 17, No. 1, pp. 16–22.

——— (2004), "Voices against the world body", *FEZANA Journal*, Vol. 17, No. 4, pp. 15–17.

——— (2004), "Letter from the High Priests", *FEZANA Journal*, Vol. 17, No. 4, p. 15.

Gandhi, P. (2003), "Overt acceptance", *Parsiana*, Vol. 26, No. 2, p. 8.

Jafarey, A. (2006), "Nowruz", *Zoroastrian Journal*, March, p.4.

——— (2008), "Good and evil", *Zoroastrian Journal*, Vol. 3, Issue 4, p. 11.

Hinnells J. R. (2000), *Zoroastrian and Parsi Studies : Selected works of John R. Hinnells*, Aldershot, Burlington USA, Singapore & Sydney: Ashgate.

——— (2005), *The Zoroastrian Diaspora : Religion and Migration*, Oxford & New York : Oxford University Press.

Kanga, J. (2003), "Priestly contradictions: Since the High Priests contend there is no conversion in Zoroastrianism let them present the evidence, states the author", *Parsiana*, Vol. 25, No. 9, pp. 26–29, 41.

Karaka, D. F. (1977), *History of the Parsis*, 2 vols, New York : AMS Press INC.

Khazai, K. (2004), "7th International Congress of Zoroastrian Culture and Iranian/Central Asia Studies", *FEZANA Jorunal*, Vol. 17, No. 3, p. 44.

Keyan, R. (1991), "Help for the Tajiks", *FEZANA Journal*, Vol.4, No.4, p.20.

Kulke, E. (1994), *The Parsees in India*, New Delhi : Vikas Publishing House Pvt. Ltd.

Laruelle, M. (2007), "The Return of the Aryan Myth: Tajikistan in Search of a Secularized National Ideology", *Nationalities Papers*, Vol. 35, No. 1, pp. 51–70.

Mama, A. (1993), "WZO : Adapting to change", *Parsiana*, Vol. 15, No. 12, pp. 12–15.

——— (2004), "Hom Yasht in Russia", *Parsiana*, Vol. 26, No. 11, p. 24.

——— (2005), "The AZR agenda : The start of a prayer hall that welcom outmarried Zoroastrians with their families is a major victory for the liberals", *Parsiana*, Vol. 28, No. 3, pp. 20–23.

——— (2007), "The hospitable hotelier: From owning hotels, winning gold medals for yachting and managing community affairs, Byram Avari believes in lending a helping hand", *Parsiana*, Vol. 29, No. 12, pp. 17–18.

——— (2008), "Haurvatat is a flow: Swedish Zoroastrian Alexander Bard speaks of Zarathushtra's appeal to intellectuals all over the world", *Parsiana*, Vol.30, No.17, pp. 14–16.

Master=Moos, M. (1992), "Help for the Tajiks", *FEZANA Journal*, Vol. 5, No. 2, p. 24.

——— (1999), "Mazdasnans in Germany/Austria", *FEZANA Journal*, Vol. 12, No. 1, p. 48.

——— (2003), "ZUM — Zoroastrian Universal Movement", *FEZANA Journal*, Vol. 16, No. 3, p. 21.

——— (2003), "Celebration in Tajikistan", *FEZANA Journal*, Vol.16, No.4, pp. 34-37.

——— (2005), "From Russia to Zoroastrian College", *FEZANA Journal*, Vol. 18, No. 2, p. 38.

McIntyre, D. (2007), "Women in Ancient Iran through Achaemenian Times", *Zoroastrian Journal*, Vol. 3, Issue 2, p. 4.

Mehta, S. (2009), *Thus Spake the Magavs*, California : Mazdayasnie Connection.

Mistry, P. (2004), "Proselytization is not the answer", *FEZANA Journal*, Vol. 17, No. 1, pp. 75-77.

Palsetia, J. (2001), *The Parsis of India: Preservation of Identity in Bombay City*, Leiden : Brill.

Parakh, T. (2005), *Some crucial points about the proposed world body*, private report.

Patel, J. (2005), "The broken barrier", *Parsiana*, Vol. 28, No. 3, p. 2.

Rahnamoon, F. (2003), "Editorial", *Iran Zamin*, Vol. 4, No. 4, pp. 1-4.

Rivetna, R. (1999), "The new Zarathushtis by Choice", *FEZANA Journal*, Vol. 12, No. 1, pp. 56-58.

——— (2004), "towards a robust infrastructure for Zarathushtis of the world", *FEZANA Journal*, Vol. 17, No. 1, pp. 58-60.

Roy, O. (2000), *The new Central Asia: the creation of nations*, New York : I. B. Tauris.

Sachkovskaya, E. (1999), "With Greetings from Russia", *FEZANA Journal*, Vol. 12, No. 1, pp. 55-56.

Sharafi, M. J. (2006), *Bella's Case : Parsi Identity and the Law in Colonial Rangoon, Bombay and London, 1887-1925*, Michigan : UMI Dissertation Services.

Shroff, M. (2003), "World Body of Zoroastrians", *BPP Review*, Autumn 2003, p. 12.

The World Zoroastrian Organisation (1991), *History of The World Zoroastrian Organisation*, London : the World Zoroastrian Organisation.

Valyaev, A. (1996), "Russian Zoroastrians in Moscow, St. Petersburg and Azerbaidzhan and...", *FEZANA Journal*, Vol. 9, No. 3, p. 14.

Varjavand, P. (2004), "The Zarathushti religion in Iran today", *FEZANA Journal*, Vol. 17, No. 4, pp. 28-30.

WAPIZ (2009), "Faramroze Mirza is not just a Renegade Priest — He is a DISHONEST Renegade Priest", *WAPIZ page*, 7th August, p. 1.

Wood, J. (1841), *Personal Narrative of a journey to the Source of the river Oxus*, London : William Clowes and Sons.

Zaehner, R. C. (2003), *The dawn and twilight of Zoroastrianism*, London & New York: Phoenix Press.

Zoroastrian College (2008), *World Congress*, Mumbai : Zoroastrian College.

雑誌・事典

Encyclopedia Iranica

FEZANA Journal

Parsiana

WAPIZ Page

Zoroastrian Journal

インターネット

Bombay Samachar <http://bombaysamachar.com/new/>.

Bozorg Bazgasht Organization <http://www.bozorgbazgasht.com/example.html>.

California Zoroastrian Center <http://www.czc.org/>.

European Center for Zoroastrian Studies <www.gatha.org>.

Fravahr Organization <www.fravahr.org>.

Jame Jamshed <http://www.jamejamshedonline.com/>.

Mid Day < http://www.mid-day.com//>.

Mumbai Mirror.com <http://www.mumbaimirror.com/index.aspx>.

Tajikistan 2006 Fund <http://ahura.homestead.com/TAJIK2006.html>.

THE PLAIN REALITY Behind THE INTRICATE FALSITY

< http://www.factnfalse.com/index.htm>.

The Times of India < http://timesofindia.indiatimes.com/>.

rediff.com < http://www.rediff.com/>.

YouTube < http://www.youtube.com/>.

第７章

漢語教育に対するウイグル人の意識
――教員と大学生に対するHSK，MHKに関してのアンケート調査から――

王　　瓊

はじめに

新疆ウイグル自治区は，中国最大の省区であり，土地面積は166万平方キロメートルで，中国の6分の1を占めている．この広大な土地は主に13の民族，2,130万8,100人（2008年12月現在）の人口を有する．このうち，中国の主体民族である漢族の人口は823万9,300人，新疆全人口の39.33％を占め，漢族以外の少数民族の人口は1,294万4,800人，60.8％を占めている．少数民族の中では，新疆の主体民族であるウイグル族の人口が965.06万人，全人口の46.06％を占めている1)．

新疆では，広大な地域において様々な人種，民族が多種多様な言語を用いて生活を営んでいるが，公用語として使われているのは，ウイグル語と漢語である．1949年の中華人民共和国成立以来，国家はウイグル族を始め少数民族の人々は自民族語で教育を行うことを方針としたが，1955年の新疆ウイグル自治区の成立にともなって，国家は新疆を開発，建設するために，漢族に対して中国内地から新疆に移入することを奨励する一方，ウイグルなどの少数民族に愛国主義や国家の民族，宗教，法律，政策，教育を宣伝するため，1958年から各少数民族中学校で双語教育（双語教育はバイリンガル教育とも訳せ，確かに少数民族に民族語と漢語の両語を教育することであるが，実態としては漢語教育へと収斂してきている）を導入した．

その後1978年から，中国教育部の「全日制十年制中小学教育計画試行草案」によって，小学校3年から外国語を設けることが規定された．自治区政府はこの政策を実施し，さらに漢語バイリンガル教育を強化するため，1984年から「民漢兼通」，つまり民族語と漢語の両方に精通するという漢語教育の目標を掲げ[2)]，すなわち，少数民族の生徒は，高校卒業までの9年間に漢語で聞く，話す，読む，書く，訳すという能力を身に付け，大学では直接漢語で授業を受けることが望ましいとされた．しかし，90年代になっても，その目標はまだ達成することができず，90年代以後，中国の全土的な教育改革に従って，新疆少数民族に対する漢語教育にも拍車がかかることとなった[3)]．

1996年から，中国新疆ウイグル自治区の学校教育現場では，漢語教育の比重が高まりつつあり，HSK（漢語水平考試）というもともとは外国人に対する試験制度が導入された[4)]．その制度は「標準化試験制度」（英語のTOEFLのような統一規準による試験制度）と言われ，最初の試験の問題用紙の作成から，最後の級別証書の発給まで，すべての作業がコンピュータ化された．試験の結果は少数民族生徒の漢語能力を評価すると同時に，全体的に見れば，漢語教育の目標がどの程度，またはどの水準まで達成されているのかを把握することもできる．この漢語能力試験の普及に応じて[5)]，高等教育機関の大学では，2004年から基本的に授業を全て漢語で行うようになった．

さらに2007年から，MHK（民族漢語水平考試）という中国国内の少数民族に対する新しい漢語試験制度が導入された[6)]．これにより，漢語教育はより一層推進され[7)]，漢語教育の比重が従来の学校教育現場だけではなく，保育園，幼稚園にも高まりつつある．民漢合園，民漢合校（少数民族の保育園，幼稚園，学校と漢族の保育園，幼稚園，学校が一体となる）というものも増えていると報告されている[8)]．

確かに，HSK，MHKの導入によって，「民漢兼通」（民族語と漢語の両方に精通すること）という漢語・民族語バイリンガル教育の目標は政策的に標準化されたが，実際，ウイグルの人々にとってはどのように受け止められているのか．ウイグル族はすべての面で主に自民族語を使用しているが，学校教育における言語選択の傾向には，HSK，MHKの推進が関係して，漢語選択が増加しているのだろうか．また，漢語を身に付けておかなくては進学や就職の際不利になる社会現実の中で，ウイグル族が漢語社会に同化されていくという心配があるのだろうか．

これらの問題意識から筆者はHSK，MHKに注目し，新疆ウイグル自治区における学校教育現場において，漢語教育に対するウイグル族の意識，そして今後の漢語教育の行方を探るため，現地アンケート調査を行った．本章は，その調査の結果を取りまとめて，若干の考察を加えようとするものである．

１．調査の概要

調査は2008年７月８日から９月25日の間に，新疆財経大学中国語言学院（ウルムチ），新疆大学語言学院（ウルムチ），新疆芸術学院科研処（ウルムチ），カシュガル師範学院法経学部（カシュガル）所属の教師たちの協力を得て，以上の各大学のウイグル族を中心とする少数民族の学生，教員および新疆教育学院（ウルムチ）で研修を受けていたウイグル族の中学校の教員，新疆大学語言学院（ウルムチ）で研修を受けていたウイグル族の小学校の教員を対象として，「双語（バイリンガル）教育に対する意識」の筆答式アンケート調査（中国語）を行ったものである[9)]．

各大学のウイグル族の学生は全新疆から集まってきている．教員は新疆各地の小学校，中学校から大学に来た研修教員と，カシュガル師範学院の場合は専任教員である．このように調査対象を見てみると，新疆のウイグル族全体の意識分布を探るデータも得られたと考えられる．

(1)　調査対象

まず，調査地域の選択は，南部新疆と北部新疆の地域差を考慮し，南部新疆ではウイグル人都市の典型であるカシュガル，北部新疆では新疆の首府であり，政治，経済及び文化の中心でもあるウルムチを代表地域と設定した．

カシュガルではカシュガル師範学院の教師と学生を調査対象とし，さらに学生は主に漢語教育を受けている予科部[10]の1，2年生を対象とした．ウルムチの場合は，新疆財経大学中国語言学院の予科部の1，2年生を対象とし，新疆芸術学院では予科部の1，2年生を中心に，新疆大学語言学院，新疆教育学院では教師を中心にアンケート調査を行った．一方，新疆大学語言学院の調査対象は新疆各地の小学校から来た研修教員とし，新疆教育学院の調査対象は新疆各地の中学校から来た研修教員である．

調査対象とした大学生の年齢分布を見ると，18歳～26歳までであり，このうち，18歳～20歳の者が66%，21歳～26歳の者は27.9%を占めている（年齢記入不明の者を除く）．学生の学年分布については，予科部の1年生は49.9%，2年生は18.4%で，合わせて68.3%を占め，学部の3年生は7.8%，4年生は0.5%で，合わせて8.3%を占めている（学年記入不明の者を除く．また，今回の調査は各大学の予科部の1，2年生を対象としているが，カシュガル師範学院では，調査時間の都合により，一部の学部の3年生や4年生も受けている）．

教員は新疆各地の小学校，中学校から大学に来た研修教員と大学の専任教員である．年齢分布は21歳～61歳までであり，このうち，21歳～30歳の者は33.7%，31歳～40歳の者は25.7%，41歳～50歳の者は36.7%，51歳～61歳の者は3%を占めている．教師は小学校から大学までの教師を含むので，年齢層は広い．

次に，サンプルについて，表1の一覧表を参照されたい．

以上のようなウイグル族の高い比率と，新疆で使われている言語のうち，漢語以外ではウイグル語が圧倒的に強い社会言語になっていることにより，本調査報告では，漢語を母語とする漢族との対比を明確にするために，ウイグル族以外の少数民族を含めて，便宜的にウイグル人と総称することにしたい．

表1　2008年社会調査サンプル分布の一覧表

区　分	学　生		教　師	
	サンプル数（人）	ウイグル族の割合（%）	サンプル数（人）	ウイグル族の割合（%）
カシュガル師範学院	182	90.7	101	98
財 経 大 学	266	84.6		
新疆芸術学院	181	75.7	2	100
新 疆 大 学			117	89.7
新疆教育学院			24	87.5
計	629	83.7	244	93.8

（備考）1．学生の男女比は男性40.2%，女性59.8%（新疆芸術学院の中で男女の記入がなかった20人を除く）である．
2．教師の男女比は男性49.2%，女性50.8%（無効回答を除く）である．
3．ウイグル族の割合を除いた割合はウイグル族以外の少数民族（具体的にいえば，キルギス，カザフ，オロス，タジクなどの民族を指す）の割合である．
（出所）筆者の2008年のアンケート社会調査資料に基づいて筆者が作成．以下，本論文で使った調査表はすべて同じである．

(2)　調査方法

各大学の現地調査協力者たちと共に，調査対象者の生活や学校活動のスケジュールを検討して，回答者からの協力が得やすい時期を本調査の実施時期とした．すなわち，2008年7月8日～11日（期末試験の時期），9月25日（新学年の時期）の2段階に分けて，各調査の対象学校ではアンケートの形で教室における集合調査法で行った．アンケートの当日は，予定していた教室に出席した学生に漢語で表記した調査票を配布し，授業担当教員が質問の内容や回答方法を漢語で順次に指示し，学生に一斉に回答を記入してもらった．教員については，教員会議（週一回）に出席した人に漢語で表記した調査票を配布し，調査員としての教員が質問の内容や回答方法を順次漢語で指示し，教員に一斉に回答を記入してもらった．

アンケートを実施する当日，調査対象者が自然に答えられるように，実施時間内に，授業担当教師，調査員と調査対象者以外の人は一切入室できないようにした. これは同一回答者が重複回答することを防止するためでもある. 授業担当教師の協力を得たことによって, 出席者数, アンケートの有効回答者数は共に873名（回収率100%）であった.

(3) 調査内容

調査では, その時点までの漢語学習についての基本状況（漢語学習の言語環境, 開始した時期, 学習した年数）, HSKについての基本状況（受験した時期, 回数, 取得した資格）, HSKに対する評価, MHKについての基本状況（受験した時期, 回数, 取得した資格）, MHKに対する評価, HSK, MHKによって自分の「民漢兼通」の達成感, 漢語能力に対する自信度, HSK, MHKが自分の現在と将来の仕事, および生活に与える影響, 母語や少数民族の教育の未来に対する関心など16項目について調査した[11].

この調査結果の内容を以下に分析し, 解釈を行う. その際, 地域差, 性差などの記述については, いちいち断らないが, すべて調査内容の分析に基づくものである.

2. 新疆におけるウイグル人の漢語使用の現状

ウイグル民族は長い伝統文化と歴史を持っていて, 独自の言語文字, 宗教信仰, 風俗習慣がある. 一方, 1980年代以来, 漢語は国家共通語とされ, 少数民族といえども必ず学ばなければならないという「民漢兼通」の教育政策の下で[12], ウイグル人は, 日常程度の漢語でコミュニケーションができる者が多くなってきた. 特に近年のHSK, MHKの推進によって, 言語環境に変化が起こってきた. 現在, ウイグル人は新疆地域内においてどのような漢語水準にあるのかについて, (1) 小学校入学前の個人, 家庭, 周辺の人の漢語水準, (2) 何年生から漢語を学習したか, (3) 漢語を学習した年数などから考えてみよう.

(1)　小学入学前の個人，家庭，周辺の人の漢語水準

表2に示されているように，学生の場合，「簡単な会話だけできる」者が32.3%と最も多く，「漢語でしゃべれる」者は27.3%と，合わせて59.6%である．つまり，日常程度の漢語でコミュニケーションができる環境が整っているウイグル人学生が6割を占めていることが明らかになった．就学前に，漢語からの影響を受けていたのである．

教師の場合は，「簡単な会話だけできる」者が52.5%と最も多く，「漢語でしゃべれる」者は20.5%と，合わせて73%を占め，日常程度の漢語でコミュニケーションができる傾向が形成されていたと言える．しかし，学生に比べて，ウイグル人教師は漢語が全くできない者が多い一方，話す，書く両方できる者も少ない．このことから漢語社会からの影響も受けていたが，その漢語の使用頻度やレベルは学生よりも高くなかったと推測できる．その理由を考えてみよう．

学生の場合，18～26歳の大学生（前述）が小学校に入学したのは，90年代以後のことである．その時点では，1978年中国教育部の「全日制十年制中小学教育計画試行草案」によって，自治区政府が「民族小学校4年から漢語科目を設ける」という1981年からの規定が実施されて以来，もう十年以上経っている．この教育政策の成果として，90年代になると，新疆の言語

表2　(調査票質問項目) はじめに　小学入学前の個人，家庭，周辺の人の漢語水準

区　分	学　生（人）	割　合（%）	教　師（人）	割　合（%）
完全にできない	17	2.7	29	11.9
簡単な会話だけできる	203	32.3	128	52.5
漢語でしゃべれる	172	27.3	50	20.5
話す，書く両方できる	157	25.0	27	11.1
そ　の　他	7	1.1	0	0.0
未　回　答	73	11.6	10	4.1
計	629	100	244	100

環境が漢語使用方向へと変化することとなった．また，1984年から，自治区政府が「民族小学校3年次から漢語科目を設け，高校まで漢語を学習しなければならない」という規定を作り，漢語教育をさらに強化した[13)]．この強化によって，漢語を「話す，書くの両方できる」者も多くなって，25%という割合に達したと考えられる．

教師の場合，年代による違いが明らかである．「全くできない」者は1割強で，その年齢は40～60歳に相当している．彼らの小学校入学は，大体1950年代後半から70年代前半のことである．自治区政府は1958年から各少数民族の中学校で漢語教育を導入したが，週4時間で，まだシステム化されたものとは言えない．1966年から70年代前半は文化大革命の時期で，漢語教育の発展は停止され，教育成果は低下していき，必然的に，ウイグルの人々はほとんど漢語ができなかった．

「簡単な会話だけできる」者は過半数で最も多い，彼らは26～40歳で，小学校に入学したのは，ちょうど1978年から80年代後半にかけて，中国の教育改革や自治区政府の漢語教育導入政策の展開の時期である[14)]．この政策によって，漢語教育が強化された結果，簡単な会話をできる者が多くなってきたといえる．3割強を占めている21～25歳の若い教師の漢語学習の背景は，すでに述べた学生の漢語学習の背景と大体同じように，小学校入学前の社会言語環境には，大体日常程度の漢語でコミュニケーションができる状況が整ってきたと推定できる．

つまり，ウイグル人は1950年代から漢語の影響を受けはじめ，この数十年にわたって，漢語教育が強化された結果として，大体日常程度の漢語でコミュニケーションができる社会環境が形成されたといえる．筆者の調査結果（出身地の分析）によると，教師，学生の別なく，漢語の使用頻度は南疆より北疆のほうが，また農村部より都市部のほうが高い．また，学生や教師の両方とも，女性のほうに「漢語でしゃべれる」，「話す，書く両方できる」者が多く，バイリンガル社会の影響をより強く受けていると見られる．その背景を考えてみると，社会一般の傾向としてウイグル人の女子に対する軽視は無視できない事実であり，特に農村では女子の失学率が相対的に高い．したがって，大学まで入れる女子は都市部の出身者が多いと推測できる．

(2)　何年生から漢語を学習しはじめたか

表3に示されているように，学生の場合は，「小学校3年生から」の者が82.5％と圧倒的多数の8割以上を占めている．「その他」や「高校1年生以上から」などの記入があったが，中学校以上からの者の割合はあわせて約1割の9.9％に止まった．この数値も上述した1984年以後の政策によるものであると考えられる．1984年からの政策によって，一律小学校3年生から漢語を学習しなければならないが，地方によって，都市部では，バイリンガル社会の影響を受け，幼稚園から漢語を勉強し始めたところもあり，農村部では，漢語教師の不足，教室や教科書がないという原因で，小学校5, 6年生や中学校1年生から漢語を勉強し始めたところもあるという政策実施状況がある程度反映されている．調査の詳細から見ると，漢語を勉強し始めた時期については男女に差はあまり見られないが，都市や北疆では小学校1年生から漢語を学習し始める者がより多かった．これは都市や北疆の社会言語環境と関連し，保護者の漢語学習に対する態度が，より積極的だったからだと考えられる．

教師の場合は，「小学校1年生から」の者は1割足らず，主に「民考漢」

表3　（調査票質問項目）問1　漢語を学習し始めた時期

区　分	学　生（人）	割　合（%）	教　師（人）	割　合（%）
小学校1年生から	43	6.8	19	7.8
小学校3年生から	519	82.5	113	46.3
中学校1年生から	49	7.8	87	35.7
そ　の　他	13	2.1	24	9.8
未　回　答	5	0.8	1	0.4
計	629	100	244	100

(漢語学校で教育を受ける少数民族の通称である) のことであると見られる.「小学校３年生から」の者は半分近くを占め，これは教師の半数近くの者が1984年以後に小学校に入学したため，上述の政策結果の反映であると見られる. 中学校以上の者の合計は半分近くを占めた. この部分の教師の年齢のことを考えると，1958年から1978年の間に中学校に入学した者であった. そのときの政策を見ると[15]，各少数民族中学で漢語教育が導入された. 中学校では週４時間，高校は週５時間である. しかし，新疆では地域によって実施状況が異なっていた可能性がある. 特に農村部では，教師や教室，教科書不足などの原因で，「高校１年生以上から」学習した者がいた. 50歳以上の教師の場合は，「大学に入ってから」や「仕事してから」漢語を学び始めた者もいると考えられる. また，年齢にかかわらず，女性教師は，すでに述べた理由で，都市部の出身者が多く，より早めに漢語を学習し始めたと考えられる.

(3)　漢語を学習した年数

学生は漢語を学習した年数が短く，教師は漢語を学習した年数が長いことは当然のことである（(問２）は表４を参照).

学生の場合,「10年以上」の者が50.7%と過半数を占めていることが目立つ. 学生は小学校３年生から漢語を学習することは義務であるが，地方によ

表４（調査票質問項目）問２　漢語を学習した年数

区　分	学　生（人）	割　合（%）	教　師（人）	割　合（%）
8年以上	166	26.4		
10年以上	319	50.7	75	30.7
12年以上	123	19.6	39	16.0
14年以上			69	28.3
もっと長い	15	2.4	61	25.0
未回答	6	1.0	0	0.0
計	629	100	244	100

って，小学校5，6年生や中学校1年生から漢語を学習し始めた者や大学に入って，すぐHSKを受験して，そのHSKの成績が8級以上に達した者は，大学1年目の「予科」を免除することができるため，漢語学習の実際年数は8年間に短縮される．また，12年以上漢語を学習した者の比率が5分の1近くに達したのは，都市部の幼稚園や小学校1年生から漢語を学習し始めた者が少なからずいたからである。

教師は漢語を学習した年数が教師の年齢と正の相関を呈していると見られる．

以上(1)～(3)の考察をまとめてみると，現在，ウイグル人学生，教師は就学前の，個人，家庭，周辺の人は日常程度の漢語でコミュニケーションが可能な社会環境の中で生活してきたし，その環境は現在の一般的状況となっていると見てもよいだろう．また，年齢や地域にかかわらず，1984年の漢語教育政策により，小学校3年生から漢語を学習し始めた者が圧倒的多数であるという事実が確認された．このように，漢語はすでにウイグル人の学校教育や生涯学習の中では必要不可欠のものとして存在していると考えてもよいのではないか．

3．HSKとMHKの実施状況

「漢語水平考試」の略称はHSK，母語が漢語ではない少数民族，華僑，あるいは外国人に対して行われる国家レベルの漢語能力試験であることはすでに述べた（注4参照）．初等は，漢字を1,604個，漢語語彙は3,051個を把握し，基本的な聞く，書く，読む，話すという能力を指す．中等は，漢字を2,205個，漢語語彙は5,253個を把握し，一般的な聞く，書く，読む，話すという能力を有し，大学本科，専科の授業に必要な言語能力を指す．高等は，漢字を2,905個，漢語語彙は8,822個を把握し，漢文化に基づく漢語の理解や漢語を生かす能力が十分で，教育，研究，外交，ビジネス，新聞，テレビ，旅行などに十分な言語運用能力を指す[16)].

MHK（民族漢考）は「中国少数民族漢語水平考試」の略称で，母語が漢語ではない少数民族に対して行われる国家レベルの漢語能力試験であることもすでに述べた（注6参照）．四つの等級のうち，1級は400～800の時間に相当する漢語を学習し，漢字を1,604個，漢語語彙は3,051個を把握し，少数民族中等学校で行われる漢語授業の言語水準である．2級は800～1,200の時間に相当する漢語を学習し，漢字を2,205個，漢語語彙は5,253個を把握し，少数民族高等学校で行われる漢語授業の言語水準である．3級は1,200～1,600の時間に相当する漢語を学習し，漢字を2,555個，漢語語彙は7,000個を把握し，大学で行われる漢語授業の言語水準である．4級は1,600～2,000の時間に相当する漢語を学習し，漢字を2,905個，漢語語彙は8,822個を把握し，大学を卒業し，進学や仕事など社会活動のすべての面で支障がなく，母語が漢語である者と同じように，漢語でのコミュニケーションがうまくできる言語水準である[17)].

MHKの1級はHSKの初等，2級はHSKの中等，3級はHSKの高等と対応できるものである．3級はHSKの等級をもっと細かく分けたものであり，HSKの準高等と見られる．また，HSKの中等（MHKの2級に相当する）は，大学本科，専科の授業に必要な言語能力を指すのに対して，MHKの3級は大学で行われる漢語授業の言語水準であることとなった．すなわち，MHKによって，漢語水準の合格基準は高くなった．少数民族は高等教育や仕事に就くために，今よりもっと高い漢語水準を身につけざるを得ない状況となった．

新疆では，1996年に導入されたHSKが，2006年まで少数民族の漢語能力を測定する唯一の権威といわれていた．2007年からはMHKが導入され，現在では両方が併行して行われている．HSKとMHKの実施状況は漢語教育を推進する最前線ともいえる．今，この最前線ではどのような状況があるのかを見るため，(1) 初めてHSKを受験した年，(2) HSKを受験した回数，(3) 取得したHSKの資格，(4) 初めてMHKを受験した年，MHKを受験した回数，取得したMHKの資格について調査結果の数値を分析してみる．

(1)　初めてHSKを受験した年

表5に示したように，学生の場合は，大学に入るまでに受験した者は合計3割にも達しておらず，大学期間中に受験した者が約8割を占めている．「その他」の2.4%は，在籍当時の学校のHSKに対する対応によって，高校の1年目（新入生），3年目（卒業生），専門学校の2年目（卒業生），大学の予備科（新入生）にてHSKを受験したことがあると推定できる．「大学の1年目」の者が8割近くを占めている理由は，1996年以後，少数民族の学生は大学に入学した直後にHSKを行い，この時点での学生の漢語レベルを把握する施策があったからである．

教師の場合は，大学期間中に受験した者が約3割，6割強は職場で受験した．この分布は教師の年齢とつながっている．また，1996年から自治区政府が実施した「少数民族の各級教師も，民族語と漢語の両方で授業ができるようにし，HSKによる少数民族各級教師の漢語レベルの合格標準を新たに定める.」という教育政策の反映でもある．つまり，すでに教師であった少数民族にHSK受験義務が生じたのである。

表5（調査票質問項目）問3　初めてHSKを受験した年

区　分	学　生（人）	割　合（%）	教　師（人）	割　合（%）
中学校3年目	12	1.9	1	0.4
高校3年目	96	15.3	8	3.3
大学1年目	496	78.9	50	20.5
大学4年目	5	0.8	34	13.9
そ　の　他	15	2.4	149	61.1
未　回　答	5	0.8	2	0.8
計	629	100	244	100

(2)　HSKを受験した回数

表6に示したように，学生では2回までの受験経験者が8割近い．4回以上受けている学生の地域分布を見ると，北疆の3.1%より南疆は12.6%で，9.5ポイント高いという特色が見出せる．南疆は漢語でコミュニケーションをする社会環境が少なく，学生はHSKが重視する「聞く，話す」の能力が低いため，こうした数値が出てくるのであろう．

教師の場合は，合わせて2回まで受験している教師は29.5%にとどまり，合計で3回や4回以上受験した教師が70.1%にまで達している．3-(1)ですでに述べたように，教師の多くは職場で受験した．その実態を見ると，職場では教師はほとんどウイグル語でコミュニケーションをしている．特に，都市以外の小，中学校の教師は，自らも漢語に通じないことが普通である[18)]．そのため，HSKが強調する漢語の実際の応用能力が低かったのだと考えられる．教師は漢語への新たな対応に苦心している様子が窺えるのである．

表6（調査票質問項目）問4　HSKを受験した回数

区　　分	学　生（人）	割　合（%）	教　師（人）	割　合（%）
1　　回	236	37.5	15	6.1
2　　回	259	41.2	57	23.4
3　　回	87	13.8	93	38.1
4回以上	37	5.9	78	32.0
未　回　答	10	1.6	1	0.4
計	629	100	244	100

(3)　現在取得したHSKの資格

表7に示したように，学生の場合は，7級に達しない者は合計64.3%で，7級以上の者は合計34.2%である．HSKに基づく少数民族学生の漢語教育の合格基準を少し詳しく見る．漢語を専攻する場合と，専攻しない場合とで異なっている．（　）内に漢語を専攻としない場合の等級を示す．

表7（調査票質問項目）問5　現在取得したHSKの資格

区　　分	学　生（人）	割　合（%）	教　師（人）	割　合（%）
3級以下	8	1.3		
4　　級	67	10.7	27	11.1
5　　級	119	18.9	34	13.9
6　　級	210	33.4	39	16.0
7　　級	164	26.1	2	10.7
8　　級	51	8.1	101	41.4
9級以上			3	1.2
未　回　答	10	1.6	14	5.7
計	629	100	244	100

中等技術学校を卒業するまでに6級（5級），高等技術学校を卒業するまでに7級（6級），大学を卒業するまでに8級（7級）に達する必要がある[19)]．7級に達することが「大学修了証明書」をもらうときの必要条件であるため，前項(2)と合わせて考えると，大部分の学生は大学を修了するために，2回以上HSKを受験する可能性があり，教育のコスト（補習時間や受験料などがかかる）はアップしたと考えられる．

教師の場合は，5級に達しない者は11.1%で，5級以上の者は合計83.2%である．HSKに基づく少数民族教師の漢語レベルの合格基準は，漢語教師とそうではない教師とに分かれている．学生の場合と同様にその基準を示そう．小学校は6級（5級），中学校は7級（6級），高校・中等技術学校は8級（7級），大学は9級（8級）が必須である[20)]．調査においては，すべてが漢語教師ではない可能性があるため，HSKの合格基準によって，5級以上の合格者は合計8割強を占めていて問題はない．だが教師資格の5級に達しない者が1割強を占めている事実は，教育現場の大きな課題といえよう．また，合格者の中でも，このHSKそれぞれの合格基準に達するため，すなわち教職を守るために，前項(2)ですでに述べたように，7割以上の教師は3回以上HSKを受験したと考えられる．

(4)　MHK

MHKは，2007年に導入されたばかりのため，2008年の調査時点においては有意の分析のためのデータにはなりにくい．しかし，参考として調査概要のみを示しておきたい．「初めてMHKを受験した年」(問7）への回答をみると，学生の場合は，受験者は1割強にすぎず，教師の場合は，受験者はわずか1.6％にすぎない．また，参加者の地域分布を見ると，MHKは主に北疆の学校を中心に行われている．

「MHKを受験した回数」(問8）についても，1回から4回以上までの受験経験者が学生はわずか9.2%，教師は2.8%である．大部分の学生，教師が未受験である実況をよく表している．2回まで受験している学生，教師がわずかに存在することは，MHKが今一定の範囲内で試行されていることを示している．

「現在取得したMHKの資格」(問9）への回答によれば，学生の場合，何級かにかかわらず，MHKの資格を取得した者は合計で6.7%，教師の場合は1.2%に止まる．今後，MHKの合格基準4級を達成することが「大学修了証明書」をもらうときの必要条件となり，教職を守るための基準となるのであれば，当然普及していくことになろう．

以上(1)～(4)を要するに，新疆における漢語教育の成果を評価する手段として，HSKはすでに試験の時期，場所，内容，等級などあらゆる面で標準化，システム化されてきたことの結果が如実に表われている．その検定結果も進学や昇進など社会のあらゆる面で認められるようになったため，数多くのウイグル人は「大学修了証明書」の取得や仕事のために，努力して2回以上HSKを受験していると考えられる．一方，MHKはまだ一定の範囲内でしか試行されていないものではあるが，これからは新疆でHSKに替わる権威ある漢語水準試験となるように準備されている．このような社会環境の中で，ウイグル人は進学や仕事の面で，地域，年齢，性別を問わず，誰もが

HSK，次にはMHKという現実問題に直面しなければならないのである．

４．HSKとMHKに対するウイグル人の評価

現在，ウイグル人にとって，HSKとMHKの等級証明書は社会に進出するためや昇進の鍵になっているように，漢語教育は法の下で普及が進んでいるが，ウイグル人は普及の対象者として，この試験制度をどのように評価しているのか．自分の「民漢兼通」に関する状況，能力をどう思っているのか，またHSKやMHKに対する評価について見てみよう．

(1)　取得したHSK，MHKの資格によって，自分が民漢兼通という漢語学習の目的に達したと思いますか（学生）

表８に示したように，目的に「達していない」と思う学生は33.4％である．一方，「大体達している」，「達している」，「完全に達している」と思う者，つまり，自分が「民漢兼通」という目的に達したと思う傾向がある者は

表８　（調査票質問項目）問11　取得したHSK，MHKの資格によって，自分が民漢兼通という漢語学習の目的に達したと思いますか

区　　分	学　生（人）	割　合（%）
達していない	210	33.4
大体達している	200	31.8
達している	90	14.3
完全に達している	12	1.9
わからない	22	3.5
そ　の　他	0	0.0
未　回　答	95	15.1
計	629	100

合計48％である．これは主に自分が取れた成績（等級）によって判断していると想定できるが，「民漢兼通」に対して積極的自己評価をした者が半分に達していないという低い傾向は学校や家庭生活および社会的な交流において，ウイグルの人々が実際にはほとんどウイグル語でコミュニケーションをしていると考えられるのではないか．

「民漢兼通」という漢語学習の目的に達したという傾向を持っている者は，北疆の42.1％に対して，南疆出身者は62.6％で多かった．これは予想とは逆であった．原因は二つあると考えられる．その一つは，南疆ではウイグル語が圧倒的な第一言語で，使用頻度が非常に高いという現実の中で，バイリンガルの社会環境の影響が少なく，これぐらいの漢語レベルで十分に「民漢兼通」を達したと思う者が多かったのではないか．もう一つは，学生の将来の就職方向を考えると，南疆の大学生は，漢語の使用頻度はあまり高くない，南疆を中心に，中，高校の教師や地域の職員になることが多いため[21]，この程度の漢語レベルで満足できると考えているが，北疆の大学生は，将来の就職先が金融，会計，文化，教育関係の仕事が多く，全新疆や中国内地ともつながっているため，漢語の使用頻度が非常に高く[22]，この程度の漢語レベルでは満足できるとはいえないからだと推測できる．

(2)　取得したHSK，MHKの資格によって，自分の民漢兼通の能力をどう思いますか（教師）

表9のように，「高くない」と思う教師は27.5％におさまっている．「すこし高い」，「高い」，「非常に高い」と思う者，つまり，自分が「民漢兼通」という能力を身につけたと思う傾向がある者は合計53.2％で，過半数を占めているが，高い自信を持っている者は合計18.8％で，少ない．4級，5級の教師は「高くない」と思うが，6級，7級の者はほとんど「すこし高い」と思うことが推測できる．

回答用紙を個別に些細に検討してみると，8級以上に達しても，自分の民漢兼通の能力について，「高い」や「非常に高い」と思う者は半数に達して

表9　（調査票質問項目）問11　取得したHSK，MHKの資格によって，自分の民漢兼通の能力をどう思いますか

区　　分	教　　師（人）	割　　合（%）
高くない	67	27.5
すこし高い	84	34.4
高　　い	34	13.9
非常に高い	12	4.9
わからない	17	7.0
そ　の　他	2	0.8
未　回　答	28	11.5
計	244	100

いない．これはなぜだろうか．自分の民漢兼通能力が高いか低いかは，一般的に自分が取れた資格によって判断する傾向があると考えられるが，高い自信を持っている者は少ないのである．ウイグルの教師はウイグル語，漢語の両方の言語の熟練者であると思われているが，実際上は，家庭，社会生活や学校での授業と授業計画を立てるときに使う言語は主にウイグル語であると想定できる[23]．

また，男女の年齢差や漢語を学習した年数を考えると，男性は年長の者が多く，漢語を学習した年数が長かったため，女性より漢語学習の経験が豊富で，レベルが高く，「民漢兼通」という漢語の実際運用の能力に対して，高い自信を持っている．

(3)　HSKに対する評価

表10での学生の場合は，「不満足」の者は22.6%である．「大体満足」，「満足」，「非常に満足」を合わせると72.8%に達している．このうち，女性のほうが「満足」という傾向を持っている者が多かった．これは女性学生が取れた資格と正の相関を呈していると見られる．

表10　(調査票質問項目) 問6　HSKに対する評価

区　分	学　生 (人)	割　合 (%)	教　師 (人)	割　合 (%)
不　満　足	142	22.6	6	2.5
大体満足	172	27.3	77	31.6
満　　足	239	38.0	136	55.7
非常に満足	47	7.5	20	8.2
わからない	23	3.7	1	0.4
評価の理由(自由記入)	0	0.0	0	0.0
未　回　答	6	1.0	4	1.6
計	629	100	244	100

教師の場合は,「不満足」の者は2.5%で少なく,「大体満足」,「満足」,「非常に満足」の合計は95.5%に達し,比率は非常に高い.このうち,男性のほうが「満足」という傾向を持っている者が多かった.これは男性教師が取れた資格と正の相関を呈していると見られる.学生,教師ともに,満足か否かについては,主に自分が取れた資格によって判断する傾向にある.問5(表7)ですでに示したように,学生は7級(合格)に達しない者は合計6割強であるが,自分の水準によって取りたい成績を取れれば,満足できる.同じ理由で,教師は5級(合格)以上の者は合計8割強であるが,「満足」の者の比率は9割強に上昇した.

また,教師や学生の両方とも,「満足」という傾向を持っている者は南疆のほうが多かった.これは4-(1)の「民漢兼通」という漢語学習の目的に達したという傾向を持っている者は,南疆のほうが多かったのと同じように考えることができる.

(4)　MHKに対する評価

MHKに参加した者は学生が143人で,22.7%を占め,教師はわずか8人で,3.3%にとどまった.それに対し,学生の7割強(486人)と教師のほとんどは（236人），MHKについての評価はしていない．参加もしくは経験したことがないため，当然であろう．この質問は，将来同様の調査をするときに備えておこなったものである．

以上の指標から考えると，HSKとMHKに対するウイグル人の評価は主に自分が取れた資格によって判断する傾向がある．また，北疆より南疆のほうが「満足」という傾向を持っている者は多かった．なかでも，女性学生や男性教師が「満足」という傾向を持っている者が多いことを指摘できる．「民漢兼通」の実際運用の能力については，北疆より南疆，女性より男性のほうが高い自信を持っている者が多かったと言える．「民漢兼通」に対して全体的に自己評価が低い傾向にあるのは，学校や家庭生活及び仕事や社会的な交流において，数多くのウイグル人が実際には漢民族との交流が少なく，ほとんどウイグル語でコミュニケーションをしており，漢語を自由に操る能力に自信がないためだと考えられる．

5．漢語と漢語教育に対するウイグル人の意識

現行の双語（バイリンガル）教育制度の下で，漢語の比重が従来の学校教育現場だけではなく，保育園，幼稚園にも高まりつつある傾向がある．学生と教師の別なく，高等教育が漢語に統一されたのと同様に，初等教育もそうなる可能性がある[24)]．これはウイグル人の意識にも変化をもたらし，親の育児観や教育観にも影響を及ぼさざるを得ない．これについて，ウイグル人はどういう考えを持っているのか，ウイグルの人々にとってはどのように受け止められているのか．つぎのような質問項目について，調査結果から考えてみよう．

(1)　学校以外の個人生活の面で，漢語を自由に使える能力について

学生の場合は，「自信がない」者は1.7％に止まった．「少し自信がある」

表11　(調査票質問項目) 問12　学校以外の個人生活の面で，漢語を自由に使える能力

区　分	学 生 (人)	割 合 (%)	教 師 (人)	割 合 (%)
自信がない	11	1.7	4	1.6
少し自信がある	183	29.1	105	43.0
自信がある	269	42.8	100	41.0
非常に自信がある	78	12.4	26	10.7
わからない	9	1.4	1	0.4
未 回 答	79	12.6	8	3.3
計	629	100	244	100

者，「自信がある」者，「非常に自信がある」者，つまり，自分が漢語を自由に使う能力があると思う傾向にある者は合計84.3%であった．これは自分が「民漢兼通」という目的に達したと思う者の48%の比率 (上述4－(1)) とは異なっている．この相違については，「民漢兼通」という漢語学習の目的に「達していない」と思う者でも，実際の漢語運用能力の確認を重視する意見があると考えられる．「自信がある」男女学生の中では，男性のほうがより強く自信を持っている．これは男女学生が取る資格と逆の相関を呈している (上述4－(3)を参照)．ウイグル人の場合は，男性は女性に対して，家から出て，社交に参加するなどの面で，絶対的な優位を有しているため，女性より漢語でコミュニケーションをするチャンスが多く，自分の能力を強く信じていると想定することができる．

教師の場合は，「自信がない」者は1.6%に止まる．「少し自信がある」者，「自信がある」者，「非常に自信がある」者，つまり，自分が漢語を自由に使う能力があるという傾向にある者は合計94.7%を占めた．これは自分が「民漢兼通」という能力を身に付けたと思う者の53.2%という比率 (上述4－(2)) とかなり違う．ほとんどの回答者は自分が漢語を自由に使える能力を身に付けたことを強く信じていると見られる．

教師は教育者として，授業において，ウイグル語による表現力，解釈力，

思考力や判断力などの水準をそのまま漢語に切り替えることは容易ではないが，個人生活の中での話すことは別問題である．言い換えれば，社会に要求される「民漢兼通」の水準に達していなくても，普段の漢語でコミュニケーションをとることに問題はない．しかし，現実的に見れば，HSKによって，少数民族の教師はもっと厳しく漢語水準が要求され，大学や一部の民族中学校（高校を含む）では，教育における教授用言語の漢語化もスタートした．したがって，教師は教職を守り，昇進するために，漢語での聞く，話すだけではなく，授業における十分な漢語表現力（聞く，話す，書く，読む，訳という民漢兼通の能力）を高めることが重要課題として考えられている．

なお，北疆の8割に対して，学生や教師のどちらでも，南疆のほうが9割以上の者が「自信がある」という傾向を持っている．この傾向も上述4-(1)と同じ社会背景による．

(2)　社会が漢語水準をますます高くしていったとしたら，次の世代はいつから漢語を勉強したら良いか

表12に示されているように，「幼稚園から」と思う者は79.9%と比率が非常に高い．「小学校1年生から」と思う者は10.7%に達したが，「小学校3年生から」と思う者と「中学校1年生から」と思う者は1割にも達していない．

近年，市場経済主義の中で，政府による大学卒業生の「分配」（就職先の決定）は基本的に廃止された．ウイグル人の学生は大学を卒業しても，就職や進学の競争が極めて厳しいといわれている[25)]．少数民族に対する優遇政策があっても，言語や知識水準などの問題で，仕事がうまく行かないと，昇進や継続は不可能である．将来のことを考えて，「漢語をもっと早めに身に付けるとより有利になる」，「子供が5～7歳までの間に外国語を勉強するのが，一番やりやすい」と言われるように（自由記入のため，選択した人はいなかったが，一部の人がそれについて理由を述べていた），次世代は早めに漢語を勉強したほうが良いと思う者が圧倒的多数を占めていると考えられる．

この点について，南北疆の考えはほとんど一致しているが，男女別では，

表 12　(調査票質問項目) 問 14　社会が漢語水準をますます高くしていったとしたら，次世代はいつから漢語を勉強したら良いか

区　分	教　師 (人)	割　合 (%)
幼稚園から	195	79.9
小学校 1 年生から	26	10.7
小学校 3 年生から	13	5.3
中学校 1 年生から	6	2.5
わからない	0	0.0
選択の理由(自由記入)	0	0.0
未　回　答	4	1.6
計	244	100

女性のほうが母親として，漢語が将来の子供たちの個人生活や社会進出及び彼らの社会地位の向上に重要な役割を果たすと認めているためであろう，子供は早めに漢語を勉強したほうが良いと思う者が多かった (「幼稚園から」と思う者は男性の 75.8%に対して，女性は 83.9%である).

総合的に見ると，ウイグル人の教師は，子供は早めに漢語を勉強したほうが良い，ウイグル語と漢語という両言語が共存しているバイリンガル社会になることを希望し，子供たちの将来，つまり，学校教育の受容と職業の選択において，最も重要であるべきものは十分な漢語能力であると結論づけている．そのため，学校教育における語学学習においても，子供たちの母語教育だけではなく，漢語教育が最も重要視されるべきだと考えている．教師は，学生と保護者がバイリンガル教育に対してもっている願望と意識をよく知っており，教師側の立場として，全面的に保護者の願望を反映するので，この観点はウイグル人がウイグル語，漢語の両言語を用いることに現状で賛成であるということを示しているといえるだろう．

以上を要するに，この調査による限り，ウイグル人は学校や学校以外の個人生活の面で，十数年間漢語を学習し続ける環境にある者が多かった．よっ

て，多くの者は漢語を自由に使える能力を身につけていると思っており，「民漢兼通」という実際のコミュニケーション能力に対する自信が確認できる．新疆では，両言語の保存と存続が，当地域の社会発展に欠かせないとよく言われるが，90年代になると，情報化社会が急速に進展してきたことを背景に，科学技術などを学ぶためには漢語が非常に重要であるという認識がウイグル人の間でも一般化した[26)]．今，漢語学習と漢語教育の重要性はすでに一定の説得力を持ち，ウイグル人の個人能力や社会進出にとって必要不可欠のものとして存在し，賛同する世論が広がってきたものと考えられる．しかし次に漢語教育の受容の一方で，ウイグル人は母語にたいしてどのような認識をもっているのかを見る必要がある．

6．母語と母語教育に対するウイグル人の意識

2000年，内地高校に新疆クラス（略称で内高班）というものが始まった．それは北京，上海，山東，湖北など中国内地の経済，教育が発達している市や省区で，いくつかの学校を指定し，そこで新疆から来た少数民族の高校生に対して一切を漢語で教育をするというものである．当時は，1年間にたった1,000人の規模だったが，2007年からは，年間5,000人の規模に広まったにもかかわらず，そのクラスに入るための競争が極めて厳しいといわれている[27)]．

2001年からは，HSKが新疆少数民族の大学入試の漢語試験にとって替わったため，大学だけで漢語授業を進めるのではなく，全新疆の小中学校でも同じように漢語授業が推進された．新疆では何世代にわたっても解決できなかったこの「民漢兼通」という問題がこの10年間で確かに大きく動いてきた．

しかも，2005年12月27日の新華网によると，内地高校新疆クラス（内高班）に入った生徒は卒業までの学費，教科書費，生活費や寮などの全ての

費用が免除されるようになった．また，新疆で漢語教育を受けた少数民族の生徒は大学に入ってから，漢語修得のために設けられている1年間の予備科を経なくても，直接希望する学部に入って専門勉強をすることができる．さらに，小学校に入る前に漢語教育を受けた少数民族の児童は一人1日1.5元（約23円）ずつの手当てを支給されて，この教育に従事する教師は一人1か月400元（約6,000円）ずつの手当てがつく．こうした経済的な措置があって，ウイグル人の言語活動は言語教育政策に従属させられるようになったとも言える．

HSKの強化とMHKへの発展方針にともなって，ウイグル人の言語活動が従属的になった社会実態に対して，「ウイグル語は衰退の危険性をはらんでいる」，「双語教育にある種の同化思想を覆い隠す概念装置として機能している側面がある」という議論が行われてきた[28]．また，ウイグル人の中でも，「漢語優位の社会状況の中で，ウイグル人の民族教育はどうあるべきか，ウイグル人自らの価値体系を中国社会の中で，どのように位置づけるべきか」という問題点が指摘されてもいた[29]．そうした社会環境のもとで，ウイグル人は，「教科書は漢語で編集されているため，漢語をよく勉強しないといけない」（新疆大学語言学院の研修教員とカシュガル師範学院の学生）という現実の中で，「ウイグル民族文化や民族共同語を失う可能性がある」（新疆大学語言学院の研修教員）ため，「母語教育も非常に重要である」（新疆大学語言学院の研修教員とカシュガル師範学院，芸術学院の学生）という認識を持ち[30]，自民族の母語や母語教育の未来に対して，心配する傾向を持っている．そこで，社会が漢語水準の要求をますます高く，強化していった場合におこるであろう，母語に対する心配，つまり今後の少数民族の教育の未来に対する心配を調査結果から見てみよう．

(1)　社会が漢語水準に対する要求を高くしていくとしたら，今後の母語に対する心配はどれくらいか

これについて，「心配はない」と思う者は24.5%と4人に1人となってい

表13　(調査票質問項目) 問15　社会が漢語水準に対する要求を高くしていくとしたら，今後の母語に対する心配はどれくらいか

区　　分	学　　生 (人)	割　　合 (%)
心配はない	154	24.5
少し心配である	130	20.7
心配である	141	22.4
非常に心配である	108	17.2
わからない	23	3.7
選択の理由(自由記入)	1	0.2
未　回　答	72	11.4
計	629	100

る．自由記入によるその理由には，「母語に愛着をもっている」，「漢語をいくら上手に使っても，母語は永遠に忘れられない」，「漢語をもっと勉強したいが，母語も勉強したい」などが挙げられている (自由記入のため，選択した人はほとんどいなかったが，一部の人がそれについて理由を述べていた)．「少し心配である」，「心配である」，「非常に心配である」と思う者の比率は分散したが，合計すると心配する傾向にある者は60.3%と比率がかなり高い．不安の理由としては，「母語を使う時間がなくなる」，「母語を失う可能性がある」，「母語は民族として存在する象徴である」などが目立つ．いずれにしてもウイグル人が母語について持つ関心の高さが窺われる．

また，北疆の5割強に対して，南疆の7割以上に及ぶ学生は「心配する」傾向にある．これは南疆地域の主要言語であるウイグル語の使用人口と正の相関を呈しているのであろう．今まで触れてきたように，北疆の場合は，少数民族にとっても漢語の使用頻度が高く，大体日常程度の漢語でコミュニケーションができる社会環境がすでに形成されている．たとえば南疆出身の学生でも，大学入学前に，学校や個人生活などすべての面でウイグル語でコミュニケーションをしていたが，北疆の大学に入ってからは，漢語の使用頻度

が高くなっている[31)].

しかも今後，彼らは漢語教育の強化に従い，進学や就職のときに，自分の漢語水準が有力な鍵となるため，懸命に努力しなければならない．それにもかかわらず，北疆の大学生活を送っている南疆出身の大部分の学生は大学卒業後，人間関係，学力や漢語能力などの原因で，南疆に戻るのが現実である（鞠文雁（2007）『从伝統到現在（2)』（新疆教育出版），241-242頁）．結局，実際の社会生活の面で，依然としてウイグル語だけを使うようになってしまう．こうした現状の下で，漢語教育の強化ばかりが進められると，学校や社会から語学の圧力を感じるばかりか，教育費用や学習時間を無駄に使っているのではないかという心理的抵抗感すら，少なからず生まれる．何よりも母語のことを一番大切に思う者が多い事情の背景はそのようなことと考えられる．

男女の比較では，男性のほうが不安を持つ傾向が高かった．ウイグル人の家庭は男性を中心にしている．父親の家庭地位が一番高いため，父親の話し方や，行動,社会に対する態度や感情などが,子供に非常に大きな影響を与える．父親の役割と模範的な作法は家庭教育においても極めて重要である[32)]．そのため，男性の学生は将来，父親として，家庭や社会において，ウイグル語やウイグル文化の維持，存続について，比較的高い関心を持っていると考えられる．

いずれにせよ，南北や男女の別にかかわらず，ウイグル人の意識の中で，ウイグル語は依然として最優先の地位を持っていることが確認できた．

(2)　漢語水準が強化されるにあたって，今後の少数民族の教育の未来について

これについて，「心配はない」と思う者は35.7％であるが，「少し心配である」，「心配である」，「非常に心配である」と思う者を合計すると，53.3％で過半数を占めている．これを地域別によって分析してみれば，南疆の「心配はない」者が６割に対して，北疆は「心配である」傾向を持っている者が７割を占めている．つまり，少数民族教育の未来については，北疆出身の教

表 14　(調査票質問項目) 問 15　漢語水準が強化されるにあたって，今後の少数民族の教育の未来について

区　　分	教　　師 (人)	割　　合 (%)
心配はない	87	35.7
少し心配である	55	22.5
心配である	49	20.1
非常に心配である	26	10.7
わからない	18	7.4
選択の理由(自由記入)	0	0.0
未回答	9	3.7
計	244	100

師より，南疆の教師が楽観的な態度を示していることも注目される．

すでに述べたように，今回調査を行ったウルムチの場合，漢民族人口の比率や漢語使用人口が全人口の大部分を占めるという社会環境の中にあるため，漢語ができないと就職も不可能であるという社会の影響を受け，特に都市に暮らすウイグル人を中心に子供を漢語学校に入学させる傾向が強まっている[33)]．小中学校の教師の大部分は，漢語が直接的に経済効果と結びつき，漢語の社会的必要性を認め，子供が「幼稚園から」漢語を勉強したほうがよいと思うと同時に，民族言語による教育が尊重され，その民族の文化を受け継ぎ，さらに，発展させるべきではないかという帰属意識をも持っている(自由記述から)．自民族の教育の未来に教師として不安を抱いているのである．

南疆の場合，地域の人口の大部分はウイグル人であり，ウイグル語は依然として当該地域の第一言語で，教育でも使用されているため，一般の人にとっては，ウイグル語が衰退することなど想像もできないし，守るべき言葉としての認識は薄い．また，南疆は，漢語ができないと就職不可能であるという社会意識の影響をいくら受けても，実際，地域の主要言語はウイグル語であるから，北疆のように，子供を漢語学校に入学させる傾向が強まっている

ことはない．こうした事情に通じている教師としては，ことさらに心配する必要がないと考えている者が多かったのであろう．

次に，教師の男女別においては，心配である傾向の男性が半数近くにとどまるのに対して，女性は6割近くを占めている．女性は母親として，自分の人生の経験で，漢語が子供たちの将来に重要な役割を果たすこと認め，「子供は早めに漢語を勉強したほうがいい」という認識を形成している（調査項目14を参照）．同時に，子供の養育者として，漢語が強化される社会環境の中で，母語であるウイグル語はどうすればよいのか，今後も優位にある漢語で学校教育が行われて，それを選択するウイグル人が多くなったら，ウイグル民族教育はどこへ行くのか，という心配をしている女性の声が回答に示されている．ウイグル語やウイグル民族教育は，依然としてウイグル人の中で特別な位置づけにあることは明らかである．

要するに，現在，中国の開放経済の中では，ウイグル人は中国の一部として，中国内地や新疆内部の漢民族との付き合いは欠かせない．ウイグル人が漢民族と対等に競争しようとすれば，手段としての漢語習得は必要である．漢語は文化資本であり，その社会的必要性も高くなって，強力に推進されている．漢語ができなければ，就職や高い給料は望めないし，生活も向上しない．ウイグル人は社会地位の低い位置づけになっている現実社会の中で，いち早く漢語を身につけたほうがよいという認識を持ちながら，一方で，自民族の母語や母語教育の未来に対して心配しているという事実が明らかに読み取れた．

7．漢語・母語バイリンガルとその教育に対するウイグル人の意識

すでに何度か触れたように，2001年から，新疆ウイグル自治区政府は「全区は小学校3年から双語（バイリンガル）教育を行うが，県級以上の都市

部では，小学校1年から漢語教育を実施し，2010年までに新疆全区の小学校1年から漢語教育をしなければならない」ということを定めた[34]．2007年までに，全新疆の小中学校で，漢語教育を実施したのは8,788クラス，生徒は29万4,000人に達した[35]．これらの少数民族の生徒にとって，これまでの予備科を含めた5年間の大学教育期間が4年間に短縮され，時間や経済面でも，母語が漢語である学生と同等に扱われるようになった．2005年からは，さらに入学前漢語教育を強化する動きが始まった．このような社会環境の中で，漢語教育は社会化，標準化され，そして史上初の大発展期を迎えた．ウイグル人はこの激変する社会教育政策のもとで，漢語とその教育に対してどういう意識を持っているのかについて，さらに回答を求めたので，分析してみたい．

(1)　HSKとMHKが自分の現在と将来の生活に与える影響

学生の場合は，生活に対して，「影響がない」と思う者は非常に少ない，「少し影響がある」，「影響が大きい」と思う者は合計で83.1%を占めている．学生は漢語教育が与える影響を強く感じとっている．特に，北疆より，南疆の学生の9割以上が強く感じている．南疆の場合は，今までウイグル語で暮

表15　（調査票質問項目）問13　HSKとMHKが自分の現在と将来の生活に与える影響

区　分	学　生（人）	割　合（%）	教　師（人）	割　合（%）
影響がない	13	2.1	2	0.8
少し影響がある	61	9.7	25	10.2
影響がある			145	59.4
影響が大きい	462	73.4	65	26.6
わからない	15	2.4	0	0.0
そ　の　他	2	0.3	0	0.0
未　回　答	76	12.1	7	2.9
計	629	100	244	100

らすのが普通であったが，HSKとMHKのもとで，漢語と社会的な地位の向上とは直接的に結びつくと考えられ，漢語能力も最優先されるべきものであるということが現実となりつつある傾向があるからだと考えられる．

男女の学生はともに8割以上が影響があると思っているが，女性のほうが男性より強く感じている．ウイグル人社会では，進学や就職の時，女性はいつも弱い立場に立たされてきたが，女性は自立や自分の将来を守るために，男性より漢語をうまく使いこなさなければならないという意識を強く持ち，漢語で自分の社会的な地位を向上させたいと考えているものと思われる．

教師の場合は，「影響がない」と思う者はほとんどいない．「少し影響がある」，「影響がある」，「影響が大きい」と思う者は合計で96.2%を占めている．教師は仕事や生活の面で漢語教育が与える影響を強く感じとっている．これについて，南北疆教師の両方とも差はないが，男女教師の差は少しだがある．女性のほうには「影響がない」と思う者がまったくいなかった．すでに述べたように，HSKとMHKの推進によって，女性は男性と同じように弱肉強食の競争社会に直面していると同時に，社会心理の面では，男性よりもっと不利な立場に立たされているため，男性より漢語をうまく使いこなさなければ，仕事や昇進は困難であると強く感じている．このような社会変動によって，学校教育や教育言語の選択についても漢語教育はウイグル人の考えを左右し，極めて大きな影響力を持っていることは否定できない．

(2)　今後，HSKとMHKに対応するために自分がやるべきこと

表16に示されているように，「何もしない」と思う者はほとんどいない．「少し努力したい」，「努力したい」，「非常に努力したい」者，つまり，HSK，MHKに対して努力する傾向にある者は合計86.8%であり，態度を決めている．すでに述べたように，就職や高い給料といった自分の将来を守るために，漢語学習の努力をしなければならないという認識を持っている．

また，南疆の学生は，一般的にいって学校，家庭，社会生活において，漢語の使用頻度が低いのが実状である．つまり，授業以外では，直接的に勉強

表16　（調査票質問項目）問14　今後，HSKとMHKに対応するために自分がやるべきこと

区　　分	学　生（人）	割　合（%）
何もしない	4	0.6
少し努力したい	25	4.0
努力したい	209	33.2
非常に努力したい	312	49.6
わからない	3	0.5
選択の理由(自由記入)	1	0.2
未　回　答	75	11.9
計	629	100

や実践できる漢語の言語環境が足りない．おそらくそのため，半分近くの者がもっと努力しないといけないと積極的に対応する意思を示している．男女ともに努力する傾向を持っている者は9割に達したが，特に女性はその傾向を強く示しているのが目立つ．これは上述7-(1)で述べた男女差の社会背景と同じように考えることができる．

(3)　意見と希望から見たウイグル人の本音

今回の調査は，調査内容をより充実させるために，調査票の最後に意見と希望を自由に記入できる欄を設けた．本調査に対する意見と希望を，表17のように整理してみると，肯定的評価をした者は学生16.6%，教師8.2%．「個別に意見，希望を出した」者は学生8.4%，教師8.6%，合計は17%と5分の1未満に止まる．この数値はかなり低く，漢語教育に対して自ら積極的に参加しようとする意識が低く，関心を高めようとしない全体の傾向を示しているのではないだろうか．それでも，ここでは学生，教師別の意見と希望の具体的な内容を見ながら，漢語教育に対して，ウイグル人がもっている本音を探ってみよう．

表17　(調査票質問項目) 問16　本調査に対する意見と希望

区　分	学　生 (人)	割　合 (%)	教　師 (人)	割　合 (%)
肯定的な意見	104	16.6	20	8.2
個別に意見, 希望を出す	53	8.4	21	8.6
未　回　答	472	75.0	203	83.2
計	629	100	244	100

肯定的な意見の例：(学生の場合)

① これはとても良い調査である．だから支持する．

② この調査は，今後漢語を学習していく上で，とても大切である．

③ はじめてこのような調査を受けて，よかったと思う．

④ 事前に知らせることなく，自由に記入することができて，良かったと思う．

個別の意見，希望の例：(学生の場合)

① この調査のように漢語教育について常に調査をして欲しい．

② 漢語学習に対して多くの選択履修科目を設置して欲しい．

③ 漢語を聞く能力の訓練をより多くしてほしい．

④ MHK をもっと易しくして欲しい．

⑤ 漢語能力を評価できる試験の種類を多くし，試験の回数も多くするべきである．

⑥ 教科書の内容を現在の社会の話題を中心にし，評価は実際の能力を重視すべきである．

⑦ バイリンガル学習の実践活動や実践場所を設けて欲しい．

⑧ 良い先生やより充実した学習資料，もっと漢語を学習しやすい学校環境を作って欲しい．

⑨ 漢語とウイグル語を同時に学習するため，学習面での圧力は重い．この圧力を軽くして欲しい．

⑩ 少数民族の学生は漢語を勉強し，漢民族の学生はウイグル語を勉強

すべきである．

⑪　国語としての漢語の重要性を認識すべきである．

⑫　母語を尊重し，重視すべきである．

以上のように，学生の意見や希望をまとめて見ると，漢語教育について，学校側からの日常指導（意見聴取，教育内容の調整など）や関連教育（事前に学習の目標や重要性などについて）が少ないため[36)]，自由に意見や希望を出すチャンスが望まれていたことがわかる．漢語教育の推進によって，今，多くの学生は，漢語はすでに身の周りのものとして存在し，国語としての重要性を認識している．そのため，漢語や漢文化について，理解や関心の意欲が高く，自ら漢語を強化する要求が強くなっていると読み取ることができる．また，逆に現実の中国社会に向けて，ウイグル人としての参加意識や存在感が強くなり，ウイグル語やウイグル教育を漢語や漢語教育と同一視するようにしてほしいという意見があったことは見過ごすことはできない．

肯定的意見の例：（教師の場合）

①　これはとても良い調査である．だから支持する．

②　このような調査は，今後の漢語学習や漢語教育に役立つ．

③　この調査を通して，漢語を学習する目的と漢語教育の重要性を知った．

意見，希望の個別の例：（教師の場合）

①　本調査のように漢語教育について常に調査をして欲しい．

②　漢語を話す能力の訓練をより多くして欲しい．

③　話す能力を訓練するために，民漢合宿の条件を作って欲しい．

④　漢語試験（HSKやMHKなど）の回数を多くし，月一回仮試験をするべきである．

⑤　授業について，数学は漢語で，他の科目は民族語で行うのが効果が良い．

⑥　少数民族地区ではバイリンガルの環境が少ないため，より有効な措置を取って，バイリンガル教育を発展させて欲しい．

⑦　漢語教師の人数が少なく（特にホタン地区），しかもレベルが低い．

⑧　何よりもまず母語をよく勉強するべきである．

⑨　少数民族に対するバイリンガル教育研究を積極的にするべきである．

教師の自由記入の比率が低い理由の一つは，漢語教育について，学生と同じように，学校運営当局からの日常指導や関連教育が少ないため，教師の多くは漢語教育に対して，参加意識が薄く，関心度も低いということであろう[37]．もう一つの理由は，長い間漢語を学習しても，実際には，母語の環境の中で暮らしているため，漢語を書く能力が低く，意見と希望はあっても，うまく書けない者も少なくないと思われる．もちろん，面倒くさい，どうでもいいからという消極的な態度をとっている者もいた可能性もある．しかし，漢語は今，ウイグル人の教師にとって，教師の資格を取得するために，必要不可欠のものであるから，多くの教師は漢語や漢文化に接近し，漢語教育をもっと発展させてほしいという意見が当然出る．その一方で，教育現場の現実の実施者としての立場からすれば，ウイグル人の教育はウイグルの言葉で行われるのが理想であるため，ウイグル語は漢語の影響を受けず，そのままの姿であり続けてほしいという意見も出てくるのである．

以上のように，HSK と MHK の推進によって，進学や将来の仕事や昇進などの面で，漢語能力が最優先されるべきものとなる現実社会の中で，ウイグル人の多くは，自らの将来を守るために積極的に HSK と MHK に対応していると考えられる．一方，ウイグル人の中では，漢語教育に対して賛同する世論が広がることになっても，なお母語を尊重し，母語教育を重視すべきだという意見を持っている者も多かった．

特に注目すべきなのは，少数民族における漢語教育に対して，漢民族の学生もウイグル語を勉強すべきであるという意見である．今，ウイグル人の目の前で進行しているのは，中国という国家に優先的に必要な事柄ばかりである，ウイグルの言語や文化はそれに受動的に応じざるを得ない．一般的に新疆の漢族がウイグル語を学ぶ可能性はほとんどないと思われるが[38]，ウイグル人には漢族社会に対抗するような自尊，自立の潜在意識が強く存在してきたため，少数民族が漢語学習を求められるのと同様，新疆内の漢族もウイグル語に通じるべきであるという希望を示している．いい換えれば，漢語や漢語教育と対等な形で，ウイグル語やウイグル文化の尊重を要求し，それを軽視することは認められないという意志を意味している．

また，漢語教育をいくら強化しても，現実としては，南疆や，都市以外の地域は，漢語・民族語のバイリンガルを実践できる言語環境が非常に少ないため，バイリンガルができるような学校や社会環境を作ってほしいという意見は学生と教師の両方とも持っている．なお，学生と教師の共通意見として，多くの地方で漢語教師の人数が少なく，しかも彼らの資質，水準が低いため，ウイグル人の漢語学習という教育施策に大きなマイナス影響を与えていると考えられている．

おわりに

1992年から，新疆政府はウイグル族など少数民族の科学文化の資質を向上させることを目的とした教育改革を提唱してきた．そのうち，特に民族教育における漢語教育の強化が強調された．1996年からHSKを導入し，その成果として，漢語を自由に操るようになったウイグル族の学生は増えているが，最近でも政府は，少数民族は自ら漢語を学び，「民漢兼通」の人材となり，中国や世界に，そして未来に通用する新しい人材になることを希望している[39)]．

しかし，近年，市場経済主義の中で，政府による大学卒業生の「分配」は基本的に廃止されることになって，善かれ悪しかれ競争原理が優先され，少数民族に対する多少の優遇政策があっても，彼らには就職の機会が必ずしも多くあった訳ではなかった．大学卒業後，仕事が見つからずに2年も3年も無為に過ごしているウイグル族の若者は極めて多い[40)]．就職しても，仕事がうまく行かないため，なかなかよい評価がもらえない．それは民族問題にも関係することである.

HSKやMHKは，漢語教育の目標，すなわち「民漢兼通」を検定する制度である．それに基づいた新疆の教育現場では，漢語教育の推進は急激であり，全面的である．繰り返すが，2000年から，高等教育が漢語に統一され，漢語ができなければ，就職や高い給料は望めなくなった．2005年から，この漢語教育の強化はさらに幼稚園にまで推進された．ウイグル族全般にとってみると，そうした漢語バイリンガル教育政策によって，学校や教育言語の選択による経済，社会的な地位の格差が大きくなる傾向もある.

政府は，漢語教育を全面的に推進するために，漢語教師を増やし，教師給与の引き上げを政策的に行ってきたが，実際には，漢語教師の給与はまだ低く，魅力ある仕事とはいえない現状があり，漢語教師の資格を取得しても，都市以外や南疆に行く漢民族は少ない．その結果，都市以外や南疆で漢語教育に従事している多くの者はウイグル族の出身者である．ウイグル族の漢語教師の多くは経験と再訓練に乏しく，結果として漢語力不足で，コミュニケーションの実際能力を重視するHSKやMHKの教授法にも慣れていないため，漢語教師研修の充実を図ることが現在の漢語教育の重大課題となったのである.

一方，この数十年間，ウイグルの各級学校で，漢語教育が行われてきたが，現実として多くの地域では，歴史的にウイグル族と漢民族は分かれて居住する環境にあり，互いに隔てられた文化の差異が大きい人間集団として存在している.このように両言語が同時に実践できる社会環境が整っていないため，2006年まで，ウイグル族の大部分には漢語，漢文が全然通じていないと言っても過言ではないという認識さえあった[41].

つまり，ウイグル語は依然としてウイグル族の中で特別な位置を占めるのが実情である．政府は地方政治の安定や国家統一のために，「漢民族は少数民族から離れられず，少数民族は漢民族から離れられない」（漢族離不開少数民族，少数民族離不開漢族）というスローガンを掲げると同時に，各民族独自の帰属意識を強く強調した[42]．しかし，漢語をいくら学習しても，ウイグル族という意識や，ウイグル族と漢民族の相違が強く意識されているのが事実であり実態なのである．この民族のアイデンティティという問題は政治問題と関連づけて論じられることが多く，民族関係の不安定要因の一つにも関わっている．

本来，漢語教育の目的は少数民族の人々が「民漢兼通」の人材となり，中国全土に通用する人材になることである．そうした政策推進のもとで，今後ウイグル族の多くは幼稚園から漢語教育を選択し，教育の使用言語はウイグル語と漢語の両言語から漢語単独へ変わる可能性が高くなる．

ここで特筆するべきことは，母語を漢語とする漢語教師の質の近年における変化である．彼らはもともと「民漢兼通」の特殊人材，つまり，漢語と少数民族語の両方が通じる人材であった．そして，大学の専門は必ず少数民族語を使用しなければならなかった．しかし，HSK の導入によって，教師は直接漢語で授業をしなければならなくなったため，漢語教師の専門は少数民族語ではなく，中国言語，文学へと移行した．その結果，漢語教育の現場である教室には，学生の母語の色彩はなくなり，教師と学生の間では，少数民族の言語という基本的なコミュニケーションをとる手段が欠如することになった．十分に理解できない漢語で新しい知識を学ぶということは，学生にとって重圧であり，挫折や消極抵抗することも珍しくない．このように，バイリンガル教育の一方である民族語の価値を軽視することは，学校教育の中で少数民族の漢語能力向上につながらないと言えるかもしれない．他方，調査の結果から見ると，実際には，聴力に比べ，まとまった内容を書く力や語彙力，さらには文法的な正確さが欠けているなどの問題点もあり，この基礎力のなさが多くの社会的可能性を失わせているともいえるだろう．

最後に補足的に述べておきたい。今の若い者の間では，ウイグル語の会話の中に漢語の言葉を混じえることが一種のファッションとなってきている．すなわち，中国内地から漢民族の資本や物質文化が流入するとともに，若い者を中心に漢語ブームが加速していく現像も予想できる．このようにすでに漢語を身につけたウイグルの人々は，中国全土に進出する時に，自分がウイグル族として存在するのではなく，新疆人として中国内地社会に介入し，他民族と触れ合い，言語障壁による付き合いの違和感もなく，才能を伸ばす機会を得られる．この新疆の人々は同じ共同体に属しているという意識を養成するために，ウイグル族はウイグル語と漢語の両言語を身に付け，漢民族はウイグル族の言葉や文化に少しでも関心を持ち，単言語傾向にならないように努力することで，両方とも「民漢兼通」の通用人材となることが共生社会の形成のために寄与することができ，新疆社会の安定や中国国家の統合にとっても，一つの重要な礎石になるのではないかと考える．

1）呉福環／郭泰山（2009）『1949－2009 新疆少数民族発展報告』（新疆人民出版社），2009 年 6 月，総論を参照．

2）王　瓊（2006）「ウイグルにおける漢語バイリンガル教育の実際―教育者の視点から」『中央大学大学院年報』第 9 号，2006 年 2 月 20 日，89－90 頁を参照．また，リズワン・アブリミティ（2010）「中華人民共和国成立後の新疆における『民族学校』の漢語教育をめぐる一考察」『アジア・アフリカ言語文化研究』78, 131－163頁．

3）「充分認識漢語学習的重要性」『新疆日報』2005 年 8 月 31 日．

4）HSK は「漢語水平考試」の略称で，母語が漢語ではない少数民族，華僑，あるいは外国人に対して行われる国家レベルの標準化試験である．HSK は北京言語文化大学の漢語水平考試センターで設計，研究，製作され，「基礎漢語水平考試」，（略称で HSK 基礎），「初，中等漢語水平考試」，（略称で HSK 初，中等）と「高等漢語水平考試」，（略称で HSK 高等）の三つの等級に分かれる．この中，基礎は 1－3 級，初等は 1－5 級，中等は 6－8 級，高等は 9－11 級，あわせて，3 等 11 級の基準を設けている．http://www.xjhsk.cn/，2008 年 6 月 16 日の「中国漢語水平考試介紹」，「中国漢語水平考試概況」より．

5）現在，HSK は定期的に中国国内や海外で行われ，受験者は取れた成績によって，自分の漢語レベルを証明できる等級別の「漢語水平証書」をもらえる．この「漢語水平証書」によって，中国国内の少数民族の学生が 1－2 年の予備科学習を終えて，大学の専門授業に入る時や大学院を受験する時，自分の漢語レベルが要求されているレベルに到達できていることを証明できる．また，この「漢語水平証書」で，8 級に達した者は大学期間中の漢語課程を免除することができると同時に，就職する場合は，この証明書こそ採用を決める必要不可欠或いは唯一の根拠として考えられている．http://www.xjhsk.cn/，2008 年 6 月 16 日の「漢語水平考試介紹」，「中国漢語水平考試概況」より．

6）MHK は「中国少数民族漢語水平等級考試」の略称で，母語が漢語ではない中国国内の少数民族に対して行われる国家レベルの標準化試験である．MHK は主に北京言語文化大学の漢語水平考試センターで開発，研究，製作され，初級から高級にかけて，1級，2級，3級，4級の四つの等級に分かれる．この中，1級は少数民族中等学校で行われる漢語授業の言語水準である．2級は少数民族高等学校で行われる漢語授業の言語水準である．3級は大学で行われる漢語授業の言語水準である．4級は大学を卒業し，進学や仕事など社会活動のすべての面で支障がなく，母語が漢語である者とのコミュニケーションがうまくできる言語水準である．http://www.xjhsk.cn/，2008年6月16日の「中国少数民族漢語水平等級考試介紹」より．

7）　MHKは定期的に中国国内や海外で行われ，試験はペーパー試験と面接試験に分かれる．この二つの試験は別個に行われるため，受験者はそれぞれの成績によって，自分の具体的な漢語レベルを証明でき，両方の「中国少数民族漢語水平等級証書」をそれぞれ取得できる．この証書によって，受験者の漢語レベルはどのぐらいに達しているのかがはっきりわかる．また，HSKと同様に，3級に達した者は大学期間中の漢語課程を免除することができると同時に，就職する場合は，この証明書こそ採用を決める必要不可欠あるいは唯一の根拠として考えられていることとなる．さらに，この証書で，各級少数民族教師の資格取得や各級少数民族学校の漢語教育の成果評価などの面でも重要かつ唯一の根拠として考えられている．http://www.xjhsk.cn/，2008年6月16日の「中国少数民族漢語水平等級考試介紹」より．

8）　『新疆経済報』2005年12月16日．

9）　付録の「調査票」（中国語原文）を参照．

10）　注5）で言及した予備科の中国語の言い方である．すなわち，ある程度学力の備わった少数民族学生に本科，専科での学習についていけるように1年ないし2年間で学力を付けさせる準備教育をすることである．詳しくは王瓊（2006）の91−92頁を参照．

11）　具体的な内容は付録の「調査票」の各項目を参照．

12）　呉福環／郭泰山（2009），100頁，新疆ウイグル自治区党委印発新党発「1984」3号文件を参照．

13）　黄家慶（1997）『新疆民族学校教育研究』（新疆人民出版社），183−202頁を参照．

14）　王　瓊（2006）「ウイグルにおける漢語バイリンガル教育の実際―教育者の視点から―」『中央大学大学院年報』第9号，総合政策研究科篇，90頁を参照．

15）　同上．

16）　国家対外漢語教学領導小組事務室漢語水平考試部（1996）『漢語水平等級標準与語法等級大綱』（高等教育出版社）．

17）　新疆漢語水平考試事務室，新疆財経大学情報センター「中国少数民族漢語水平等級考試紹介」（2008年6月16日のhttp://www.xjhsk.cn/）を参照．

18）　謝小慶／劉士勤「対新疆漢語教学情況的調査報告」「HSK10周年」会議講話より，2006年7月8日（http://www.xjhsk.cn/）．

19)　新疆維吾爾自治区人民政府文件（2004）「自治区人民政府関于大力推進双語学習，進一歩加強語言文字工作的意見」64－2（www.xj.cei.gov.cn/）.
20)　同上.
21)　リズワン・アブリミティ（1999）「模索するウイグル人—新疆における民族教育の状況」『アジア遊学』（勉誠出版）178－179頁を参照.
22)　新疆財経学院HSK課題組「HSK与新疆高校民族教学質量」／1996，内部資料，6－7頁.
23)　謝小慶／劉士勤　前掲調査報告（2006）.
24)　新疆漢語水準試験事務室主任「HSK10周年」会議講話より，2006年7月8日（http://www.xjhsk.cn/）.
25)　中国少数民族現状与発展調査研究叢書（1997）『維吾爾巻』（民族出版社）253頁を参照.
26)　リズワン・アブリミティ（1999），183頁.
27)　呉福環・郭泰山／2009，133頁.
28)　藤山正二郎（1999）「ウイグル語の危機——アイデンティティの政治学」『アジア遊学』15：40－53頁．清水由里子（2004）「近年の新疆ウイグル自治区における「双語」教育を巡る動向について」『イスラム世界』63：65－77頁.
29)　リズワン．アブリミティ（2005）「新疆におけるウイグル人の民族学校」『アジ研　ワールド・トレンド』112：16－19頁.
30)　今回のアンケート調査回答票の自由記入より.
31)　謝小慶・劉士勤　前掲調査報告（2006）.
32)　文部省科学研究研究報告書（1999）『ウイグル民族と日本の子どもの生活環境の比較研究』155ページの「ウイグルの家族教育の方法と形式は多様である」より.
33)　リズワン・アブリミティ（1999），177頁.
34)　新疆漢語水準試験事務室のホームページ（http://www.xjhsk.cn/，2008年6月16日）より.
35)　呉福環・郭泰山（2009），101頁.
36)　小川佳万（2001）『社会主義中国における少数民族教育—民族平等理念の展開』（東信堂），18頁，また，黄家慶前掲書の234－236頁を参照.
37)　同31)．また，黄家慶前掲書の233－236頁を参照.
38)　梅村坦（2008）「現代ウイグル文化の歩む道—中華の波の中にある言語」『イスラーム世界のことばと文化』（成文堂），258－259頁を参照.
39)　『新疆経済報』2005年12月16日.
40)　清水由里子（2004）「近年の新疆ウイグル自治区における「双語」教育を巡る動向について」『イスラム世界』63：65－77頁.
41)　メメト・エリ(2006)，新疆語言文字工作委員会領導重要講話（http://www.xj.cei.gov.cn/）.
42)　呉仕民（1998）『中国民族政策読本』（中央民族大学出版社），200頁.

附：

調　査　票（学生／教師用）（中国語）

（本調査的内容和調査結果只用于本研究課題）

姓名　　男・女　　年龄　　籍贯　　　民族　　　　学校　　　　年級

記入　　　　年　　月　　日

你在進入学校学習汉语以前，在个人生活中，家庭，周辺的人的汉语程度：

1．完全不会　　2．只会簡単会話　　3．能用汉语交談　　　4．会説会写

5．其他（具体：　　　　　　　　　　　　　　　　　）

請在合适的項目上划圈：

一．你从几年級开始学习汉语？

1．小学1年级　2．小学3年级　3．中学1年级　4．其他（具体几歳：　　）

二．你学习汉语的年数？

1．8年以上　　2．10年以上　　3．12年以上　　4．更長（具体几年：　　）

教師用調査票：

1．10年以上　　2．12年以上　　3．14年以上　　4．更長（具体几年：　　）

三．最初参加HSK的时间：

1．中学3年级　　2．高中3年级　　3．大学1年级　　　4．大学4年级

5．其他（具体時間：　　　　　　　　　　　）

四．到目前為止共参加過几次HSK？

1．1次　　　2．2次　　3．3次　　　4．3次以上

五．现在獲得的HSK的資格？

1．4級以下　　2．4級　　3．5級　　4．6級　　5．7級　　6．8級

教師用調査票：

1．4級　　2．5級　　3．6級　　4．7級　　5．8級　　6．8級以上

六．你对HSK的評価：

1．不満意　　2．基本満意　　3．満意　　4．非常満意　　5．不知道

6．評価的理由：

七．参加MHK的時間：

1．高中3年级　2．大学1年级　3．大学4年级　4．未参加　5．其他

教師用調査票：

1．大学4年级　　2．工作後5年以内　　　3．工作後10年以内

4．未参加　　　5．其他

八．到目前為止共参加過几次MHK？

1．1次　　　2．2次　　　3．3次　　　4．3次以上

九．现在獲得的MHK的資格？

1．1級　　　2．2級　　　3．3級　　　4．4級

十．你对MHK的評価：

1．不满意　2．基本满意　3．满意　4．非常满意　5．不知道

6．評価的理由：

十一．根据已獲得的HSK，MHK資格，你认為自己“民汉兼通”的学习目的：

1．没达到　2．基本达到　3．达到　4．完全达到　5．不知道

6．其他（自由記入：　）

教師用調查票：

根据已獲得的HSK，MHK資格，你认為自己“民汉兼通”的能力：

1．不高　2．比較高　3．高　4．非常高　5．不知道

6．其他（自由記入：　）

十二．对在学校以外的个人生活中自如运用汉语的能力：

1．没自信　2．有一点自信　3．自信　4．很自信　5．不知道

十三．HSK和MHK对自己现在和將来的生活：

1．没影响　2．有一点影响　3．影响很大　4．不知道

5．其他（自由記入：　）

教師用調查票：

1．没影响　2．有一点影响　3．有影响　4．影响很大　5．不知道

6．其他（自由記入：　）

十四．今后，为了适应HSK和MHK，自己会：

1．无所谓　2．比較努力　3．努力　4．非常努力　5．不知道

6．以上選択的理由（自由記入：　）

教師用調查票：

如果社会对汉语水平的要求越来越高，下一代从几年級开始学习汉语比較有利？

1．幼稚园　2．小学1年级　3．小学3年级　4．中学1年级　5．不知道

6．以上選択的理由（自由記入：　）

十五．如果社会对汉语水平的要求越来越高，今後对母语的水平会：

1．不担心　2．有一点担心　3．担心　4．非常担心　5．不知道

6．以上選択的理由（自由記入：　）

教師用調查票：

随着汉语学习水平的加强，今後对少数民族教育的未来：

1．不担心　2．有一点担心　3．担心　4．非常担心　5．不知道

6．以上選択的理由（自由記入：　）

十六．对本次調查的意見和希望（自由記入）：

谢谢你的参与！

参考文献

日本語文献

梅村坦（2004）「多文化社会のゆくえ―新疆ウイグル自治区の民族とイスラーム」渡辺利夫，寺島実郎，朱建栄編『大中華圏―その実像と虚像』（岩波書店）．

梅村坦（2008）「現代ウイグル文化の歩む道―中華の波の中にある言語」佐藤次高，岡田恵美子編『イスラーム世界のことばと文化』（成文堂）．

王　瓊（2006）「ウイグルにおける漢語バイリンガル教育の実際―教育者の視点から」『中央大学大学院年報』第9号．

小川佳万（2001）『社会主義中国における少数民族教育―民族平等理念の展開』（東信堂）．

小松久男，宇山智彦，堀川徹，梅村坦，帯谷知司編（2005）『中央ユーラシアを知る事典』（平凡社）．

権藤与志夫（1991）『ウイグル―その人びとと文化』（朝日選書）．

酒井隆（2001）『アンケート調査の進め方』（日本経済新聞社）．

坂元一光，アナトラ・グリジャナティ（2008）「中国少数民族の子どもと漢語受容―新疆都市部における言語接触と人間形成」『国際文化教育研究』Vol. 8（九州大学国際教育文化研究会）．

佐藤郡衛（2001）『国際理解教育』（明石書店）．

清水由里子（2004）「近年の新疆ウイグル自治区における「双語」教育を巡る動向について」『イスラム世界』（日本イスラム協会）．

新免康（2002）『中央アジアにおける共属意識とイスラムに関する歴史的研究』平成11年度―平成13年度科学研究費補助金・基盤研究A(2)研究成果報告書．

菅原純（2005）「翻弄された文字文化―現代ウイグル語の黄昏」『アジ研　ワールド・トレンド』．

デイウィッド・クリスタル（2004）『消滅する言語』斉藤兆史・三谷裕美訳，（中公新書）．

藤山正二郎（1998）「漢語バイリンガル教育とウイグル・アイデンティティ」『福岡県立大学紀要』．

藤山正二郎（1999）「ウイグル語の危機―アイデンティティの政治学」『アジア遊学』（勉誠出版）．

宮岡伯人，崎山理（2002）『消滅の危機に瀕した世界の言語』（明石書店）．

文部省科学研究研究報告書（1999）『ウイグル民族と日本の子どもの生活環境の比較研究』（福岡教育大学保健管理センター）．

リズワン・アブリミティ（1999）「模索するウイグル人―新疆における民族教育の状況」『アジア遊学』（勉誠出版）．

リズワン・アブリミティ（2005）「新疆におけるウイグル人の民族学校」『アジ研　ワールド・トレンド』．

リズワン・アブリミティ（2009）「中華人民共和国成立後の新疆における『民族学

校』の漢語教育をめぐる一考察」『アジア・アフリカ言語文化研究』78，東京外国語大学アジア・アフリカ言語文化研究所．

中国語文献

国家対外漢語教学領導小組事務室漢語水平考試部（1996）『漢語水平等級標準与語法等級大綱』（高等教育出版社）．

黄家慶（1997）『新疆民族学校教育研究』（新疆人民出版社）．

鞠文雁編（2007）『从伝統到现在』（新疆教育出版社）．

李儒忠編（1996）『習得論，HSK 和新疆漢語教学』（新疆教育出版社）．

麦々提・艾力（2006）「双語学習是時代発展的要求」新疆維吾爾自治区民族言語文字工作委員会文件．

呉仕民（1998）『中国民族政策読本』（中央民族大学出版社）．

呉福環　郭泰山（2009）『1949－2009 新疆少数民族発展報告』（新疆人民出版社）．

新疆財経学院 HSK 課題組（1996）『HSK 与新疆高校民族教学質量』（内部資料）．

新疆維吾爾自治区人民政府文件（2003）「新疆維吾爾自治区国民経済和社会発展十五計画」．

新疆維吾爾自治区人民政府文件（2004）「自治区人民政府関于大力推進双語学習，進一歩加強語言文字工作的意見」64－2（http://www.xj.cei.gov.cn/）．

『新疆経済報』2005 年 12 月 16 日．

新疆漢語水平考試办公室主任「HSK10 周年」会議講話，2006 年 7 月 8 日（http://www.xjhsk.cn/）．

新疆維吾爾自治区人民政府西部開発領導小組办公室，新疆維吾爾自治区経済信息中心のホームページ（http://www.xjwd.gov.cn/）．

中国少数民族現状与発展調査研究叢書（1997）『維吾爾巻』（民族出版社）．

『中国教育報』2002 年 8 月 9 日．

「中国漢語水平考試介紹」（http://www.xjhsk.cn/, http://www.xjhsk.com/）．

「中国少数民族漢語水平等級考試介紹」（http://www.xjhsk.cn/, http://www.xjhsk.com/）．

第8章

現代カシュガルのウイグル人鍛冶職人集団

――歴史的考察への予備作業――

梅村　坦

はじめに

昨今の中国の少数民族地域をめぐっては，2008年の北京オリンピックを頂点とするチベット「民族」問題（チベット“騒乱”）につづいて，2009年国慶節（中国建国60周年）を前にしてウルムチで7月5日に発生したウイグル人によるデモと鎮圧と，漢人によるデモといった暴力をともなう事件が続いたことは記憶に新しい．

これらの「民族」問題の背景には，多民族国家中国の国家統合をめぐる政治方針と，急速に拡大しつづける経済発展とが軌を一にして，少数民族の集住地域を席巻しつつある状況が見える．

筆者が1980年代半ばから折に触れて新疆ウイグル自治区について実地に観察ないし調査をしてきたところからは，ウイグル人住民の心情の中にストレスが蓄積していると考えざるを得ない．とりわけ21世紀に入ってから，日増しに拡大する経済利益総体の恩恵に必ずしもあずかれず，言語教育の点では双語教育の名のもとで漢語学習が強調され，イスラームの宗教生活活動が制限されてきたのは地元ウイグル人にとって眼前の事実である．要するに，ウイグル人の伝統的な社会，経済，文化の持続にたいする危機感が募っているのは確かだと考えられる[1)].

しかし，そうしたストレスの中にあったとしても，様々な監視下にあったとしても，また，いつ騒擾が起こるか予測ができないという緊迫感がどこかに漂うとしても，ウイグル人の社会生活一般は今のところは一見平静に営まれている．平常時における日常生活について観察し，聞き取り，現在史の変遷を探りつつ，ウイグル人の生活を見据えておくことは，今後の新疆社会の姿を展望するうえで重要な作業である．そうした観点から本章では，オアシス都市に根付く伝統的な職業と農村との間に成り立ってきた人と物のネットワークを現在の静止像として描くことによって，今後の歴史的研究のための足がかりの一つを形成してみたい．外部者の観察には限界があるが，ここでは，新疆西端の都会カシュガルにおける鍛冶職人グループに注目する[2)].

カシュガル市はあらゆる点で南新疆ウイグル人の社会・文化を代表する都市の一つということができる．現在の都市人口の82.46%がウイグル人でそれに次ぐ漢人は16.66%と[3)] ウイグル色がつよいことばかりではない．2000年以来の「西部大開発」という名の経済発展政策のもとで，オアシス都市特有のバザール流通や，農業政策変更による都市・農村間の農産物流通に変化が生まれ始めている中で，伝統文化の維持について現住ウイグル人が戸惑いを見せている姿を筆者は目撃している[4)].

カシュガルはパキスタンや中央アジア諸国との国際関連の玄関でもあり，今後の新疆ひいては中国における都市生産，流通経済の中心の一つとなることは疑いない．また中国最西部の大都市として政府の経済発展政策が直接に反映され，道路，地区整理といったインフラ整備にともなって，旧市街の観光化や取り壊し再建が計画，実行されている点も，都市産業と伝統，都市と農村とのつながり方の変容を見る意味で欠かせない要素となろう．なによりも，急速な変化の中で，可能なかぎり時点ごとに事象を記録しておく意味がある．

オアシス都市とオアシス農村の機能的関連の実相解明[5)] は，歴史学上の課題でもある．都市部と農村部をむすびつけている可能性のある職業集団に着目して，そのネットワークの中にどのような人的・文化的要素が存在しているかを探ろうとするのは，以上に述べたようなカシュガルの特色を前提としてのことである．

1．調査の目的と枠組み

(1)　目的の概要

中山大学人類学系の王建新教授と同行して，2005年度には住民のイスラーム生活環境について調査がどの程度可能であるかを探るため，予備調査としてカシュガル都市部と農村部を自由に歩いて観察した．当時の科学研究費によるテーマの主眼が「中国ムスリムの宗教的・商業的ネットワークとイスラーム復興」というところにおかれていた事情による．それは本プロジェクト研究の内容にも密接に関係していた．

カシュガルのイスラーム環境をめぐる状況は，すくなくとも筆者自身の体験からいえば，2000年よりもある種の緊張が高まった状態で安定化しているような印象を持った．その内容の一端は本文でも触れることになろうが，カシュガル市内や近郊の村などにおいて当初もくろんだような調査，すなわち人や施設に密着してインタビューをしたり，イスラーム関係を中心とする記録や資料を探索したりという調査を行ったとしても，ほとんど確実に表面的な観察と印象に終わるであろうとの見通しを得た．

そこで，2006年度には，実施可能な調査目標とその方法を設定しなおすこととし，イスラームそのものを直接の調査対象としないことにした．人々の生活そのものに密着してみて，そこにイスラームの影響が見出せるのか否かは，結果次第ということにしたのである．こうして，調査の結果の出方に複数の方向性（伝統的職業集団の実態と過去，都市と農村の職業的・人的ネットワークの有無，そして職業集団の中のイスラーム的要素の様相，など）を用意した．王建新教授とともに行った調査は，人類学調査もしくは社会実態調査というにはあまりに短期間で，かつターゲットを絞り込んだものであるが，オアシスの基本構造のうち，バザール流通の中の具体事例として手工業者，とりわけ生活必需品すなわち農具・木工具・厨具作成の鍛冶職人集団をとりあげることによって，オアシス都市と農村の生活に近づこうとする目的をもつ．

(2)　調査の方法

上記のような鍛冶職人集団について観察，考察するためにとった方法，実施期間，訪問地点とインフォーマントを示しておきたい．ただし，人名はすべて架空の符号か，イニシャルで表示する．

まず調査手段として，カシュガル地区外事辦公室の事前正式許可を得た．こうすることによるメリットとデメリットを挙げるならば，つぎのような経験をもった．

メリット：辦公室の否定のないかぎりでどこでも訪ね，だれにでも尋ねることができ，また場合によっては公的な役所，会社組織をはじめ訪ねるべき機関や人物を探しだしたり，通訳になってくれたりもした．インフォーマント自身も万一微妙な問題に絡むとみずからが判断した場合，答えを辦公室の係員に預けてしまうこともできるし，その存在が担保となって「安心」して答えることができる．外国人を含む調査者は，常にバイアスのかかった状態にいることを意識しているため，かえってインフォーマントに負担をかけずに済む．

デメリット：当然，調査者が知りたいことが部分的であれ結果として制限され，また歪む可能性があるが，臨機応変の対応によって乗り切るしか方法はないし，とくに不都合を感じることもなかった．

調査期間は，2006年8月22日（火）～29日（火）であったが，本報告には，2005年8月23日（火）～27日（土）のカシュガル滞在時の観察調査や農村部での聴き取りの成果の一部も含む．

調査地点は，① 新疆ウイグル自治区カシュガル地区カシュガル市内各地とくに，ケトマン・バザール，旧市街区，東バザール（中西亜国際貿易市場），市郊の七里橋バザール，遠方バザールなど．② 同市ベシュケリム郷．③ 疏勒県バグチ郷．④ 疏附県ブラクスウ郷．

インフォーマントとなっていただいた方々の2006年当時の情報は，ほぼ訪問順に挙げるとつぎの通り．

A氏：ケトマン・バザールの鍛冶職人，46歳．（妻，子供ふたりを含む）

B氏：ケトマン・バザールの鍛冶職人，57歳．

C氏：疎勒県バグチ郷の鍛冶職人，21歳．

D氏：疎勒県バグチ郷の鍛冶職人，26歳．

E氏：ベシュケリム郷の「物知り」，54歳．

F氏：ベシュケリム郷の鍛冶職人，30歳台

G氏：ベシュケリム郷の鍛冶職人，56歳．

H氏：疏附県ブラクスウ郷の鍛冶職人，68歳．

ほか（省略）

上述したように，カシュガル地区外事辦公室のAl氏とAb氏の世話になり，まことに友好的な協力を得ることができた．インフォーマントの方々をはじめとする皆様に心より感謝すると同時に，すべての事前連絡や現地での調査内容に全面的な共同をお願いすることができた王建新教授に厚く御礼申し上げる．

2．カシュガル市内のケトマン・バザール

本調査の拠点は，カシュガル旧市街の一角に位置する通称ケトマン・バザール（Kätmän Bazar）である．このバザール地点（いわゆる市場ではない）に向かうには，旧市街の中心のモスク，ヘイトガフ・メスチト（Heytgah Mäsčit）から歩くのが比較的わかりやすい．多少遠回りだがいわゆる旧市街の中心部を歩くコースで，昨今では歴史的町並み観光地区（喀什葛爾老城旅遊景区）な

る一角を含む地域を見ながらの道のりを示しておく．

中心の広場から東へ解放路を横切り，オルダシク路（Ordašik Yolï　欧爾達希克路）に入ってそのまま東へ，さらに道なりに南向する．小さな十字路（西はチャサ路　Časa Yolï　恰薩路・東はコナデルワザ路　Qonadärwaza　闊納代爾瓦扎路）を直行すると，道路名はカルカデルワザ路（Qarqadärwaza Yolï　喀日克代爾瓦扎路）となり，これをそのまま南下していくと，東西方向のアリヤ路（Ariya Yolï　阿熱亜路）との十字路に出る．この左角，つまり，カルカデルワザ路とアリヤ路との交差点東北角が，ケトマン・バザール，正確にはカルカデルワザ・ケトマン・バザール（Qarqadärwaza Kätmän Bazar）[6] ということになる．ケトマンは，ウイグル社会に伝統的な農具で，長い柄を持つスコップの一種．またデルワザは大きな門を意味する．

(1)　ケトマン・バザール一角の外見と実態

カルカデルワザ路を南下してきて，アリヤ路に向かってやや下りはじめる左の一角が，このケトマン・バザールなのであるが，上から見下ろす形になり，あたかも雑然とした黒く煤けた地面から不規則に煙突がいくつも出たり，穴があいているのが特徴的にみえる．地面と見えたのは，実は土や筵や板などでつくった天井であり，その下が鍛冶職人たちの作業場の集合体なのであった．職人工房はつぎの①，②に分類される．

①：カルカデルワザ路からアリヤ路に出て左折（東行）してみると，通りに面してせいぜい4～5mほどの間口でフイゴ（炉），金床，グラインダー，槌などの設備・工具をつかって鍛冶仕事をする，まさに手作業の工房が5，6軒並んで，それぞれに製品を道端にはみ出すようにして陳列棚などに並べている[7]．

実際には，この一角に個人経営の鍛冶職人の工房が18軒[8] 集中しているという．アリヤ路に面して工房をもって店を出している職人以外に，

②：通りからみれば裏にあたる内側に，製品の製作工程の第一段階として鉄や鋼の古塊を粗く成形するための比較的大型の機械や切断工具などを備え

た加工工房がいくつもある.

②が材料を粗い形につくりあげて①に提供していくのである.また①は原料の調達から完成品の製造までの一貫作業をこなす場合も少なくない.それぞれの関係は基本的には個別経営である.

以上が,ケトマン・バザールの外見である.

つぎには,ケトマン・バザールを例として,その来歴をたどり,集団を組んでいる意味や鍛冶職人集団の現在の役割を探っていく.

(2) 歴史的経緯

ケトマン・バザールに寄り集まっている鍛冶職人たちは,それぞれに異なった来歴をもっているが,中華人民共和国成立以来の様々な政策の中で,離合集散の末にここに残存することになった集団であるようだ.

以下に整理する根拠はおおよそ次のようなものである.インフォーマントのA氏が覚えている父親と本人の動向,B氏が伝え聞き,また経験してきたケトマン・バザールの来歴,「喀什市軽工集体経済聯社」(以下,聯社と呼ぶ)およびその下部組織である「五金工貿公司」[9]からの聴き取り,市中心部のゼゲル・メスチト(後述)副イマームら,またこのメスチトに置かれたカルハナ(手工業工房連合=後述)に72年から6年間会計に携わった人へのインタビューなど.これらによって,カシュガルの鍛冶職人たちの50数年を,多少断片的ながらつぎのように跡付けることができる.

1949年の新疆「解放」以後,1956年には鍛冶職人たちも個人経営から次第に集団化の流れに組み込まれ,合作社(Toplašiyä)という企業統合体[10]に所属させられるようになった.そのころ,ケトマン・バザールの職人B氏の祖父らの世代11人は資金を分担して,カルク・デルワザ・トムル・ザウト(Qarq Därwaza Tömür Zawut カルク・デルワザ鍛冶工場)を設立したが,それもその合作社を構成する一つの工場体であった.個人的経営と社会主義的共同経営とがいわば共存していた時期と考えられる.その後,合作社は1962年には軽工業工房の連合体(手工業工房 コル・サナアト・カルハナ Qol Sanaät

Karhana）（以下，カルハナと呼ぶ）に組織替えとなり，個人経営の要素が減少した[11]．このカルハナという組織には，鍛冶職人だけでなく，裁縫，銅細工，帽子，大工などの職人も統合されて，市内のモスクの内部や周辺にそれぞれ工房をもつことになった．職人たちは形式的に会社員（職員）化したのである．

つぎに文化大革命がはじまり，1967年には少なくとも市内のいくつかのモスクが廃止された．市全体の事情は掌握できていないが，いまはケトマン・バザールの鍛冶職人たちの動向についてのみ，その足跡をたどる．

廃止されたモスクのうち，ヘイトガフ・メスチトの西南側にある小さなモスク，ゼゲル・メスチト（Zeger Mäsčit）[12]の内部には，師匠一人に弟子二人程度の鍛冶職人の工房22軒が入っていた．この状態は文革終結後の1979年末から80年の初めころまで存続した．A氏の父親は，少年であったA氏を弟子として1980年の数か月そこに居残っていたが，都市化の進む周辺から騒音苦情が出て，他所へ2度移転した．この間に離散した職人も少なくないが，他の鍛冶職人たちの中には金属細工屋などに転身して，近隣との折り合いの中に生活の道を見出していった者もいた．現在のオスタンボイ社区，つまりヘイトガフ・メスチトの西，西南あたりの裁縫屋，帽子屋，金具細工屋，楽器屋など，いま観光客の目を楽しませている職人街は，そうした転身組もふくむ，かつてのカルハナの名残を含むといってもよいようだ．

モスクの境内に鍛冶職が集められたのは，都市中心部にあっても周囲を塀や樹木などで遮断してある施設として利用価値が高かったからにちがいない．こうした状況は農村部でも同じであったことがベシュケリム郷でのインタビューでも確かめられた．カシュガルとまったく同様に「合作社」そして「カルハナ」が形成された60年代，モスクに鍛冶屋，周辺には木工，裁縫，細工屋などの作業場ができて120人が集められていたという．都市とそのすぐ近郊の農村でまさに集団的生産体制がつくられていたのである．

さて，全国規模での改革・開放の呼び声高く，1980年から，カシュガルでも他業種同様，鍛冶職にも生産請負制が導入されることになった[13]．ほぼ四半世紀ぶりに，個人経営の道が復活したのである．カルハナという組織から形のうえで一度は離れていった鍛冶職人たちの存在は失われていなかった．また，組織としてのカルハナは，1964年発足の鋳型工場，1976年発足の円鉄釘工場，および家具工場に分れたものの，これらが従来からの五金工場と合体して1993年に五金工貿公司となった．五金工場というのは，鍛冶職でいえば，彼らが形成する工場の名目上の総称である．現在のケトマン・バザールという鍛冶職人の集中体は，実態としてその一部をなすのである．

これを要するに，現在のケトマン・バザールの鍛冶職人たちは，カルハナの後進である五金工貿公司の職員という身分を持つ．そのために現在でも，使用電気量や所有する機械などを指標とする経営規模に応じた管理料を毎月50元～255元を納めて[14)]，請負個人経営の権利を維持する形式をとっている[15)]．

以上の経緯はやや複雑で未詳の部分もあるが，概ねつぎのようにまとめる

表1　現ケトマン・バザールの鍛冶職人たちの半世紀

時期区分	カシュガル地区全体の組織・動向	ケトマン・バザール職人の動向
伝統的な個人経営の時代（～50年代）		父祖伝来の職人
個人経営継続と集団化の時代（50年代）cf. 1955 自治区成立	1956　合作社*形成	カルク・デルワザ鍛冶工場**を結成
集団化進展の時代（1962～）	1962　カルハナ***形成（合作社の組織拡大）	内部で個別工房の消長
集団組織変遷の時代（1964～）	職人集団の分散・集合****	鍛冶職人は「五金工場」に所属
生産請負制（新たな個人経営）の導入（1980年代～）	1993　「カルハナ」は「五金工貿公司」に名目変更*****	ケトマン・バザールの現状

* 合作社（Toplašiyä）
** カルク・デルワザ鍛冶工場（Qarq Därwaza Tömür Zawut）
*** 手工業工房（Qol Sanaät Karhana）
**** 文革期の実態としては，市内の活動停止モスク内などに分散して工房が形成され，集団生産が継続された．また，職能別の工場として分立もした．
***** 分立した形であった職能別集団が名目として再統合された．

ことができよう（表1）.

結局，われわれが対象としている鍛冶職人集中体のケトマン・バザールの正式名がカルカデルワザ[16]・ケトマン・バザールであり，それは，50年代にB氏の祖父たちが設立した鍛冶職人集団工場たるカルク・デルワザ・トムル・ザウトの後身であることが判明した.

3．職人集団の実態

現在のケトマン・バザールを構成している鍛冶職人たちの相互関係や，鍛冶職の継承の現象を把握しておきたい.

(1) 徒弟制

彼らは基本的に徒弟制のもとで仕事をしている.

まずA氏（46歳）の場合だが，A氏本人は5, 6歳のころ，父親の姿を見ていて鍛冶屋への心が芽生えた記憶があるという．つまり彼は手伝いという形でゼゲル・メスジトのカルハナ時代（1966年ころ）の父親に弟子入りした．父親はもともとカシュガル地区「五金公司」の職工身分として農業機械工場に派遣されていたが，コナシャフル（疏附県）への移動を拒んで個人営業の鍛冶屋になり，合作社からカルハナへの組織変更によって，ゼゲル・メスジトで給与による仕事をしていたのである．1979年または80年のカルハナ解散後には，転職も試みた父親であったが，鍛冶屋を続け，85年には「冷庫」という市の西部に店を構えて個人客相手に仕事もあり，4人の弟子がいた.

父親を99年に亡くしたA氏の店は道路拡張で立ち退きとなり，2002年にウルムチに移って4か月鍛冶屋で成功．ここもしかしビル建設で立ち退きとなり，2003年にカシュガルに戻ったとき，知人がケトマン・バザールに所有していた店を譲り受けた．A氏は月150元の使用料を名義人である知人に支払い，知人の弟子が奥の作業場に大型の電動加工機械を据えつけて仕事を続けている．

現在A氏にも弟子が2人いる．25歳の弟子はA氏父親の店の前で鍛冶職に関心を抱いて16歳で弟子入り，5年間修業した．故郷（コナシャフルのT鎮M村）にもどって開業したが3年で父親が死亡[17)]．仕事の維持ができずにカシュガルにもどって再度弟子となった．食・住ともA氏の家で家族同然だが，この弟子には月600元を支給している．離婚経験があり，A氏は3,000元ほどかけて再婚させたいと考えている．

もう一人の弟子は65歳で，もともとA氏の父親の弟子であった．しかし技術はあまり向上せず月収は400～500元．近くに自宅を持っているが妻は死去．この人の父（カシュガル生まれ）も，祖父（ヤンギヒサル生まれ）もやはり鍛冶職人であった．

A氏は新しい弟子をとったことがあった．しかし，朝7時前には仕事をはじめ，夜10時ころまで働くこともまれではなく，定休日もなく，昼食はA氏の妻が運んでくるというような仕事の厳しさに耐え切れずに，1か月ほどでやめていったという．つぎの弟子を育てて継承を考えなければならないというのがA氏の心配ごとである．

このように鍛冶職人は弟子を抱え，ときに故郷で独立させ，また時には長く居させてもいる．弟子についてB氏からも話を聴いた．

B氏によると，弟子入りの条件は次のようなものである．現在では，9年の義務教育を終えた16，17歳の男子[18)]で，最初は食・住の保証のみで無給からはじまり，月10元の小遣い程度から月400～500元とれるようになるまで4，5年間育てる．今までにB氏は6人の弟子を育てた．全員が近郊の町や主に農村部で，独立して鍛冶屋をやっている．かれらは毎月のように師匠に挨拶に来るし，師匠はときおり弟子の店を見に行く，という交流がたえず行われている．

師弟関係は，このようにして地域の広がりを持つことになるのだが，この点は後述することとして，つぎには現在のA氏，B氏をはじめとする鍛冶職人が世襲と弟子によって継承されてきた事例について見ておきたい．

(2)　世襲と弟子による継承

A氏の父親が鍛冶職人であったことは触れた．じつは，A氏は鍛冶職としては8代目だと自ら伝え聞いている．4代目以前の名前は聞いていないが，5代目はコナシャフルのブラクスウ村にいた人で，6代目（A氏の祖父）がカシュガルに出てきたのであった[19)]．A氏自身も，現在7歳の長男に継いで欲しいとは思うが，将来の男の行き道として，学校教育の大切さも十分認識しているので悩ましいところという．

B氏は4代目である．初代にあたる祖父が，上述したように，このケトマン・バザールの基礎をつくりあげた1人で有力者だったためか，B氏は現在も周囲から一目おかれる存在のように見える．2代目はB氏の父親，3代目はB氏の長兄．現在本人は「引退」して，息子が5代目となって先頭きって働いている．現場での弟子の数はかなり多いように見受けられた．

A氏の店が街路に面した空間のみであるのに対し，B氏の店は作業場が奥に広がっている．

ところでB氏によれば，ケトマン・バザールの前身を創設した11人のうち，直系で鍛冶屋を営んでいるのは5軒（約4.5割），弟子が継承している例もふくめて，この場所で鍛冶屋を続けているのは8軒（約7割）である．別の場所で継承しているのが1軒ある．ということで，世襲が鍛冶屋の絶対原則というわけでは決してない．しかし，鍛冶職人が経験した経営形態，社会情勢の大きな変遷にもかかわらず，このケトマン・バザールに受け継がれた職人の間の絆ともいうべきものが見出されるといってよいのではないだろうか．このことは，鍛冶職人のネットワークもしくは“共同体”ともいえるような、注目すべき存在が実はあるのではないかと思わせる．

(3)　鍛冶職人のネットワーク：弟子筋の広がり

1)　ネットワーク

このケトマン・バザールとのつながりの有無を問うのは二の次として，カシュガル近郊の鍛冶職人を訪ねてみても，代々世襲か親せき筋で継承されてきた鍛冶屋という例と，弟子筋による継承という両方の要素に出会う．

カシュガル西南郊外：コナシャフル（疏附県）のブラクスウ郷[20]のインフォーマントH氏は68歳，6代目の鍛冶職人として，現在中学校の敷地の外側を借りて鍛冶工房を持っている．16歳のときに5代目の鍛冶職人であった叔父に弟子入りした．この地でも1956年に合作社ができ，12軒の鍛冶屋が参加した．翌年，地区の五金公司の職員身分であった父親が死亡した．H氏は叔父とともにブラクスウ地区コル・サナアト（合作社の後身のいわゆるカルハナ）の職員身分となった．現在H氏の息子が7代目として自宅で鍛冶屋をやっている．H氏の弟子のうち2人は3，4年の修業を終えて自分の家にもどって鍛冶屋になっている．ここでも息子と弟子の両方が鍛冶屋を継承していっている．またH氏の叔父は90歳になるが遠くゴルジャ（イリ）在住という．

カシュガル東郊：カシュガル市ベシュケリム郷はほぼ純粋農村に近いが，市街との距離は短い．この農村のインフォーマントE氏によれば，村で高名な鍛冶屋3人は師弟関係にある．イニシャルで記すとB.T.（師）→（弟子）A.K.（師）→（弟子）Y.J.という3人で，このY.J.はすなわちインフォーマントのG氏にあたる．さらにG氏の弟子にはM.J.とS.という者がいる．これらが師弟関係での継承だが，G氏ことY.J.は48歳のときに独立し，現在56歳である．33歳の長男が溶接部門担当として跡取りとなっているほか，次男が自分の弟子になっている．また上記A.K.の息子F氏ことD.M.（30歳台）は叔父に弟子入りしている．やはり鍛冶職人一族という面があるが，F氏の本職は農業であり，大きな鉄扉の溶接などの需要が多いとのことであった（F氏へのインタビュー）．これらの係累には入らないが，M.T.という鍛冶職人の息子は別の村で鍛冶屋を営んでいるという例もあるし，師弟関係と世襲関係はかならずしも一様に定められているわけではない．それにしてもこの農村部の鍛冶職にはそれなりのネットワークが形成されていることがわかる．

実のところ，次に紹介するC氏とD氏のところへは，師匠のB氏が訪ねて様子を見てこようという機会に同行して観察，インタビューをしたものである．師弟の関係はそういう具合に地域をこえて結ばれているのであった．

また農村の側からも，たとえばブラクスウ郷のH氏は，ケトマン・バザールへはカシュガルに行くたびに訪れていて，ほとんど全員と顔見知りである．付言しておくと，このブラクスウ郷の鍛冶製品は，近隣のウパル郷，バリン郷，タシムリク郷，アクト県そしてカシュガル市の製品とそれぞれ売買，交換があるという聴き取り結果を得ている．このように，製品の流通ネットワークが人のネットワークと共に形成されている．

2）　弟子入りの社会的要請――農村から

上に無造作に弟子入りということばを使用してきた．弟子入りの動機は様々であるが，家内での継承の手順としては息子の父親への弟子入りが一般的なのであろう．それとは別の動機も見られた．店の前を通っていて興味を抱いた（A氏の弟子）というような例である．このほかの弟子入りの動機には，つぎのように農村からの社会的要請のようなものもあることに注目しておきたい．

インフォーマントC氏（21歳）は，カシュガル南方のバグチ郷の農家の長男で，未婚．鍛冶職人となるきっかけは父親の勧めであった．父親の家の周辺に鍛冶屋がなく，農作業とくに7月の小麦収穫期に必要な鎌，秋口にトウモロコシや棉の株切りに使う鎌などの修理・製造に不便を感じていた．このため，この長男C氏に鍛冶職になることを勧め，付き合いのあったケトマン・バザールのB氏に弟子入りさせた．3年半カシュガルのケトマン・バザールで修業を積んだC氏は，師匠からの援助も含めた資金3,500元を持って2005年夏すぎにバグチ郷バザール（週市）開設場の一角で開業した[21)]．今では弟がこの店を手伝っている．

同じ郷のD氏も，同じバザールの別の一角で比較的大きな鍛冶屋の店を構えている．26歳，既婚．農家出身．やはり父親の勧めでカシュガルのB氏のところで4年半修業して2001年に開業にこぎつけた．動機は同じように，近隣の農家兼業の鍛冶屋が忙しくて刈り入れ時の鎌の修理が遅れたという経験であった．D氏はすでに，無給で衣食のみ与える弟子2人をとっている．こういう弟子でも鎹（カスガイ）程度のものは造れる．

この2例は，農村が必要としている農具の修理，製造に携わる，いわば現場の鍛冶屋であり，農作業を兼ねることがあるが，村の必要に迫られて鍛冶屋の道を選んだのである．農村で手作り農具，それも土地柄などの実情に合わせた工夫[22]が加えられる安価なものが必要とされるかぎり，鍛冶屋の必要性はなくならないであろう．多くの農民がバザールに集まるとき，その需要は季節を問わないものにもなろう．ケトマンや鎌という農具のほかにも，厨具，斧や手鉋（カンナ），簡単な建具などを提供し，また修理する役割と技術の継承や創造は農村からの要請に沿ったものといえる．

4．鍛冶職人の生産経済と生活の将来

つぎには，カシュガルのケトマン･バザールにおける鍛冶職人たちを中心に，生産生活とその将来について，インタビューや観察の結果を整理してみたい．

(1)　原料調達と粗加工

1)　七里橋バザール

ある一日，A氏の原料調達に同行した．日曜日に開かれる「七里橋バザール」で，カシュガル市南郊に川を渡った西側にある．カシュガル市東部の大市場すなわち「東バザール」の機能分散で，2004年に設営されたところといい，中古の農業機器・部品など鉄製廃棄物の市場である．A氏はふだんバスで行き，一度に100～200元ほど仕入れて市場外の電動三輪トラック（6～10元）に積んで戻る[23]．市場は農地か荒地をつぶした広大な場所で，鉄屑，自動車部品，バラ線からトラクターまで売っている．A氏の分類では，a）よい鉄：ケトマンなどの材料：2.5～3元／kg，b）粗鉄：鉄環・かす

表2　A氏購入の鉄廃材と価格，分量，用途

購入廃材	単価(元／kg)	購入量(kg)	合計額(元)	用途計画
車シャフト	2.4	19	45.6	手斧12本
厚め鋼板	2.3	20	46	大工用斧（良質）約15本
車板バネ	2.5	23	57（値引）	刃物23本
丸鋼材・鋼板	2.2～2.3	13.5	30.2	手斧，大工用斧

出所：A氏の仕入れに同行した記録と聴き取りによる．

がいなどの材料：2～2.5元／kg，c）鋼：刃物材料：2.3～2.5元／kgというようになっている．他の市場（例えば飛行場近くの廃鉄製品回収倉庫など）よりもkgあたり1元くらい安いという．この日は漢族の2人からと，ウイグル族の1人から買った（表2）．

市場内から門外までの運搬は，場内の電動三輪車で1元．門の横には電動大型切断機を備えた鍛冶職人の小屋があり，A氏の祖父の友人であった人の係累が鋼材を粗い原型に加工している．刃物など1個について1.5～2元の加工賃がかかる．A氏はケトマン・バザールの中に居る仲間に加工を依頼しているので，この日は挨拶のみ．

2）　遠方市場

七里橋バザール近所，幹線道路の向かい側に近代的に整備された鉄鋼材，木工材の広大な市場がある．廃材の部門もあるが，ほとんどすべてのスペースは工場製品としての鉄鋼材に向けられており，外国人観光客も訪れているようなモデル的なものであり，A氏のように原材料から加工する個人営業の鍛冶職人には用がない．

(2)　製　　品

A氏が製造している製品は，他のふつうの鍛冶職人と大きな違いがあるわけではない．

表3に挙げるもののほか，大きな鉄釘，鉄環のセット，ハンマー，蹄鉄などの馬具，また注文に応じて鋤も製造する．ただ，鍋類は鍛冶屋の領分では

表３　Ａ氏が製造する製品と価格の一覧

製品名	ウイグル語名	販売価格（元／個）	備　　考
ケトマン[24)]	kätmän	30	アクスケトマンなど大型は50元
菜切り包丁	qïngraq	小8－15，大20－30	
小型ナイフ	pïčaq	10－15	
カスガイ	skap?/qadaq?	0.8－1	
手　斧	palta	小10－15,大20－30	
杓　子	čömüč	5	
穴あき杓子	käpkä?/käpkür?	小5－6，大15－20	
小型ナタ	käkä	10－15	
小 型 斧	käkä palta	25－30	
火　鋏	qïsquč	5－10	
焼 き 串	zïqu?/sümbä?	15	但し100本単位
手カンナ	čot	30－35	
肉 掛 け	čäpral?	3－5	
ツルハシ	mitin?	20－30	
タ ガ ネ	sumba?	—	加工細工用であまり売らない

なく，銅匠の分野であるという．鉄鍋は基本的には作らない，ということであるが，Ａ氏の工房は鉄から作れる手作業品はほとんどなんでも手がけているのである．したがって，製品のディスプレイも多品種で目をひき，狭いながらも比較的多くの客が立ち寄っていく．もちろん注文に応じて大量に納めることもあるというが，農民が直接に訪れることは少なく，商人による買いつけがあり，それは「東バザール」にも流れる．確かに，そこでは30元のケトマンが35元で売られていた．

製品のコスト計算の例をいくつか聞いた．Ａ氏の場合だが，原材料の最初の加工を裏の仲間の店でしてもらう手間賃は，小品であれば1.6元，ケトマンは３元で，「七里橋バザール」の加工屋よりやや割高である．だが運搬の手間暇を省ける分，リーズナブルなのであろう．ケトマン１本の全生産コストは20元，それを30元で売る．またナイフ１本の場合，原材料が2.5元，粗加工賃１～２元，取手の木材賃に純益５元をのせて10～15元で販売する．

ケトマンなら30分で1枚作れる[25]が，斧などはさすがに時間がかかる．

一方，B氏の工房は大工用の工具をおもに製造するという特色を持っている．鋼材を主原料として，やはり「七里橋バザール」で毎日曜日に仕入れる．カンナやノミが主体であるが，ふつうの品質のもので1本が4～6元と安価である．しかし，店頭に出したりバザールに卸すことはなく，顧客の大工からの注文に応じている．つまり，ウイグル建築の内外装に美しく見られる木材装飾のそれぞれの形状に応じて，場合によってはデザインごとに異なった刃先のノミが必要となるのである．筆者の居合わせたときにも，6,7名の大工が寄り集まってノミの品定めや注文の談義を行っていた．

B氏本人の言によれば，この工房はカシュガルの12県中に名が通っているとのことで，製品に刻印される「バダムの花」のタムガや署名[26]は自慢の種であるらしい．

要するにこのケトマン・バザールでの製品は，都市生活・家庭生活での道具一般にわたると考えてよく，鎌などの農具は主要生産品とはいえない．農村の需要とは異なっているのである．それでも以下にも見るように，農繁期の農具受注は大きく，カシュガルの旧市街は，なお周辺農村とのつながりが強いと考えるべきである．

(3)　日常生活と将来

1)　生活とイスラーム

前述したように，鍛冶職人は一日かなり長時間の肉体労働をつづけるわけで，とくに熱心なムスリムでもなさそうなA氏は，金曜日もヘイトガフ・メスチトに行かず，工房のすぐ目の前の小さなメスチトでナマズを行う程度で，もっぱら仕事に打ち込む[27]ようである．よいときでも1日あたりの純利益はせいぜい50～100元程度，つまり春と秋の農繁期には月1,000～2,000元にもなるが，夏と冬は半減するというのが，A氏の説明[28]であった．「金持ちにはなれないが，貧乏にもならない」程度の生活をしているのである．

イスラーム的生活で一言ふれておくべきことがある．ウイグル・イスラーム社会での職人仕事といえば，祈祷ハンドブック「リサラ」というものがある[29)]．それぞれの職種に応じてムスリムとして職掌を果たしていくときのマニュアルともなるもので，その存在感は現在では次第に薄れてきている．それはイスラーム社会の世俗化の進行にもとづくものといえよう．鍛冶屋のリサラもあった．ケトマン・バザールの鍛冶職人もリサラの存在を知ってはいたが，読み書きできる人が少ないという理由もあって関心は薄く，持っているものはいない．仕事のためのマニュアル書のようなものも一切ない．ただ，朝の仕事前に，テスミヤ（タスミヤ）を行う．つまり「ビスミッラーヒッラフマーニッラヒーム（慈悲あまねく慈悲深きアッラーの御名において）」という句を唱える人はいると聞いたし，目の前のモスクで日々５回の礼拝を欠かさない人も皆無ではないとのことである．しかしケトマン・バザールには，概していえばイスラーム色はほとんど見えてこない．

2）　将来について

このケトマン・バザールのように，一箇所に鍛冶職人がまとまっていたほうが，客が安心して買いにこられる，というＡ氏の言は真理であろう．だが，そこに安穏としていられるだろうか．この非常に興味深い集団，人的・地域的ネットワークの中の結節点のような集中体をなす工房群，そして鍛冶職人の将来はどのように動いていくのだろうか．

上に見てきたような現状から，今後問題となってきそうな状況を考察してみる．根本には不安が存在する．鍛冶職人みずからの口をついて出るように，一言でいえば，「機械化の進む現代社会で，鍛冶製品はもはや時代遅れで廃れていくのではないか」という恐れである．もう少し分析しておきたい．

① 内地とカシュガルの関係：主として中国内地からの工場製品の浸透によって鍛冶製品が駆逐されるのではないかという不安が職人たちの間に漂う．この現象はカシュガルでも急速にすすんでいる漢化現象によって加速されるように見える．新市街区を中心に，都市開発は内地資本の大量導入によって巨大ビルも出現するような変化が目に見えて進行しつつある．しかし，

ウイグル人一般の文化生活はそれほど変わらないとも観察される．鍛冶製品は伝統建築に必要な道具をふくめて生活必需品ばかりであり，衣食住の生活環境が一変しないかぎり，鍛冶工房の必要性は失われないであろう．現在の内地化（漢化）そして都市化が主流になるか，あるいは現地ウイグルの日常伝統文化・習慣が維持されるか，それは二律背反の現象ではないと考えるが，前者に力点がおかれて，後者が変化を迫られるという構図が少しずつ明らかになっているのではないかと筆者は観察している．

② 都市化の問題：都市化や，中国政府いうところの文明化が進むなかで，騒音を出す鍛冶工房は環境破壊の要因として排除，移転がすすめられるかもしれない．現にケトマン・バザールの西対面角に建設中の建物は，政府の出張所（喀什恰薩街道薩合亜社区総合服務楼）で，完成すればきっとこの鍛冶工房は環境に悪いといわれ，立ち退きになるにちがいないと職人たちは強く感じている．どこへ移転になるとしても，有無相通じている今の仲間たちは一緒に移動したほうがよいと思っていて，抵抗などの姿勢はみじんも見られなかった．今ではあらゆる都市に共通した環境問題は，すでに20年以上前にオスタンボイ地区というカシュガル旧市街中心部で経験されたことでもあった．いずれ避けられない運命であろう．

③ 農村のかかえる問題：農村部での鍛冶の需要についていうと，ここ10年近くの観察によって，ウイグル農村社会の構造自身にそれほど劇的な変化が具現化してきてはいないと考える[30)]ので，急速に減退するということはないであろう．

農村には確かに化学肥料が大量に入り，近郊野菜栽培が増大し，緩慢ではあるがトラクターなども普及していっている．都市のごく近郊の農村では電動三輪車などが日常の足としてかなり普及してきた．しかし農地に作付けされるのは依然として小麦・トウモロコシの連作と棉花，果実が圧倒的である状態に大きな変化はない．まして農民はほぼ純然として地元のウイグル人である．そうしてみれば，伝統的で使い易い農具が無骨なものであるにせよ簡単に滅びるわけはない．まだ価格と使い勝手のうえで競争できるような工場製品は出現していないのではないか．もし出現したとしても，手持ちの鎌や斧を一挙に買い換えるほどの経済力がウイグル農村に蓄積されているかどうか，ここでは軽々に判断はできない．農業の機械化についても軽々に予測はできない．ただし，将来において経済力がある程度備わったときに，ウイグル農村の選択がどちらへ向くのかは注目に値する．すなわち，農具などの更新や機械化に向くか，それとも他の新しい分野への消費・投資に向かうのか，という選択である．いずれにしても政治・社会改革を伴わない変化はありそうもない．仮にそうした社会変動が起こったとして，現在の鍛冶職人の技術伝承の形と質が競争社会に追いついていけるかどうか，それは予断の許さないところであろう．

④心理的な大状況：以上のような要素をとりまく大状況として述べておくべきことがいくつかある．本論からやや脱線するが，触れておかざるを得ない．

本章の冒頭で述べたように，ウイグル社会にはさまざまな側面でストレスが蓄積されている．許可にもとづく合法的なデモ行進であったとしても，そのデモ行進の周辺には巨大なストレスのマグマが潜んでいる．たとえ一人の小さな叫び声であったとしても，何らかのきっかけが与えられれば，その行進は本来の目的から逸脱していく．そして，不満，不安をもつ都市住民が，もはや民族を問わないか，あるいは不幸にして民族対立のような形でか，自己主張をはじめ，やがて統治体制にまで批判がおよび，社会秩序としては混乱をきわめた．多数の死傷者が出た．これはウルムチにおける2009年7月5日とそれ以後の出来事について，ごく断片的なニュースをもとに筆者が想像したことにすぎない．

しかし，大状況はこういうことではないだろうか．すでに深化した統治方策の進展によって，大きなあるいは突出したイスラームや民族主義の計画的かつ集団的な行動は，すでに起こりにくくなっているのではないか．つまり統治体制としては統制の手綱をどのようでも緩急つけられ，民はその統治の枠組みの中にいるかぎりにおいて，通常のムスリム生活は保障され，秩序は安定的なのである．

例えばカシュガル市中央のヘイトガフの金曜礼拝をみると，以前よりよほど多くの人数が参集し，少年や若者も目立つようになった．周辺の小さなモスクにも礼拝の人があふれている．その評価は表面だけを見てすまされるものではないことはわかっているが，ただ，目撃した例をもって不安定要素が動く可能性を指摘しておきたい．金曜礼拝の最中に内地系とおぼしき観光客の一団がヘイトガフの高い塀から，正面入り口の大門の上に見物に上っていた．幸いにして何事もおこらなかったが，あまりにも非常識な振る舞いだったのではないだろうか．

概して，ストレスは発散されない．安定の枠組みの中に閉塞されてきた．2009年7月のウルムチ状況がカシュガルに無関係とは決して言えないであろう．

おわりに

最後に，歴史分析への手がかりとして想定されることを中心にいくつか今後検討を進めるべき課題を述べておきたい．

都市部の鍛冶職人が職能集団として成立するのは，いうまでもなく市場ネットワークの存在があるからで，それがいかなる時代からあったのかを実証するのは難しい．しかし，市場（バザール）機能が想定されないオアシス史，中央アジア史は存在しない．これはおそらく紀元前の時代から変わることがない．となれば，鍛冶職人が作製する製品をさらに分析してみることによって，都市と農村の関係もまた明らかになるのではないだろうか．

それらの製品には，都市の家庭や商店の必需品がある一方で，農村部（農作業を行う場所）に特定の必需品である農具がある．いずれも必要とされる場の近くで生産されていたものにちがいなく，農村部に鍛冶職人が存在するのは当然のことであり，その歴史も古いにちがいない．

この 30 ～ 50 年間のカシュガルの鍛冶職人の動向を聴きとったかぎりでは，確かに農村部の鍛冶屋は減少している[31]．しかしその一方で 3-(3) で見たように，社会的要請があって鍛冶職人が開業するバグチ郷のような例もあるので，さらに広範囲にわたる調査が必要となるだろう．

いまは都市部と農村部の社会的機能が分離されつつある．それにもかかわらず，本章で見たように，鍛冶職人と製品のネットワークがやはり存在している．

工場製品の流通によって，こうした生産現場における人的関係は必要でなくなる可能性もあるが，それは都市のみならず農村そのものの姿が変わってしまうときであり，それはまだかなり先のことにちがいない．

1）梅村坦（2008b）「現代ウイグル文化の歩む道」を参照．そのときまでの梅村のエッセイについてはその注(1)に挙げておいた．また，東京新聞 2009 年 7 月 8 日朝刊 17, 18 面に 7 月 5 日の出来事について若干の解説がある．梅村坦（2009）「ひとときの休息：中国『シルクロード』の茶（万国喫茶往来 7)」も参照されたい．本稿の内容のごく一部は，梅村（2008b），247－248 頁に紹介したことをお断りしておく．

2）現地調査は，本文でも述べるが 2005 年，2006 年におこなった本プロジェクトと松本光太郎氏を研究代表者とする科学研究費によって実行した．本稿は後者のための報告書，梅村（2008a）「新疆のウイグル人鍛冶屋」を基に，今回改訂したものである．

3）人口統計数値は各地の公安資料にもとづく『新疆年鑑』（新疆年鑑社）の各年度版だが，ここでは調査を行った 2006 年度の数値，すなわち 2007 年版による．全市人口は 42 万 7,185 人で，ウイグル人 35 万 2,240 人，漢人 7 万 925 人．比較のために 1985 年度の数値を見ると，全人口 19 万 4,479 人，ウイグル人 14 万 5,132 人（74.63%），漢人 4 万 7,374 人（24.36％）であった．この約 20 年間の人口増加は，全市で約 2.2 倍，ウイグル人約 2.4 倍，漢人約 1.5 倍となる．正確な都市部の人口動態は，市域の変更（拡大）などの変数を緻密に分析しなければならないが，ここでは概要を見ておくにとどめる．

4）梅村（2005）口頭報告「カシュガル地域における糧食（小麦）流通の一端：ベシュケリム郷（yeza）糧食站（Beškerim Ašlïq Punkit）調査より」．ごく一部については梅村（2008b），245－246 頁を参照．

5）実地調査の記録整理として，新免康・真田安・王建新（2002）『新疆ウイグルのバザールとマザール』を挙げておきたい．

6)　なお後述するように，カルカデルワザではなく，カルク・デルワザ Qarq Därwaza が正しい表記と考える根拠もある．

7)　アリヤ路を西へ道なりに次第に北上すれば，ヘイトガフ・メスチト広場の東側対面の裏道にある旧商店街（帽子・ナイフ・木工・雑貨・香辛料など）に続いている．逆に東へ道なりに北上して右折（東行）すると，旧市街区の高台から東の低地に下り，川沿いの伝統的な家畜市近くを経て，80 年代半ばごろに創設された広大な東バザールにつながる．さらに，ケトマン・バザールから十字路を南へ行けば，カシュガル市の中央を東西に横切る大路，人民東路に出る．こうした立地のため，ケトマン・バザール近辺の人通りも，バスや乗用車の交通もかなりあり，人々の目につきやすい一角にもなっている．

8)　これは現地インタビューの答えであるが，市の五金工貿公司の管理費徴収記録によると 17 軒である．

9)　この二つの組織は，現在は工場などを持つ生産組織ではなく，軽工業諸集団（工場や，鍛冶職人も含む）の民営化，すなわち改革・開放政策が浸透していく 1980 年代後における旧職員・構成員らの処遇や残務処理のための管理組織のようなものであることが，両者へのインタビューで明らかになった（2006 年 8 月 28 日，人民西路 88 号の 3 階および 2 階）．

10)　1956 年に非国営組織として設立され，生産資料は個人所有だが共同の利用・生産をおこなう組織である（聯社でのインタビューによる）．新疆ウイグル自治区が成立したのは 1955 年のことであり，この段階では旧来の手工業者の個人権益が残されつつ，一定の共同化が進められたものと思われる．

11)　給与支払い制によって，職人は独立性をもたない団体職員となった．

12)　オスタンボイ社区の No.152 と 156 の間に位置する．Zeger は金具匠の意味．250 年の歴史をもち，もとは Taγamät Mirzi Mäsčit と呼ばれていたという（副イマームのインタビューから）．

13)　現代中国の政策転換のプロセスの中で，生産請負制実施まではあくまでも集団生産性であった．カシュガルの鍛冶職人の場合も，例えば一人が一日にケトマンを 15 本製作して，それが 2,000 本ほどになった段階（すなわち約 4 か月の労働結果）で，五金公司を通じて農場に売るが，鍛冶職には定額の給与が支払われる，というシステムであった（B 氏インタビューより）．

14)　五金工貿公司で閲覧した Qarq Därwaza Tömürčiligsi Sih 2006-Yilik Hodde Tizimliri という管理費収入表による．毎月一職人（軒）定額納付で，計 17 軒からの総額は 1916 元．ただし表に不備があるらしく，合計欄の数字（1916）と，記入された 17 軒分の合計（2041）とが食い違う．

15)　一方の言い分がある．この管理料支払いだけが 80 年以来，ケトマン・バザールの鍛冶職人たちと五金工貿公司との関係，それも支払うだけの片務関係であり，それまでの所属関係に由来するはずの職人たちの権利は継承されていない．例えば，労働保険や年金，老人·障害者手当てなど，本来構成職員であれば保障されるべきものが支給されていない，というのがB氏の主張であった．

16）道路標記にはQarqa Därwazaとあるが，前注14)の資料や各種インタビューにおける発音はQarqである．

17）やはり鍛冶職人であったようだが確認していない．

18）コナシャフル（疏附県）のブラクスウ郷におけるインフォーマントH氏によれば，弟子入りは13～18歳の男子がよく，年齢はそれ以上だと教えにくく，以下だと力がない，ということである．

19）第5代目以下については非常にスムーズに名前を出したが，それ以上とは記憶の断絶がある．職の継承にかかわることとはいえ，とくに不思議はないであろう．

20）純粋農村地帯といってもよい環境で，交通の便からすると大街道からもはずれている．

21）弟子入りの際には数十人の友人を呼び，師匠に対して礼物（マンタ，ナン，氷砂糖などの食品や布）を送って簡単な祝いの儀式を行った．また独立して開店するときも，師匠を家に呼んで礼物を贈り，アホンにコーランを詠んでもらう簡単な儀式を行ったという．

22）C氏，D氏ともに，株切りのための頑丈で大きな鎌を，家畜に曳かせる形式に改造するなどオリジナル品の製作を試みていた．

23）この日は我々が雇ったタクシーを用いた．

24）ケトマンと一口にいっても地域差がある．A氏の言い方をそのまま引用すれば，カシュガルは小ぶりで美しく，アクスはホタンと似ていて大きい．イリはカシュガルに似て，ハミとトゥルファンは系統が違うという．また四角いケトマンは主に漢族が使用する工場大量生産製品で安価，15元．

25）すでに円盤状になっている，たとえば自動車のブレーキディスクなどがあれば，大き目の金槌ひとつで瞬く間に整形していく．実際には模様を入れたり，さらに手をかけていく．長い木の柄をつけなければケトマンの完成とはいえないが，鍛冶屋としてはそこまでやらなくてもよい．

26）タムガや署名の刻印はB氏のみならず，鍛冶職人が自慢の製品に刻すものである．B氏のタムガを見ていた時，A氏も自らの製品を持ってきて見せてくれた．

27）原料買出しのときなどは弟子だけでなくA氏の妻も店番に出てくるし，妻はときに軽作業を手伝うといい，鍛冶職を継承していることに誇りを持つと語る．13歳の長女や10歳の次女もときおり様子を見に工房へやってくる．7歳の長男は原料仕入れに同行することもあるということであった．

28）このあたりの詳細については，十分な聴き取りができていないので，予備的なデータととらえておきたい．

29）菅原純（1998）「新疆・ウイグル人の職業別祈祷ハンドブック『リサラ』」；同（2002）「カシュガルにおける民間保存の文字資料調査（2)—文字資料としての職業別祈祷ハンドブック（resala）を中心に」；同「菅原純の新疆研究サイ

ト」：http://www.uighur.jp/を参照されたい.

30）梅村坦（2001a）「ニヤにおけるオアシス農民の生活―ニヤ郷チムリクオスタン村における聞き取り調査をもとに―」；同（2001b）「オアシスのバザール―中国・西部大開発前夜のニヤとホタン―」を参照.

31）ベシュケリムのE氏のインタビュー，ブラクスウのH氏のインタビューによると，ここ数十年の間に，半減もしくはそれに近くなっている.

参考文献

梅村坦（2001a）「ニヤにおけるオアシス農民の生活―ニヤ郷チムリクオスタン村における聞き取り調査をもとに―」『タクリマカン沙漠南縁オアシスにおける水文環境の変化と沙漠化』平成10年度～12年度科学研究費補助金・基盤研究(A)(2)研究成果報告書（課題番号10041086）研究代表者：高村弘毅，109-117頁.

―――（2001b）「オアシスのバザール―中国・西部大開発前夜のニヤとホタン―」『総合政策研究』（中央大学）7，2001，1-10頁.

―――（2005）口頭報告「カシュガル地域における糧食（小麦）流通の一端：ベシュケリム郷（yeza）糧食站（Beškerim Ašlïq Punkit）調査より」『中国ムスリム研究会』（駒沢大学）2005年11月23日.

―――（2008a）「新疆のウイグル人鍛冶屋」『中国ムスリムの宗教的・商業的ネットワークとイスラーム復興に関する学際的共同研究』平成17年度～19年度科学研究費補助金・基盤研究(B) 研究成果報告書（課題番号17320141）研究代表者：松本光太郎，117-128頁.

―――（2008b）「現代ウイグル文化の歩む道―中華の波の中にある言語」佐藤次高・岡田恵美子編著『イスラーム世界のことばと文化』（早稲田大学国際言語文化研究所：世界のことばと文化シリーズ），成文堂，244-261頁.

―――（2009）『ひとときの休息：中国『シルクロード』の茶（万国喫茶往来7）』（写真：大村次郷）『季刊民族学』131，財団法人千里文化財団，89-105頁.

新免康・真田安・王建新（2002）「新疆ウイグルのバザールとマザール』東京外国語大学アジア・アフリカ言語文化研究所.

菅原純（1998）「新疆・ウイグル人の職業別祈祷ハンドブック『リサラ』」『内陸アジア史研究』13，71-84頁.

―――（2002）「カシュガルにおける民間保存の文字資料調査(2)―文字資料としての職業別祈祷ハンドブック（resala）を中心に」http://www3.aa.tufs.ac.jp/~tnakami/orias/repfy2002a/sugawara01.htm

東京新聞2009年7月8日朝刊17，18面.

新疆維吾爾自治区地方志編纂委員会『新疆年鑑』（新疆年鑑社）各年度版.

あとがき

本書は，中央大学政策文化総合研究所の研究プロジェクトの活動をもとにして執筆され，編集されたものである．

プロジェクトは2010年度現在で3期目に入って2年目を迎えている．1期目は2003年度から3年間，「中央ユーラシア総合研究――文化・経済交流の本質をめぐって」として，当時点での表層現象にとらわれずに，20年来の変化が著しい文化と経済について，過去と現在を結びつけながら中央ユーラシア地域へのアプローチを行った．2期目は2006年度から3年間，「中央ユーラシア総合研究――歴史・文化伝統と現代の変容」という主題のもとで，より歴史と現代の間を往来するところに問題意識を絞りこみつつ，また中央ユーラシア現地の変容の様相が次第に明らかになってきたその実情を，より深く探ることとした．いずれの期間においても内外の専門家をまじえた公開講演会，合同研究会などを開きながら，また時には現地調査をまじえつつ，一方で広範囲にわたる専門分野それぞれの個別研究を進めてきた．総合政策学部所属のイ・ヒョンナン，梅村坦，田辺勝美，商学部の酒井正三郎，文学部の新免康が中心となるメンバーであった．

プロジェクトは，2008年度に一応の区切りをつけて，2009年度に本報告書をとりまとめるための準備を行う中で，なお研究の機会を継続することとした．その際には，研究所全体の研究テーマ（「21世紀日本の生存」）に従来以上に沿うような形として「中央ユーラシアと日本――研究動向と現地状況」というプロジェクト名で，対象をより広い領域に拡大しつつ，現地と学術研究を結びつけるような体制を組むことにした．とりわけイスラーム世界，インド，中国に関わる分野を補強する必要から，上記5名に加えて，文学部の松田俊道，総合政策学部の保坂俊司の参加を得た．そのほか，博士後期課程在籍者も含む若い研究者，王瓊，香月法子，清水由里子，椙田雅美，鈴木健太郎，細田和江，ムンクジルガラも加わった．これが現時点での第3期プロジェクトのメンバーである．

本書は本来ならば第２期までの研究成果のみをとりまとめる予定であったが，新規参入のメンバーの貢献も著しいものがあったため，何人かの論文をここに収めることとした．また講演をいただいた外部研究者の中から，機会を得ることのできた一篇を収録できたことは幸いである．

最後に，本書編集にあたっては，執筆された以外のメンバー全員の暖かい支えがあり，また政策文化総合研究所事務の宮澤幸子さん，出版部の中島葉子さんにはたいへんお世話になったことを記して，感謝の意を表したい．

編著者
梅　村　　坦
新　免　　康

執筆者紹介（執筆順）

田辺勝美（たなべ かつみ）　研究員・中央大学総合政策学部教授

保坂俊司（ほさか しゅんじ）　研究員・中央大学総合政策学部教授

新免康（しんめん やすし）　研究員・中央大学文学部教授

侍建宇（シ チエン ユ）　台湾青雲科技大学欧亜研究中心副研究員

細田和江（ほそだ かずえ）　準研究員・中央大学総合政策研究科博士課程後期課程退学

香月法子（かつき のりこ）　準研究員・中央大学総合政策研究科博士課程後期課程修了

王瓊（ワン チオン）　準研究員・中央大学総合政策研究科博士課程後期課程

梅村坦（うめむら ひろし）　研究員・中央大学総合政策学部教授

訳者紹介

椙田雅美（すぎた まさみ）　客員研究員・専門学校日中学院講師

中央ユーラシアの文化と社会

中央大学政策文化総合研究所研究叢書 12

2011年 3月 31日　初版第1刷発行

編著者　梅村　坦
　　　　新免　康

発行者　中央大学出版部
　　　　代表者　玉造竹彦

〒192-0393　東京都八王子市東中野 742-1

発行所　中央大学出版部

http://www2.chuo-u.ac.jp/up/

電話 042(674)2351　FAX 042(674)2354

ニシキ印刷／三栄社

ISBN978-4-8057-1411-9